匠心獨具的傳統與現代

日本的智慧

馮瑋　著

前言 FOREWORD

日本是一個備受關注的國家。從政治到經濟,從科技到文化,從被稱為「撒旦的傑作」的語言到不可理喻的言談舉止,從別具一格的衣食住行到匪夷所思的宗教信仰,從明白無誤的禮儀規範到難以揣摩的心理傾向,從對外來文化的移花接木到對傳統文化的固執保守……日本的一切,似乎都充滿神奇,富有魅力。日本,彷彿成了邁達斯國王的領地。日本人,彷彿都有點石成金的本領。

日本文化是一種多元的文化。今天,無論我們將日本文化稱作「二重文化」、「混血文化」、「混合文化」、「同化混成複合文化」,還是稱作「雜種文化」、「合金文化」、「飛地文化」,本質上都是為了揭示日本文化多元的性格特徵。這是日本文化在世界文化之林中所具有的一種反射的性格特徵。

日本文化是一種充滿矛盾,但又使這些矛盾和諧統一的文化;男權主義的世界和最受崇拜的女神,個人「出世」的強烈意識和群體觀念的至尊地位,彬彬有禮和放蕩不羈,墨守成規和隨機應變,天皇與共和,自卑與自尊,「居酒屋」的紅燈籠和「スナク」(音「斯納庫」,即輕食店)的霓虹燈交相輝映,穿著和服,拖著木屐的新郎、新娘在門德爾松「婚禮進行曲」的樂曲聲中邁出碎步……這些似乎矛盾的事物在日本卻並行不悖,和諧共存。正如 F・M・本格所指出的:「表意文字『和』是和諧的意思,它被認為是日本人一種基本的社會價值

觀念。」❶日本，真是一個由大「和」民族組成的國家。

　　毫無疑問，日本的神奇、魅力，日本文化的多元性，以及各種矛盾的和諧共存，是日本民族智慧的反映。這種智慧是日本獨特的環境和歷史遭際的產物，是日本在「文化的生活進程」中逐漸形成的性格，是日本文化之綱。為了洞悉和探究這種智慧，我以對日本文化的書齋研究和留學生活的親身體驗為依托，力求既不失世態風俗的情趣，也不失「陽春白雪」的雅致；既包容長時段的歷史透視，也點觸近距離的現實觀察；既縱橫交錯，廣泛涉獵，又去蕪存精，紋理清晰。

　　本書不是吹噓日本民族神威或披露其陰謀的小說，但所敘述的一些事例。卻頗有文學色彩。本書不是闡釋深奧哲理的學術專著，但對「智慧」本身的探悉，又不能不具有思辨色彩。總之，融知識性和理論性於一體，使讀者能「窺斑見豹」地了解日本民族的智慧，是本書的基本特色和作者的根本心願。

　　「仁者見仁，智者見智。」被譽為日本「國民教師」的福澤諭吉曾經指出：「所謂文明，就是指人的安樂和品行的進步。由於能獲得這種人的安樂和品行的，是人的智慧和道德，因此，所謂文明，可以說歸根結柢就是人的智慧和道德的進步。」同時他又指出：「人類社會所有善的東西均基於有智，所有惡的東西均基於無知。」❷日本另一位名人加藤弘之則指出：「在野蠻未開化的人民中，強者的權利唯以粗暴凶猛的方式來表現，而在文明開化的社會裡，強者的權利唯以高尚優雅的方式來表現。」❸所謂「高尚優雅的方式」，當然就是以智

----

❶　F‧M‧本格：《日本：一個國家的研究》。
❷　《福澤諭吉全集》第一卷，第十頁。
❸　轉引自吉田曠二《加藤弘之研究》。

取勝。這兩位日本的「智者」對智慧與社會進步之關係的詮釋，是日本人對「智慧」之認識的典範，也是作者的寫作指南。因此，本書雖然分為七章七十節，每個章節均涉及一個相應的主題，且看似巧立名目，但是，突出智慧顯在和潛在的運作，突出智慧對形成獨特的日本文化之影響，則是貫穿全書的紅線和全書的宗旨。

本書在撰寫過程中參閱了許多受人尊敬的日本問題專家有關方面的論著，頗受教益（這些論著的名稱可參閱本書的註釋，在此恕不一一列舉）。另外，顧曉鳴教授也以其獨到的見解為我提供了不少啟迪。對於這些教益和啟迪，我謹表示最誠摯的謝意。

「學而為智，不學而為愚。」筆者才疏學淺，撰寫「日本的智慧」，難免無智者言智之嫌。然而，「急中生智」，正是在抽絲剝繭般地剖析日本政治、經濟、文化和社會生活的種種現象，苦苦尋覓其智慧內核的過程中，作者自身也感受到了智慧的靈光，並因此而如釋重負地完成了這項工作。

日本的智慧是世界的智慧一個重要的組成部分，是一筆極具寶貴的財富，我們應該共同擁有這筆財富。

目錄 CONTENTS

Chapter 1
蘋果梨和四不像搖籃曲

有親有故　非驢非馬的漢字

　　一般而言，將漢字作為日本在古代曾經向中國學習和受到中國文化影響的標誌，是最恰當的。如果以此來衡量中日文化的關係，那麼顯而易見，日本文化和中國文化的「血緣」是相當近的。正因為這樣，所以有人曾宣揚中國和日本是「同文同種」，是源出一系的鄰邦。

　　確實，漢字在日本的政治、經濟、文化和社會生活中佔據著無可替代的重要地位。第二次世界大戰以前，東京的大報上使用的漢字有 7500～8000 個左右。1964 年，日本文部省建議將使用中的漢字，即所謂的「當用漢字」減為 1850 個，並將740 個漢字加以簡化，使漢字的地位有所「削弱」。但是，據1981 年十月日本政府公布的「當用漢字表」，「當用漢字」仍有 1945 個之多。

　　今天，據初步統計，日本報刊雜誌上使用的漢字為4000～5000 個，在各類學術專著中使用的漢字有 8000 ～

10000 個。漫步日本街頭，各種以漢字書寫的店名、廣告、招牌觸目皆是，給包括作者本人在內的許多中國人以未入異域之感。

眾所周知，漢語至少在四千年以前就已形成了書寫系統。由書寫系統組成的漢字是表意文字，每個字都有自己單獨的意思，其中很多字是從象形文字演變而來的。根據考古發掘，最初的漢字至少可以追溯到殷商，即商朝那些刻在龜甲上的玄妙難懂的甲骨文。這些早期文字無疑是今天中國和日本漢字的雛形。又經過幾個世紀，書面漢語進一步發展。

大約從公元二世紀開始，漢語從中國向毗鄰的東亞國家傳播、輻射。書面漢語在東亞所起的作用，尤如拉丁語在歐洲所起的作用：人們要完成良好的教育和修養，必須學好漢語。

關於漢字究竟何時傳入日本，目前尚無確切的定論。按中村元先生的觀點：「大約在一千四百年以前，漢文就傳入日本。直到推古朝（六世紀），只有一小群專家使用漢文，他們四百年以前，漢文就傳入日本。直到推古朝（六世紀），只有一小群專家使用漢文，他們對當地的語言幾乎沒有什麼影響。隨著與中國直接交往的開始，以及隋唐文物制度的輸入（六～九世紀），學漢語和讀漢文的人數才大大增加。」❶

另按梅棹忠夫先生的觀點：「據研究，漢字和書面漢語最初是在公元五世紀從朝鮮傳到日本的，那時候的許多書面文獻在日本流傳至今。」❷不過，漢字的引進，在日本歷史上似乎可以追溯到公元起始前後。因為，日本志賀島黑田藩的農民甚兵衛曾經發現一顆綴有蛇紐的金質印章，印面上用隸書刻著

---

❶ 中村元：《東方民族的思維方法》
❷ 梅棹忠夫編：《七十七把鑰匙——開啟日本文化的奧秘》。

「漢委奴國王」五個漢字。據說，這顆璽印是東漢光武帝劉秀賜給日本列島上的倭奴國國主的。由此推測，日本列島最初接觸漢字，有文字記載的，應該從此時算起。當然，公元 285 年王仁將《論語》、《千字文》等漢籍傳入日本，可以作為漢字正式引進日本的證明。事實上，「漢字」本身的含義已經顯示了這一點。

漢語的傳入，使日本人獲得了「一件呼風喚雨的法寶」。本來要在淚與汗、乃至血與火的爭論中才能獲得的結論，由於漢文、漢籍的引進而驟然呈現在日本人面前，變得「得來全不費功夫」，使日本人藉以「呼風喚雨」⋯⋯

何為人生的意義？人應該怎樣生存？這類問題久爭不決。但只要翻開那些典籍，答案幾乎是現存的：「子曰⋯⋯」儒家、法家、名家、陰陽家⋯⋯各個派別經過無數次爭論而提煉出來的精髓，都以經典的形式匯集起來，供日本人選擇。

從六世紀到九世紀，日本人開始大量吸收中國文化，對文、漢字的學習也不斷趨向高潮。當時，日本各地相繼出現了許多系統教授漢語的學校，使漢字教育得以普及。從奈良時代到平安時代的兩百年間，上至天皇和達官顯貴，下至文人墨客和黎民百姓，對中國唐代的文化，特別是唐代的詩賦文章推崇備至，趨之若鶩，其漢語水平也不斷提高。

例如，日本的文武天皇曾作過一首題為《述懷》的詩，不僅格律、意境俱佳，而且詞藻、技巧也足以和唐代詩人媲比：「年雖足載冠，智不敢垂裳。朕常夙夜念，何以挫心匡。就不師往古，何救元首望。然毋三絕務，且欲臨短章。」

由於天皇和朝廷的扶植和鼓勵，日本詩人輩出，並出現了第一本日本人寫的「唐詩」集《懷風藻》。以精通漢文，尤其

是以精通漢文的詩賦文章為榮，一時成為日本當時的社會風尚。不僅如此，日本當時還規定，朝廷的詔敕、太政官的命令、地方政府上呈的請示報告等，必須全部採用漢文書寫，從而使漢文成了當時日本朝廷的官用文字。至公元八世紀，日本已編纂出各種各樣的漢文書籍，如《古事記》、《日本書紀》、《風土紀》，等等。

在武士當權的鎌倉時代（公元 1185～1335）年，作為武士重要精神支柱的佛教禪宗派信徒留學於中國，並邀請中國的佛學大師到日本講經傳道。通過這些交流，一種新型的書面漢語在日本發展起來，並形成了以此為基礎的所謂「五山」禪宗文學。

至江戶時代（公元 1600～1868 年），儒家學說被立為日本的官方哲學。幕府為了宏揚儒學，在江戶修建了研究院和儒學聖所。與此相呼應，辦漢語學校，以漢語寫成的儒學經典為教育藍本，也得到了大力提倡。

以上略述了漢字在日本傳布的大致經緯。由此我們不難得出結論：毫無疑問，漢語深深地影響日本語言和文化。

日本人善於學習和借鑑別國優秀文化的拿來主義態度，本身就是一種智慧的體現。但是，他們在這方面的智慧還不階於此。正如希臘語和拉丁語被歐洲人用來創造新辭和專用詞一樣，漢語在日本也有類似的遭遇，而且這種遭遇顯得更為奇特。可以說：「日本人書寫的漢語，花樣從一個時代到另一個時代，面目全非。」[3]確實，雖然日本從中國學去的漢字並未完全胎脫換骨，但它的讀音、含義，許多已和正宗的漢字大相徑庭，可謂風馬牛不相及。

---

❸　《七十七把鑰匙——開啟日本文化的奧秘》。

下面敘述的一個真實故事，或許能證明這一點。

數年前，中共某代表團應邀訪問了日本。這期間，他們參觀了一家工廠。走進廠區，他們發現一塊寫著「油斷一秒，怪我一生」的標語牌赫然醒目。在標語牌旁邊，工人們正聚精會神，一絲不苟地工作著。參觀結束後，代表團團長對主人的熱情接待表示了衷心的感謝，並不無感慨地說：「日本人認真負責的工作態度實在令人敬佩。哪怕機器中的油間斷一秒，他們也要作一生的反省。」他表示，回國以後，一定要將日本工人這種極端認真負責的工作態度介紹給中國工人。日方主人最初對他所說的「油間斷一秒，作一生反省」的話感到莫名其妙，待弄清原委後，不免忍俊不禁，啞然失笑。

因為，因語中的「油斷一秒，怪我一生」雖然從外形上看和中文裡的這幾個字完全一樣，但意思卻迥然有異。在日語中，這幾個字的釋義是「疏忽一時，殘疾一世」（「油斷」意為疏忽，「怪我」意為受傷）。樹立這塊標語牌的目的，是為了讓工人們注意安全生產，謹防事故發生。它是對工人們的提醒，而不是工人們用以鞭策和督促自己的座右銘，更不是他們工作態度的寫照，儘管他們的工作態度的確有令人欽佩之處。

代表團團長之所以對上述八個字作出望文生義的理解，主要是由於他不了解日本的漢字是經過日本人刻意改造，經過「日本化」處理的漢字，是一個中國人若不明究理便容易陷入的誤區。這一誤區，事實上正是日本民族獨特的性格和獨特的智慧產物。因為，和「狗咬人不是新聞，人咬狗才是新聞」的道理一樣，使中國人看得懂本來就是從他們那裡學來的漢字還不是日本人智慧本質的體現，而使中國人看不懂本來屬於他們自己的文字——漢字，才是日本人智慧本質的體現。實際上，只要我們稍加品味便不難覺察，誤解「油斷一生，怪我一生」

八個字的故事，是對將日本人稱為「模仿的機器」這種觀點的一種針砭和指控。

日本的漢字有親有故，它和中國的漢字有著藕斷絲連般的血緣關係。但是，作為「漢字」，它經常顯得「非驢非馬」。它是中華民族智慧的產物，它也是大和民族智慧的傑作。

移花接木　偷樑換柱的假名

美國的日本問題研究專家羅伯特・C・克里斯托弗在他的《日本心魂》一書中指出：「現代日語基本上是日本 1500 年前的非書面語言與古漢語勉為其難地聯姻之後的產物。這種結合實在不那麼般配，因為漢語和日語在語法和其他許多重要方面截然不相同。簡單地說，兩者在日本的雜糅，結果就像用阿拉伯文手寫體來寫英文，或在英語口語中夾進三、五個中世紀阿拉伯語音節，弄出一些複合詞來。」❹然而，正是在這種「勉為其難」的聯姻中，日本人顯示出了一種「移花接木」、「偷樑換柱」的獨特智慧，並因此奠定了日本文化一塊非常重要的基石。

現代日語基本上是一種表音文字，它的拼音字母就是所謂的「假名」。假名是在吸收和借鑑漢字書寫方式和讀音的基礎上形成的。將表意的中國漢字用作表音文字，即將漢字的原有含義拋在一邊，僅借鑑它的發音，是創作假名的最初思路，是一種智慧的表現。這種情況始於何時，目前尚無確切的記載。根據考古發掘，對漢字「取其音而捨其意」的現象，至少在公

---

❹　羅伯特・C・克里斯托弗：《日本心魂》。

元五世紀左右已經出現：在日本和歌山縣的隅田八幡，曾出土了一面鏡子，在這面鏡子上有「押坂宮」（反正天皇的都名）的字樣，但它是用「俄西沙加」這幾個濁字的發音寫的（「押坂」日語讀作おしさか；音似「俄西沙加」）。這是迄今為止發現的日本最早用漢字為日語注意的文獻。可見在漢字輸入日本以後不久，日本人已經開始將它作為拼音文字而加以改造和利用。

公元八世紀，日本人編纂了題為《萬葉集》的詩集，吸收了約 4500 首詩歌。《萬葉集》是摻和著漢字寫成的一部具有日本式文學體裁和風格的詩集，其中的漢字已完全喪失漢字的本來意義，只是被當作一種符號來表示日本語音。這種摻和著漢字的書面日語樣式，被稱作「萬葉假名」。萬葉假名巧妙地利用了漢字，將一些特定的漢字安插其中，代表日語的特殊語調和語音。在《萬葉集》中，人們發現，當時的日語假名有八十八個音，而不是今天的五十個音。萬葉假名是大量使用濁字為日語注音的開端，它的形式具有十分重大的意義。現代日語正是在此基礎上，逐漸發展、演變而成的。

萬葉假名顯示了「正宗的」日本語言、文字與中國漢字的血緣關係，同時也顯示了日本人並沒有對中國文化囫圇吞棗般地全盤吸收，而是加以改造和利用，體現了「借他山之石，攻本國之玉」的明智態度。

文字是文化的構成元素，一種文化對另一種文化的影響，莫過於文字的傳播。反過來，一種文化獨立性的標誌，也在於是否形成並具有自己的語言文字。因為，一個民族的語言文字作為一個符號系統，積澱了該民族文化的基本內容。所以，引進這個符號系統，當然意味著吸收該民族的文化思想，並有淪為「文化殖民地」的危險。為了避免這種危險，最有效的方法

就是建立起自己的文字符號系統，築起一條使外來文化難以直接逾越的屏障。正是在這一意義上，萬葉假名的出現具有劃時代的作用，它幫助日本人擺脫了被中國文化完全同化的危險，使他們不至於完全陷入中國文化圈裡，從而保持了自己民族文化的獨立性。

日本人的祖先為吸收中國文化所作出的努力是非常驚人的。他們的代表——遣唐使冒著生命危險「出洋留學」，就是一個明證。但是，正如日本成語「盜木乃伊的人常常變成木乃伊」所顯示的，由於日本的一切制度乃至服飾都儘量從唐朝移植，因此日本人、特別是一些達官顯貴的思想產生了「殖民地化」的危險，使日本的民族特點和文化個性的存在受到了威脅。在這種歷史背景下誕生的《萬葉集》，不僅僅是一部抒情詩的經典作品，一部流露人的真情實感，歌唱人的自然心靈的傑作，更重要的是，《萬葉集》是從對外來文化進行民族抵抗出發而形成的感情的文學，是維護民族文化獨立性的產物。

不過萬葉假名比較煩瑣，因為其中使用許多不同的漢字，而每個漢字本身又很複雜，筆劃很多，而且用來表示日語發音的漢字沒有約定俗成，往往因人而異。為了解決這一難題，至平安時代初期，日本人經過反覆實踐，終於創造了一套較為簡單的發音系統，即由片假名和平假名兩組假名組成的「日本拼音文字」。

片假名由高度簡化的符號組成，這些符號都是通過攝取原有漢字的一部分而構成的；如片假名「カ」，就是漢字楷書「加」的一半。同樣，平假名也是通過縮減和簡化漢字而構成的；所不同的是，它不像片假名那樣只取漢字的一部分，而是利用、簡化漢字的結構。如平假名的「あ」，就是在漢字草書「安」的基礎上構成的。片假名和平假名的出現，使日語得以

脫離漢字這根「拐棍」而獨立發展。它標誌著日本民族文字的形成，對日本民族文化的發展產生了不可估量的影響。當時，在中國的四鄰居住著許多沒有自己文字的不發達民族，它們都受到中國發達的文化浪潮的衝擊。但是，只有日本民族主動將中國文化的元素——語言、文字加以消化和變形，化為自己的血肉，從中創造出自己獨特的民族文字。

從「俄西沙加」到萬葉假名和平假名、片假名，日本人在形成自己民族的語言、文字的過程中顯示了一種獨特的智慧。它們能夠以借其形而忘其意的方式，十分巧妙地將外來文字作為創造自己民族文字的基礎。這一點和一些放棄自己原有的語言、文字，全面接受外來語言、文字，自甘淪為「文化殖民地」的民族形成了鮮明的對比。正如當代美國最著名的日本問題專家埃德溫·奧·賴肖爾所指出的：「從七世紀到九世紀，儘管聲勢浩大的外國文化浪潮襲捲了日本，但日本人看來仍設法保持了對其固有特性的清醒認識。」❺

文化的發展和進步猶如登山。在登山時，如果前人已經樹立了前進的路標，那麼後人只要循著這些路標前進，就會比較容易到達頂點或目的地。反之，則費時費力，且有迷路之虞。但是，文化的發展和進步又不同於登山。如果完全循著路標前進，則難免邯鄲學步，東施效顰之譏，不可能走出一條自己的創新之路。

眾所周知，日本文化是在中國文化的影響下形成和發展起來的。著名的旅日華人作家陳舜臣認為：「中國人是一面向前走，一面樹立路標的民族，而日本人則是依靠著路標走過來的

---

❺　埃德溫·奧·賴肖爾：《當代日本人——傳統與變革》。

民族。」❻但是，值得注意的是，日本人並沒有亦步亦趨。他們成功地經受了中國文化浪潮的衝擊，既不盲目地順流而行，也不頑固地逆流而動，而是理智地調整中國文化的風帆，將中國文化和自己的傳統文化融為一體，創造出一種新型的混合文化。不言而喻，這種文化和中國文化有著千小萬縷的聯繫，但它是一種既不同於中國文化，也不同於日本早期文化的新文化，而「新文化出現的最明顯的標誌之一是，日本人於九世紀發明了行之有效的書寫日語的文字，即假名。」❼它是移花接木的碩果，是「偷樑換柱」的傑作。

框架依舊　概念常新的外來語

日語是世界語言的坩鍋，各種語言均在這口坩鍋中燒煮、提煉、改變。在日本，外來語的數量超出了日常用語的一半，如將中國傳入的漢字包括在內，外來語的數量將達到 70%左右。據統計，約包含了二十五種語言，其中有許多已經過了純日本式「處理」而變得面目全非。

在現代漢語中，我們也可以發現許多完全是音譯的外來語，如「摩托」、「可口可樂」、「派對」、「引擎」等等。但是，漢語中的外來語同日語中的外來語是不能相提並論的。首先，就數量而言，漢語中的外來語比日語中的外來語少得多；其次，就內容而言，在漢語的外來語中，大多是專有名詞，而日語中的外來語不但有專有名詞，而且還有動詞、形容

---

❻　陳舜臣：《日本人與中國人》。
❼　《當代日本人——傳統與變革》第三十九頁。

詞和許多表示抽象概念的詞。在中國大陸一九七三年編的《日語外來語詞典》中，共收集了日語中的外來語詞彙近四萬個，這個數量比一些不發達的民族語言的全部詞彙還要多，更何況日語中的外來語數量還遠不止於此。

原始日語是各種語後相混合的產物。可以肯定，甚至在六世紀漢語及其文字系統開始充斥於日語以前，日語的這種混合性就已經存在。日本人從容不迫地引進、修正、採用外語詞彙和短語，同時又不削弱其自身語言的力量和獨特性，這是日本人在吸收外來語言方面的一個很明顯的長處。

日語所受到的第一個衝擊來自中國。至九世紀，雖然在字形和詞彙上，日語受到了漢語的極大影響，但是，日語的語法結構並沒有因此而被破壞。在以後的幾個世紀中，經過進一步增加源於中國的詞彙，日語作為一種民族語言不斷成熟。從十五世紀中葉起，日本人又經受了第二次語言方面的衝擊：由於葡萄牙人、西班牙人及之後荷蘭人的到來，大量的外來語湧入了日本，形成了又一股浪潮。自此，日本又出現了許多以前見所未見、聞所未聞的外來語。明治維新以後，日本的外來語得到了爆發性的增長。至二十世紀三十年代，日本軍國主義者曾試圖扭轉這一潮流，但並未獲得成功。在第二次世界大戰結束，特別是日本進入國際市場以後，大量外來語進入日本。

在歷史上，日本人曾以懂得較多的漢語詞彙為榮；在講話和行文時，漢語詞彙、成語的摻雜、引用經是一種有教養的顯示。現在，漢語詞彙雖然在某種程度上保持著那種光榮的地位，因為，人如果放棄漢字，那麼他們將同時放棄許多難以僅僅靠語音來達意的詞彙（例如，僅僅寫下「せいかん」這個詞，人們將無法明白是指「性感」、「生還」，還是「靜觀」），並且將使日本文化史上的許多鴻篇巨著逐漸變成無人

能夠讀懂的「天書」，使這些優秀的文化遺產無法得到繼承。但是十分顯然，源於西方的外來語詞彙已經後來居上。現代日本人，尤其是年輕人，已經視熟練而準確地運用外來語、特別是剛剛流行的外來語為一種時髦。對於一個本世紀以前，甚至本世紀上半葉的人來說，當代人的交談、電視廣告，以及許多家庭閒聊，都是難以看懂、難以聽懂的「外語」。

傳入日本的漢語曾經得到極大的修正和改造，並因此而成了「日語」。同樣，傳入日本的西方語言也難以逃脫這種命運。在這方面，最令人驚訝的仍是日本人利用外來語創造日語新詞的智慧，如ベッスアップ（源於 base up 意為全面提高基本工資），ガススタンド（源於 gas stand，意為加油站」等生造出來的日譯英語，因為英語中並沒有這種表示。更有趣的是，日本人還發明了諸如きよならホーム・ラン（意為再見全壘打，即棒球比賽中決定勝負的第九局後半局的全壘打），以及フリタ──（源於英語的 free 和德語的 arbeiter，意為自由的打工者」等將日語和英語、英語和德語綴合在一起的新詞。除此之外，他們還使一些外來語按照日語的語法變化，例如英國著名作家勞倫斯的小說「チヤタレイ夫人の戀人」（漢譯《查泰萊夫人的情人》中的「チヤタレイ」（查萊泰」原本是個名詞，但是在日語中，「チヤタレイ」卻有「チヤタる、チヤタれ」等詞性變化，變成了動詞。有些人認為，日語中的外來語已泛濫成災，日語有被「殖民地化」的危險。但是，正如日本著名學者、前國家博物館館長樋口清之所指出的：「所謂殖民地化，是指文化結構遭到破壞。而日語中的外來語僅僅是一些單詞，日語文法並沒有被破壞。」相反，「日本人十分貪婪地將世界上的各種語言同化為自己的語言，具有強烈的吸收

能力，這正是日本文化值得誇耀之處。」[8]

外來語以及與之相伴的新概念不斷湧入日本，不僅豐富了日本人的語言，而且豐富了日本人的思想。尤其重要的是，由於大量外來語的引進，使日語成了一種「開放的語言」，因為，從語義學的角度分析，一個詞有它的所指，也有它的意義。例如，「北京」這個詞，它的「所指」是中華人民共和國的首都，「北京」相對於它的所指而言，僅僅是一個符號。然而，「北京」這個詞除了是一個標明「所指」的符號以外，它還具有本身的意義，即「位於北方的京城」，這個意義並不依賴「所指」，而是由它在漢語中所具有的含義決定的。根據這一原理，我們也可以用以認識如「East Asia」（東亞）之類的詞。總之，任何一個民族的語言，都是由大量語言的基本單位——「詞」作為元素而構成的系統，詞與詞之間都是按照系統的結構緊密聯繫在一起的，任何一個詞都處在系統結構的某個位置上，通過和其他詞的聯繫而顯示其自身的含義。具體而言，「北京」這個詞就是由代表「北」的概念和代表「京」的概念來規定它的含義的。

但是，如按照這一觀點來看外來語，我們卻會發現不同的情況。例如，同樣是指首都，「莫斯科」這個詞在漢語中卻只有「所指」而沒有意義。因為，在整個漢語系統中，它是個新的，不受系統結構約束的因素。同樣，「引擎」也好，「摩托」也罷，均是只有「所指」而沒有意義的詞。至於外來語中一些沒有特定「所指」的抽象概念，情況則更加複雜。假設，將英語中的「reader」（讀本）作為外來語引進，並將它寫成「利達」，那麼中國人一定的感到莫名其妙。因為「利達」這

---

[8]　樋口清之：《不消亡的日本人——其文化和歷史的秘密》。

個詞在漢語系統結構中，除了偶爾用作外國人姓名的音譯外，並沒有它的「意義」。這一現象說明，中國的漢語作為一個系統，具有某種自我封閉性。那些新增加的概念，只能是舊系統某些空缺的填補，不能成為舊系統以外新的因素和新的結構，整個系統因而總是處於接近飽和的狀態。這也正是中國的外來語只能是一些新近出現，在原有的語言系統中找不到對應詞的「專有名詞」的緣故。

相反，在日語中，音譯為「リーダー」的「reader」這個詞，卻有它明確的「意義」，這個「意義」是從英文中轉借過來的，不是日語舊系統賦予它的。如果這種情況僅僅是少數，那麼它對整個語言系統不會產生根本性的影響。但是，如前面所述，在日語中，外來語的數量是巨大的，這就使日語系統增加了一種新的，與舊系統沒有結構性聯繫的概念系統，從而使日語本身的概念系統發生了深刻變化，使它成為一種「開放的系統」，任何新名詞、新概念，均可以通過外來語這個渠道立即進入日語系統。這種「開放的系統」的優點是顯而易見的；它有利於吸收、融合各種異質文化，使之成為民族文化的營養素，有利於更直接地了解積澱在外來語中的思想和觀念，使日語框架依舊，概念常新。

毫無疑問，任何一個民族的語言都處在發展、變化中，都處在改造舊概念，增加新概念的過程中。因為只有這樣，這個民族的政治、經濟、科學和文化才能取得進步。日本人由於擁有「外來語」這一「開放的系統」——一個極具特色的語言系統，所以才不斷、迅速地接受新概念和新事物，敏感地順應整個世界的發展潮流。就這個意義來說，「開放的系統」即外來語系統，不啻是日本人一種智慧的創造，也正是這一創造使日語成了一口「坩鍋」。

符合邏輯的悖論和矛盾

在中國，幾乎人人都知道這樣一個成語：有一個賣矛和盾的人，先是吹噓自己的矛如何鋒利，無論什麼樣的盾都能刺穿。繼而又吹噓自己的盾如何堅牢，無論什麼樣的矛均可以擋住。後被人質問：「以汝之矛，刺汝之盾，如何？」他遂無言以對。這個成語故事就是今天「自相矛盾」一詞的由來。

自相矛盾最明顯的標誌和最根本的缺陷就是手段和目的的分裂和脫離，正是這種分裂和脫離，使自相矛盾成了愚蠢的別名和世代的笑柄。然而，不僅在歷史上，就是在今天的現實生活中，這種自相矛盾或「悖論」的事例也幾乎俯拾皆是。例如，某報紙曾刊載過一篇文章，大談文章寫得短小精悍的重要，力陳長文章的弊端。但正是這篇提倡寫短文的文章，卻洋洋洒洒地占據了大半個版面。這種「自相矛盾」的文章，同樣顯露了作為致命缺陷的手段和目的的分裂和脫離。總之，此類事例，舉不勝舉。

但是，也有一些自相矛盾的表示卻並不具有那種陷缺。例如，某單位的一個領導幹部素來喜歡沽名釣譽，受人奉承，但又偏偏喜歡裝出一種公正不阿，不吃馬屁的姿態。於是，屬下便投其所好，進上一言：「誰不知道××長是最不勢歡別人逢迎拍馬的。」此君所言，實乃「悖論」或「自相矛盾」，但這種自相矛盾卻並不存在手段和目的分裂和脫離的特徵和缺陷；相反，言者有意，聞者足喜，自相矛盾進入了一種新的境界。

從以上兩例中，我們似不難斷定，自相矛盾可以是一種愚蠢的做法，也可以是一種「明智」的舉動（儘管這種「明智」有時未必值得提倡）。能否明智地運用「自相矛盾」，一是看其是以「自我」為中心，還是以「他我」為中心，二是看其手

段是否能夠有效地為目的服務。十分顯然，前者僅考慮目的而忽略了手段，或者說那種手段和目的背道而馳。而後者則將手段和目的有效地結合在一起，使手段有效為目的服務，因此克服了兩者相分裂、相脫離的根本缺陷。

在日本人的日常生活中，屬於後一種的自相矛盾經常被有意識地運用，從而表現出一種特有的「明智」。例如，日本人去朋友家作客時，一般都要帶上一些禮物。在把禮物奉送給對方時，總要說上這麼一句客套話：「這是無用的東西，請您收下。」同樣，日本人在請別人吃飯的時候，也總要客套一番：「什麼東西也沒有，請多吃一點。」從理論上分析，這類話顯然是一種自相矛盾的話，是一種悖論；既然是沒有用的東西，那為什麼要作為禮物送人呢？既然什麼東西也沒有，那麼請人多吃什麼呢？這種悖論的表示，對中國人來說或許不難理解，但在西方人看來卻不符合邏輯，使人莫名其妙。

然而，正如白旗曾經是日本古代指揮作戰的工具，而不是投降的標誌一樣，不同的語言文化有著不同的表達方式。不理解這一點，當然會產生誤解。同樣，如果說白旗表示放棄抵抗是西方人的發明，它顯示了一種獨特的智慧的話，那麼，通過悖論的說法來表達一種謙恭則是日本人獨特智慧的顯示，這種說法蘊含著一種行為處世的技巧和「義理社會」傳統的社會人際觀念。

按照日本著名語言學家金田一春彥在《日本語言的靈魂》一文中分析，日本人在送禮時所以要說上一句：「這是無用的東西。」是因為日本人在受禮後，總是要將這種恩情銘記在心，並設法予以回報。因此，送了禮物，似乎就意味著：「下次該你送我禮物了。」為了儘量不使對方產生這種念頭，所以要說上一句：「這是無用的東西。」這句話的含義就是：既然

是無用的東西，那麼送了等於沒送，你也就不必向我回贈什麼了。同樣，日本人在請人吃飯時，所以要說：「什麼東西也沒有。」也是為了表示：「你即使在這兒吃了飯，也等於沒吃，完全不必介意。」即它與「這是無用的東西。」所具有的精神實質是一樣的。

總之，日本人是以關心和互相揣摩對方心情的方式進行生活和交流的。這種以「他我」為中心而表述的悖論，是為這種目的服務的，它有助於日本人際關係的融洽，是一種明智、符合日本人邏輯的悖論。中國人雖然也有這種表達，但遠沒有如此豐富的思想內容。

除此之外，日本人使用的語言，在外國人看來，不僅經常充滿悖論，而且經常不符合基本的語法要求和邏輯聯繫。例如，某顧客到書店去買一本《英和辭典》，但這種辭典早已售完了。於是，營業員便抱歉地對顧客說：「真對不起，已經沒法有了。」沒有是現在的狀況，可營業員卻用過去式回答。這樣豈不違反了作為語法基本要求的時態表示？然而，就日語來說，這種指責是不能成立的。因為，營業員是出於「我們本應該準備好《英和辭典》，但由於我們工作中的疏忽而沒有準備好」這種心情作上述回答的。這種回答雖然違反了時態要求，但卻表示了一種自責和謝罪的心情，使對方樂意接受。

日本人很重視自責和謝罪，他們經常為此而高度重視語法和邏輯。再舉一例：一個保姆在廚房裡不小心將主人常用的一個杯子打碎了。主人想用這個杯子泡茶，遍尋不著，於是便問保姆：「我常用的那個杯子呢？」保姆照實回答：「杯子破碎了。」在西方人看來，這種回答合乎事實，十分普遍。但在日本人看來，這種回答顯然是不合乎邏輯的：杯子本身是沒有生命，不會移動的東西，如果沒有人去碰它，它怎麼會自己破碎

呢？按照日本人的表達方式，應該說：「我把杯子打碎了。」因為唯有這樣，才能體現一種自責和謝罪的心情。由此可見，日語並非不講邏輯，而是有其自身的邏輯。

一些語言學家指出，日語句子的表現形式較側重於感情的因素而不是理智的因素，日語的表現形式適合於表達感情和情緒上的細微差別，不適合於表達邏輯上的正確性。這種意見在某種程度上是正確的，但未必盡然。如賴肖爾所指出的，日語並不妨礙清晰、簡潔、有條有理地表達各種思想，前提是「只要談話人願意這樣去做。」事實上，問題的癥結就在這裡：日本人在談話時之所以會出現「悖論」，主要就是因為他們時時注意揣摩對方的情緒和態度，並適時調整自己的談話方式。日語是一個「推崇交談的對方而貶低自己」的體系，「悖論」是這一體系獨特的表現方式，是日本傳統文化的要求，符合日本人的邏輯，是一種智慧的體現。因為，它克服了悖論原有的缺陷，達到了手段和目的的統一。

不可理喻的微笑

日本著名小說家芥以龍之介曾經寫過一篇非常出色的小說，題為《手絹》。它的故事梗概是──

一名學生的母親某日拜訪了一位在東京大學任教的美國教授，向他講述了這名學生自殺身亡的悲慘消息。教授聽到這個消息後深感震驚。然而，他對這位學生的母親的舉止和表現卻感到驚異和不可思議。因為，她在敘述這個消息時，臉上始終露出微笑。等這位母親走了以後，教授在桌子下面發現一條被揉成一團的手絹。這時，他才恍然大悟：這位學生的母親臉上

雖然露出微笑，但她的心靈卻在顫抖和流淚，在忍受巨大的痛苦和煎熬……

　　無獨有偶，拉夫卡狄奧·霍恩——一位西方研究日本問題的著名學者——在他的《日本的微笑》一文中，也敘述過這樣一個故事：一名受雇於美國家庭的日本女傭人未經主人同意而擅自曠工出走。幾天後，她回到主人家裡，並面對微笑地向女主人陳述了曠工的原委——去安葬去世的丈夫。美國女主人對她的遭遇深表同情，但對她的表情卻大惑不解：丈夫去世，本是件悲傷的事，為什麼還面帶微笑？於是，她便向女傭人提出這一問題。但女傭人卻笑而不答。

　　諸如此類的事例還可以舉出很多，其中最為典型的就是在第二次世界大戰時，日本人收到親人在前線陣亡的消息時，雖然內心感到極大的悲痛，但他們的臉上卻都掛著一絲微笑。

　　按照常理，一個人只有在遇到愉快的事情而欣喜的時候，在經歷了某種使之振奮的心理體驗而樂不可支的時候，在期望獲得了滿意的結果而心情舒暢的時候，在完成了一項艱巨的工作而如釋重負的時候，在……的時候，才會笑。雖然在生活中，人們有時也會喜極而泣，悲極而歡，但那只是變例，不是常例，是一種情緒的瞬間錯位，是一種神經質的表現或宣洩自身情感的需要。毫無疑問，在日本，如以上所舉的事例，人們的笑均不屬於那些變例。但也正因為這樣，才顯示出日本人獨特的智慧。

　　從某種意義上說，所謂的「智慧」，不是「平常」，而是「反常」，這是一個十分簡單明瞭的道理。正如今日用油作燃料算不上智慧之舉，用水作燃料才是智慧之舉一樣，日本人在悲傷時微笑，從文化學的角度上而言，也是一種智慧，因為他們以自己的文化，改變了「平常」的生理習性——通過對嬰孩

的觀察，我們就可以發現，悲時泣，歡時笑，是一種與生俱來的習性。

日本人喜歡微笑。按照日本的神話傳說，天照大神正是因為聽見了笑聲才擺脫了沮喪的情緒，走出了山洞。如果這位女神沒有聽見笑聲，她就可能繼續留在山洞裡。那就既不會有陽光，也不會有日本人了。這一神話雖然不足為信，但是我們卻能夠在這個神話中發現笑在日本文化中所占有的突出地位。

按照前蘇聯日本問題專家弗・普羅寧可夫和伊・拉達諾夫的分類，日本人的微笑可以分為以下幾種：隱藏著哀傷的微笑（如妻子迎接送葬歸來的丈夫）；無表情的高傲的微笑（連六歲的小女孩也會作出的微笑）；「社交的微笑」（這種微笑猶如在適當時機應該穿著的和服，是出於禮儀上的需要）；職業的微笑（如醫生對患者的微笑）；上了年紀的人滿足的微笑；商人在宴會上的微笑⋯等等。❾

微笑是日本人的一種文化現象，是一門藝術。日本人十分善於運用這門藝術，它猶如一個面具，既可用以顯示自己的性格特徵，又可用以掩飾自己的情感世界；既可用以流露自己的欣喜，又可用以掩飾自己在尷尬處境中的窘態。他們在該笑的時候笑，在不該笑的時候也笑。無怪乎，許多外國人認為，日本人的笑「深奧莫測」，不可理喻。當然，日本人在處於無拘無束的環境和氛圍中時，也會有意或無意地「卸下」那張「面具」，還笑的本來的生理屬性。但是，一旦這種環境和氛圍不復存在時，他們的笑又回歸日本的文化屬性，使之經常變得異乎尋常。

事實上，任何民族之人的笑，都依托於他們自身的文化觀

---

❾　弗・普羅寧可夫、伊・拉達諾夫：《日本人》。

念；什麼時候該笑，什麼時候不該笑，都有其自身的理解。日本人在這方面其實並不例外。日本人的笑之所以被認為「深奧莫測」、「不可理喻」，其根本原因同樣存在於他們的文化觀念中。如果我們稍微關注一下這方面的問題，那麼馬上就會發現，日本人的笑其實並不「深奧莫測」和「不可理喻」，它同樣是由特定的文化觀念驅使的。正是這種文化觀念，在一定程度上改變了笑的生理屬性，使笑從「平常」走向「反常」。

眾所周知，武士道曾經是日本人的一種民族精神，這種精神至今仍影響著日本國民。按照武士道的觀念，一個自尊自重的人必須具有忍耐的精神和自我控制的意識。在我留學日本期間，從我的住所到就學的京都大學的必經之路上，豎立著一塊標語牌，上面寫著：「懷著一顆父母的愛心，培養孩子具有堅忍頑強的品格。」它鮮明地揭示了日本人的人生價值觀。按照這種價值觀，一個人在逆境和順境中，在各種複雜的環境中，均不可以得意忘形，或悲痛失色。約束自己，克制自己的衝突，既是日本人自我修養的手段，也是日本人自我修養的目的。因此，日本人認為，在憂傷的時候應該壓抑悲痛，強顏歡笑。這樣可以使別人覺察不到自己的真實感受，可以顯示自己是一個能夠自持、有修養的人。

日本人的微笑是歷史和文化的產物，「這種笑容彷彿是武士教育的最高準則，它形成了民族性格中諸如廣義的禮貌這樣的特徵。」❿日本人的彬彬有禮是舉世公認的，但是這種禮並不限於舉止的優雅和談吐的斯文，這種禮還要求日本人在與人相處時始終是一個使人愉悅，而不是讓人不快的人。他們十分清楚：「一人向隅，十人不歡。」人的情緒是會互相感染的。

---

❿　弗・普羅寧可夫、伊・拉達諾夫：《日本人》。

除非對方是一個幸災樂禍的人，否則他是不會對自己的悲哀無動於衷的。因此，「和幸福的人共同歡樂，不要讓別人看見你的淚珠。」成了日本人的一條行為準則。

芥川龍之介的小說《手絹》之所以具有如此大的藝術感染力，成為一篇傳世之作，就是由於作家成功地塑造了一位真正的日本母親，一位具有傳統的日本式價值和道德觀念，言談舉止充分體現出日本式「禮節」的母親。

確實，在日本的德川時代，武士們一直嚴守著「男子三年半邊臉」的格言，意思是說男子三年才可以笑一次三年才可以放鬆一下臉頰的肌肉。而且，即使在這時候，兩頰的肌肉也不可以全部放鬆，而是只能放鬆一半，呈現半邊笑臉，以顯示自己的剛毅。但是，從本質上說，日本人在該笑的時候不笑同在不該笑的時候笑一樣，都是對笑之功能的異化，使笑變得不是出於宣洩情感的需要，而是出於壓抑情感的需要，使笑從一種普通的生理現象變成一種「深奧莫測」的文化現象，成為一種人際交往必須正確運用的藝術。這種對笑的妙用，無疑也體現了日本人一種獨特的智慧。

禮貌用語的奧妙

在日本人的民族性格體系中，「講禮貌」無疑是在日常生活中居於核心地位的一項準則：講禮貌是日本人生活方式的基本內容。

曾經有不少人問我，到了日本以後，最初的感覺是什麼？我的回答是，到了日本以後，最初的感覺是彷彿沒有出國。確實，如果初到歐美的某個國家，面對眾多和自己的長相有著顯

著區別的「外邦人」，一種身處異國他鄉的感覺會油然而生。這種感覺和所謂的「文化衝擊」相比，無疑更迅疾、更直接、更明顯。但是，初到日本，面對觸目皆是的漢字和黑頭髮、黃皮膚的「同種人」，那種已經跨出國門的感覺是極其微淡的。

然而，那僅僅是最初的感覺。時隔不久，我馬上深刻也認識到：這裡是日本。而首先使我意識到這一點的，不是充滿日本傳統文化氣息的祇園祭、葵祭、時代祭，以及多得幾乎難以勝數的各種「行事」，不是上下分層、縱橫交錯的立體交通，而是日本人對禮貌用語的高度重視，以及從中體現出的一種處世的智慧。

在日本的大街上、公園裡，以及其他一些公共場所，到處可以見到呼籲和提醒人們注重禮貌的語句。其中使我印象最深的一句話是：「一個人除了善良和禮貌之外，不應當聽命於任何東西。」而日本人也確是以自己的言行來響應這些呼籲的。在這裡，我們可以「謝謝」一詞為例，對日本的禮貌用語作一番剖析，看看其中蘊含著什麼樣的奧妙。毫無疑問，在日本，「謝謝」是所有禮貌用語中使用頻率最高的一個詞。例如，當顧客推開一家酒店或餐館的大門時，首先迎接他的必然是極其響亮的「歡迎」。當顧客結完帳走出店門時，辭別他的，必然是同樣響亮的「謝謝」。當顧客在超級市場或自選商場購物時，從擴音器裡飄送而來的，除了宛如配樂朗誦般的商品介紹和「優惠」廣告外，餘下的就是無休無止的「謝謝」。甚至有時候顧客未進店門，店家已經感謝在先。許多店家在聽到電話鈴響後，拿起聽筒的第一句話來是：「每次承蒙關照，非常感謝。這裡是×××，請問您有什麼吩咐？」諸如此類的事，不勝枚舉。總之，在日本人的社會生活中，「謝謝」是不可或缺的。

如果「謝謝」僅僅是一種禮貌的表示，或僅僅是贏得顧客的一種手段，那麼當然不能夠說這是日本人一種智慧的顯示。事實上，在任何一個文明國度裡，人們都不會吝於說：「謝謝！」因為它是維持和睦的人際關係的需要。換言之，日本人在這方面並不異乎尋常。日本人在這方面的異乎尋常之處並不在於他們懂得和重視人與人之間應該表示感謝，而在於他們懂得和重視人與人之間如何表示感謝。明確地說，「謝謝」一詞在日本不僅是維持和睦的人際關係的手段，而且是顯示不同的人際關係的屏幕。

　　正是在這一點上，日本人表現出一種異乎尋常的智慧。在日本，一個普通的詞「謝謝」或感謝的表示，最常用的說法有八種之多。由於感謝和被感謝者的地位、職務不同，由於所需要感謝的事項不同，由於得到效勞或提攜、關照的程度和性質不同，感謝的表示及其含義具有各種各樣的細微差別，每一種感謝的表示都有較嚴格的界定，都只能在相應的關係和場合中使用，否則就會貽為笑柄。例如，同樣是對得到別人的幫助表示感謝，是否採用敬語，其結果是絕然不同的。如果在該使用敬語的時候不使用敬語，那麼這種感謝非但不能起到維持和睦的人際關係的作用，而且可能被視為傲慢無禮、妄自尊大，從而破壞這種關係。相反，如果在不該使用敬語的時候使用了敬語，那麼這種過分的客套可能會產生疏遠、和對方「保持一定距離」的作用，給對方以「敬而遠之」的感覺，因而也就無助於，甚至有損於保持和睦的人際關係。總之，「謝謝」的表示中蘊含著深奧的學問，有著明確界定，但卻難以適度把握和正確運用其「規則」。

　　由於表示感謝完全可能產生兩種相反的作用，因此，許多日本人往往以道歉代替感謝，以避免那種麻煩。例如，某人在

街上行走時，帽子被風吹走了。此時，別人拾起後交還給他，按理，他應當表示感謝。但是，他往往不說「謝謝」，而說「真對不起！」再例如，在車上，一位青年給一位長者讓座，長者往往也說：「真對不起！」因為，這樣說，不僅可以避免是否使用敬語的麻煩，而且同樣可以表示自己感激的心情，可謂一舉兩得。日本學者丸山林平認為：「幾乎所有的語言中都可以找到禮貌用語和表示客氣或自謙的專門說法，但是在這方面首屈一指的，當推日語。」英國聲名赫赫的日本問題研究專家張伯倫也指出：「世界上沒有第二種語言像日語那樣，擁有如此之多的禮貌語使用規則和說法。」

日本的禮貌用語確有種種使用規則，但這些規則本身並不複雜；和德語、法語等語言中性、數、格的變化規則相比，日語中的禮貌用語規則要簡單得多。日本禮貌用語的複雜性不是確定的規則，而是不確定的使用方式。在這些使用方式中，體現了一種複雜的人際關係，蘊含著深奧的處世哲學。「世事洞明皆學問，人情練達即文章。」日本的禮貌用語正是這樣一種學問和文章。

日本的禮貌用語不僅僅是一些溫文爾雅的詞句，而且是一種含義複雜的體系，它的複雜性還在於往往呈現矛盾的態勢。對這種矛盾的處理，無疑需要理智的頭腦和手段。

日本人的禮貌用語，從原則上說，是一個「推崇對方，貶低自己」的體系。但是，過分地貶低自己，將有損於自重，而這恰恰又是日本文化所不能容忍的。在日本，父母訓誡未成年的兒女時，經常掛在嘴邊的一句話就是：「你必須自重！」因為，只有自重才能使自我更有價值，才能達到立身處世的目的。按照美國文化人類學家本尼迪克特的說法：「在日本，『尊敬你自己』常常顯示出你自己是一個謹慎的選手。它並不

像英語的用法那樣，意味著自覺地遵守有價值的行動準則。」
「由於日本人把慎重與自重完全視為一體」，因此，在不失自
重時，「還得密切注意別人的行動中所作的暗示，還得強烈地
意識到他人對其行為的評價。」[11]因此，日本人在與人交往
時，心裡必須始終端著一個禮貌用語的天平，一邊放著謙恭，
一邊放著自重；他必須審時度勢，作出恰當的調整，不使天平
傾向任何一方。正因為這樣，所以日本人普遍認為，僅僅根據
使用禮貌用語的能力，就能輕而易舉地判斷對方的文化修養程
度：他如何既保持自重，又不失謙恭。

　　日本人的禮貌用語不僅是一個「梯形的結構」，而且是一
個「矛盾的結構」。創造這種結構需要智慧，正確地使用這個
結構也需要智慧。日本的禮貌用語好比一道數學難題，出題者
和解題者都需要智慧。公式是有的，但僅僅記住公式是遠遠不
夠的。

「梯形結構」的禮儀

　　1993 年五月某日，上海電視台的「三色呼拉圈」節目曾
邀請幾位文化人就如何認識中國的傳統禮儀問題進行了討論。
席間，我的大學同窗、現在某刊物任編輯的何平先生發表了如
下看法：現代人際交往中通行的「握手禮」實際上是一種不太
衛生的禮儀。他建議恢復中國傳統禮儀中的「作揖」。因為，
和握手相比，作揖顯然具有同樣的功能，且衛生得多。他隨後

---

[11]　魯恩・本尼迪克特：《菊花與刀——日本文化的諸模式》。

又建議使用中國傳統禮儀中的「磕頭」禮。乍聞此言，在座者無不愕然。但是，何必先生振振有詞的陳述，又似乎不無道理：目前，有些人在碰到地位比自己高、錢比自己多、「路子」比自己粗的「大腕」、「大款」時，極想表示自己欽佩和崇敬的心情，卻苦於找不到能確切表達這種心情的禮儀方式，而磕頭便是很能表達這種心情的禮儀方式。

何平先生的這一「建議」當然是一種諷刺和調侃，但卻使我獲得了一點啟示：在任何一個社會，人與人之間至少總有長幼與上下的差別，絕對的平等是不存在的。既然如此，那麼作為人際交往工具的禮儀就應該將這種差別體現出來。從某種意義上說，互相握手未免過於平等，因而存在著這方面的缺陷。由此我想到了日本的「鞠躬」禮。因為，鞠躬既避免了握手所具有的不衛生之嫌，又體現了禮儀應該具有的「梯形結構」。

在日本，幾乎一切問候、致意均伴以鞠躬。鞠躬不僅具有崇拜的功能、問候的功能、致禮的功能，而且直觀地反映了日本人人際關係中的等級次序。具體地說，日本的鞠躬大致分為三種：最敬的鞠躬禮、普通的鞠躬禮和輕微的鞠躬禮。最敬的鞠躬禮具有崇拜的功能，它的動作很慢、很深，從而顯示出最大的尊敬。這種鞠躬禮一般只在神社和佛寺的祭壇以及國旗前施行。在第二次世界大戰以前，日本人對天皇也都行這種最敬的鞠躬禮，但現在這種情況已有所改變，因為，天皇已經從「神」變成了人。普通的鞠躬禮和輕微的鞠躬禮均具有致敬和問候、致意的功能。前者的動作和作法是：雙手緊貼大腿兩側（女人雙手放在膝上），身體向前傾斜三十度左右，持續約三秒鐘。後者的動作和作法是：雙手自然地垂於兩側，身體和頭部稍稍前傾，持續約一秒鐘即可。

鞠躬禮的「梯形結構」和日本社會的等級序列是相對應

的。在日本，等級觀念具有根深柢固的基礎，它至今依然普遍存在，成為日本社會一個非常重要的特點。正如著名的社會學家中根千枝所指出的，日本具有「垂直型社會」的結構，這一結構和西方社會殊然有別。一般而言，日本社會的等級序列主要表現在以下幾個方面：(1)年長者和年幼者之間，年長者居於上位。(2)男子和女子之間，男子居於上位。(3)學生和老師之間，無論老師的年齡或其他狀況如何，始終居於上位；即使學生已經當了國務大臣、甚至首相，這種上下關係也不會改變。(4)主人和客人之間，客人居於上位；這條原則同樣也適用於旅店、餐館，以及其他一切服務性行業。(5)在同一個單位或團體中，職務高的人居於上位。等級不同，彼此施禮的方式自然應有所區別，而具有「梯形結構」的鞠躬禮正迎合了這種要求。

需要說明的是，日本的等級差別並不意味著，至少並不始終意味著階級差別，並不意味著日本社會刻板地分化為處於凝固狀態的不同階級。幾十年來，民意測驗的結果一直表明，90%的日本人認為自己屬於「中產階級」。而且，和其他一些發達的資本主義國家相比，日本的貧富差別不甚懸殊。在日本，大部分地區都是深宅大院、豪華公寓和簡陋的木屋、小店鋪以及辦公樓比肩接踵地擠在一起，很少有像美國的格羅斯角，或斯卡達爾那樣的富豪居住區。除了在日益擴展的團地住宅區以外，不同的收入水平，職業千差萬別的日本人都親密地住在一起，如同一個小村落裡的村民。也就是說，日本的等級差別不同於階級差別。日本人強調的是等級，而不是階級。既然如此，那麼體現這種差別的鞠躬禮的「梯形結構」似乎也就無可厚非。因為，它以一種合理的不平等，取代了一種不合理的不平等。所以，日本社會的等級觀念沒有造成像西方社會那樣因地位不同而經常存在的緊張氣氛和不滿情緒。相反，日本

人的等級觀念經常形成一種上級對下級如慈父般關心，下級對上級如孝子般竭盡忠誠的氣氛，使不同等級之間具有一種親切和溫柔感，從而使整個團體具有一種向心力和凝聚力。

　　由於日本人的等級觀念是一種歷史文化的產物，在現實的社會生活中，它的積極作用多於消極作用；因此，日本人都比較自覺地維護這種等級。關於這一點，從以下的現象中便可見其端倪——

　　日本人在與不相識的人初次見面時，有遞示名片的習慣。在西方社會，除了做生意的人以外，人們一般沒有隨身帶名片的習慣，更不經常遞示於人。而在日本，幾乎每個參與社交的人都有這種習慣，不管他是普通的職員、工人，還是尚未成為「社會人」的在校大學生。交換名片幾乎成了日本人在社交時一個必不可少的「程序」。一般來說，名片作為一種社交工具，有使對方了解自己，以及便於日後聯絡的功效。但是對於日本人來說，名片的功效和遞示名片的主要目的卻並不在此。

　　按照美國的日本問題專家羅伯特‧C‧克里斯托弗的說法，在日本，人們之所以要交換名片，「理由只有一個：在確定對方所屬的機構，並弄清他在那個機構中的職務之前，無法肯定應該給對方多大的敬意。」[12]

　　賴肖爾也認為：「交換名片的主要意義在於明確某人的具體地位和所在的單位……這有助於確立相互之間關係的性質並表示禮貌和尊敬。」[13]

　　一些對日本文化缺乏了解的人，特別是西方人，往往帶著輕蔑的語氣指出：日本民族嗜禮成器，過分恭謹，總是「低頭

---

[12]　《日本心魂》，第一三九頁。
[13]　賴肖爾：《日本人》。

哈腰」。他們卻不知這種「低頭哈腰」作為一種具有「梯形結構」的禮節，體現著社會的道德倫理和行為準則，反映出日本的社會文化特徵。因為，日本人強調「形」是「心」的表現，即一個人的心意應該通過「形」來外化，這是日本社會人際交往中一項得到恪守的原則。「形」若施行不當，那麼「心」也就無法，甚至會錯誤地傳達給對方；反之亦然。所以，正確地使用「形」——禮儀，如同正確地使用禮貌用語一樣，也是一門學問，並且經常具有禮貌用語的同等功效；它同樣是日本人一種智慧的體現。

「撒旦的傑作」

在日本的「吉利支丹時代」，即西方文化剛剛傳入日本的十五世紀中葉至十六世紀中葉，耶穌會傳教士聖弗朗西斯·沙勿略在他寫給羅馬主教的信中有這樣一段話：「日語肯定是撒旦的傑作，他試圖以此來阻止我們向日本的異教徒傳播福音。」沙勿略的這句話當然是一種抱怨。日語當然不是撒旦的傑作，更不是會試圖阻礙天主教（日本人稱之為基督教，以下同）在日本傳播而設置的屏障。但是，日語的「獨特離奇」卻是難以否認的。至少，許多人都這麼認為。

實際上，除了日本以外，沒有其他國家和民族使用日語。有些人甚至認為日語同世界上任何其他語言都有殊然之區別。在日本的周圍地區，如亞洲大陸的北部、南部，有和日語一樣與其他語種關係甚少的朝鮮語、通古斯語、蒙古語，有漢藏語系中的漢語和其語種；在南太平洋地區，有馬來亞的波利尼亞西語。這些語種和日語究竟具有怎樣的一種關係？迄今為止，

學者們眾說紛紜，莫衷一是。

一些學者認為，至結繩記事的繩紋時代（約公元前 5000／前 4000～前 250 年），現代日語的雛形很可能已經形成；以後經過長期對其他各種語言的吸收和融合，終於形成了現代日語，但其他語言影響的痕跡仍依稀可辨。例如，長期以來，日本同朝鮮半島有著密切的文化聯繫，朝鮮語的構詞法和語法或多或少影響了日語。另外，兩種語言還有其他一些共同的特徵：如元音字母一致，沒有以「R」或「L」開頭的詞。

依照同源語演變史學推斷語言相關年代的方法推測，大約在五千年以前，日語和朝鮮語從共同的語言母體中分化出來。但是，也有學者對此持不同意見，理由是，日語和朝鮮語除了上述相似點之外，幾乎沒有相同的詞彙，所以很難斷定它們屬於同一語系。

還有一些學者認為，日語和南太平洋的奧斯特羅尼亞語（對馬來亞、瓜哇語、他加祿語等馬來——波利尼西亞語的統稱）關係甚密。依據是，日語和奧斯特羅尼亞語的輔音系統一致，且都以元音為詞尾。但是，由於兩者的語法和音位極不相同，所以這種說法也受到懷疑。

另外有不少學者認為，漢藏語系遍及東亞中部和南部地區，漢語極大程度地影響了日語。日本人使用漢字有成百上千年的歷史，至今仍然如此，日語借用了許多漢語的詞彙。目前通用的日語中，約有 40%的詞來自漢語，兩者關係密切。但是，也有一些學者認為，就整體而言，日語和漢語並沒有什麼語際關係，因為兩者的語法系統是迥然不同的。還有一些學者認為，日語和漢語系的亞支藏緬語在語言的詞根和人稱代詞方面有許多共同之處。但是，兩者的「血緣關係」究竟如何？依然是個謎。

總之，日語似乎同任停其他語種沒有像英語同德語、西班牙語同法語所具有的那種密切的親緣關係，但又似乎同許多語種有著不可否認的聯繫關係。事實上，現代日語是經過相當長一段時間對其他各種語言的吸收、融合才終於定型的。由於存在這樣一個過程，所以不可避免地出現了上述見仁見智的解釋和看法。

　　日語不是「撒旦的傑作」，而是日本歷史文化的傑作，是日本民族智慧的產物。分析日本人的思想，從邏輯上說，必須先分析日本人據以思維的語言。因為，「就日本而言，作為它最為與眾不同的特徵之一，作為決定著它與有助於塑造本國整個未來的外部世界之關係的一個因素，語言起著決定性的作用。」[14]日本人不喜歡直截了當地表明自己的態度，而日語所具有的「曖昧」，使他們很容易做到這一點。日語中的許多詞都有複雜的社會含義。在日語中，具有「弦外之音」的話占很大的比重。有時候，一段話的全部含義只能靠心領神會；或者說，它的含義只有十分之一是顯露在外的，其餘部分均隱藏在「潛台詞」中，隱藏在整個語境和上下文的文脈之中，隱藏在展開對話的整個過程中，使人費盡猜測和分析。

　　日語，簡直像一座智慧的迷宮。對此，學習過日語，特別是具有標準日語水平考試經歷的人，大概都深有體會。以日語水平考試和英語水平考試，如「托福」作比較，後者供選擇的答案往往簡潔明了，孰是孰非比較容易篩選；而日語則不然，即使「理解」了題意，但在選擇答案時，日語的「曖昧」常使人倍受「折磨」──哪個答案似乎都可選擇，但又似乎都不確

---

[14]　《當代日本人──傳統與變革》。

切。對此，甚至日本人自己也毫不隱諱。

　　同樣按照賴肖爾的說法：「日本語令人著迷。但是我們的主要興趣不在於語言本身，而在於日本人運用日本語與外部世界進行交流的技巧。」「的確，日本語可以是模稜兩可的，但只有說話人需要這樣做時才會如此……在需要精確的時候，如起草法律和解釋技術程序時，使用日本語可以像使用英語一樣精確。」⓯問題的關鍵正在於「日本語是模稜兩可的，但只有說話人需要這樣做時才會如此。」

　　眾所周知，受過西方文化培育的人，在談話時往往希望將要義盡快談清楚，但日本人則對這種單刀直入的作風報以冷眼。在日本人看來，清晰、簡潔、有條有理，經常是令人不敢恭維的鋒芒畢露的表現。因此，日本人在談話時，往往小心翼翼地避免明確嚴謹的陳述。他們寧可轉彎抹角，模稜兩可，也不坦陳己見。對他們來說，在談話過程中徹底解決問題的最好辦法就是環繞著圓周，逐步接近圓心，而不是直接切入圓心。這樣既可以避免實質性內容的遺漏，確定最主要的東西，也可以避免直接衝突，給雙方留下迴旋的餘地。因此，典型的日本人忌諱直截了當的陳述，以至日本文化人類學家邦廣正夫在探討這一現象的一篇學術論文中不得不特意加上一條腳注：承認甚至公開寫出這一點，也使他感到很不自在。

　　凡事喜歡曖昧和朦朧，是日本人的一種基本的價值觀和美學觀。日本人不喜歡直言無忌，他們在談話時需要試探他人的情緒和態度，並適時加以調整——包括方式、語氣，甚至基本觀點，而謂語後置的「粘著語」日語則為這種隨機應變提供了極大的可能。如前蘇聯的日本問題專家涅維羅夫寫道：「日語

⓯　《當代日本人——傳統與變革》。

的結構本身，在這方面提供了極大的可能性。例如，它可以借助於最後的一個詞來改變整段話的意思，這就產生了談話的許許多多不明確的形式，從而最終造成了談話的模稜兩可。」**⑯**

　　日語不是「撒旦的傑作」，而是日本人智慧的傑作。雖然日語在歷史上吸收了大量外來語成分，但日語畢竟是日語，它服務於日本民族的性格，體現著日本民族的價值觀和美學觀。

似是而非的「哈依」

　　這是我的朋友丫君對我敘述的一件事：好幾個禮拜以前，丫君受他所在公司的委託，和日本某公司的幾位代表進行一項商務洽談。談判進行了近三個小時。席間，日本代表詳細詢問了有關事宜的每一個細節，並不時點頭「哈依」（日語「はい」的音譯，意為「是」）。談判結束後，中方代表依照慣例，宴請了日方代表。酒酣耳熱之際，丫君不無得意，並且不無理由地認為，這筆生意算是成交了。然而，「風雲突變」，一週之後，日方通過中介人，給了丫君一個簡單明瞭的答覆：「我們沒興趣。」這個答覆使丫君如墜五里霧中：他們不是連連點頭稱「是」嗎？怎麼……他竭力在自己的記憶庫裡搜尋當時可能顯示對方「沒有興趣」的跡象，檢點自己是否有失禮的舉止，但結果均是否定的。他感到困惑不解。

　　聽完丫君的敘述，我忽然覺得有必要就「哈依」的含義，對這位粗通日語的工科碩士作一番「啟蒙」——儘管本人對日語也談不上精通。我順手從書架上抽出美國的「日本通」米切

---

⑯ 轉引自：《日本人》。

爾·Ｆ·多伊奇寫的《怎樣與日本人做生意》一書，翻到第二項遞給他，讓他做一下下面這道選擇題——

當日本人對你的提問回答「是」的時候，你認為這表示：

1·同意。

2·理解。

3·注意到你在跟他說話。

4·對方在搪塞你。

5·以上所有的解釋。

對於這道題目，丫君選擇了「1」。理由是，按照辭典上的解釋，「哈依」的意思只有：「是，對，可以，行」。但我告訴他，按照多伊奇提供的答案，正確的選擇是「5」。

不錯，對於「哈依」一詞，無論哪本辭典都作了丫君所說的解釋。但是，在現實生活中，「哈依」的含義無疑比這種解釋廣泛和深刻得多。在「哈依」的背後，隱藏著日本人的處世哲學和行為價值觀念，隱藏著日本人的機智。必須指出，不管日本的男人還是女人、生意人還是政治家，均不喜歡對他人的意見公開表示異議。他們對公開難為別人，具有一種根深柢固的厭惡。一般來說，日本人總是覺得難以張口對任何建議——不管這個建議多麼使人難以容忍——說個不加修飾的「不」字。也就是說，日本人很少使用斬釘截鐵的否定詞。在他們看來，只有在親屬之間，或是在很熟的朋友之間，在遇到特殊情況時，用「不」才是恰當的。而在同那些沒有感情基礎的「外人」交往時，則應儘量避免使用生硬的「不」字。雖然日本人並沒有限制使用「不」的規則，但事實就是如此。雖然今天有許多日本人認為，談話最好不要拐彎抹角，在需要時直截了當地說「不」，但是普遍認同的準則依然佔了上風。有些日本人與西方人有著廣泛的交往，他們已經學會克服使用「不」字所

具有的反感。但是，即使是這些已經取得突破的人，仍然不得不承認，這種「外國方式」令人很不舒服。

為了避免使用生硬的「不」字，日本人有時故意轉換話題，藉此暗示他們對問題的反應是否定的，希望對方懂得適可而止，不再追根究柢。如果對方不懂這種暗示，那麼在日本人看來則未免太不知深淺了。另外，「是，但是……」雖然從形式上看，好像是原則上表示同意，只是具體問題有待推敲。然而在日本，這是一種典型的、貨真價實的拒絕，是「不」的同義語。對於開門見山提出的問題，日本人通常的回答是：「哈依，讓我考慮一下。」這有時也表示一種拒絕。這種答話方式在日常交往中屢見不鮮，在商務談判中更是常用。當然，要判定這句話的含義，必須分析、考察與之相關的其他種種因素，如面部表情、語調、整個情景等等。沉默也可能是「不」的標誌。《日語詳解辭典》著重指出：沉默不是交往中的真空，而是交談著不得不對表露自己的想法和體驗加以克制的一種狀態。沉默常常被用以否定陌生人或不太熟悉之人的請求。

日本人認為，即使交談的一方感到對方是在拒絕自己，不同意自己的意見，但是只要做法很委婉，沒有傷害他的自尊心，那麼他就能比較容易接受對方的拒絕。美國前駐日本大使詹姆斯‧D‧霍奇森曾經講過這樣一句話：「我的經驗是，如果你能設法在面子上遷就日本人，通常他們都會設法在實質問題上照顧你一下。」由此看來，日本人儘量避免使用「不」字，不僅是日本民族性格的一個基本特點和基本價值觀念——追求和睦的表現，同時也是一種功利思想的反映。

確實，日本政府的發言人在斥責他們所無法接受的外國提議時，也會使用「虛偽」或「荒唐可笑」、「胡說八道」之類斷然的措詞，但這種極富感情色彩的措詞，他們畢竟很少使

用，除非他們感到遭受了最嚴重的挑釁。典型的情況是，當一個日本人不準備接受某種建議或要求時，他總是為了「盡力保持表面上的和諧」，為了他自己和對手的臉面而說些模稜兩可的話。諸如本文在開頭部分提到的，具有種種釋義的「哈依」。這種模稜兩可的回答，有時是以客氣的方式拒絕某種要求，有時意味著為找到妥善解決問題的辦法而努力。它是日本人一種「隨機應變」的機智。但是，那種模稜兩可、曖昧不清，讓人難以理解的似是而非的「哈依」，往往會使外國人得出一種錯誤的結論，使他們覺得已經得到了某種形式的承諾。當事實證明並非如此時，他們會感到困惑不解，甚至會產生一種被愚弄、欺騙的感覺。

和丫君的遭遇相比，尼克森和佐藤榮作在一九七〇年舉行的美日最高級會談，無疑更為典型。在那次會談中，尼古森出於國內政治、經濟因素的考慮，向佐藤榮作施加壓力，要求他為改變美國對日貿易的逆差、削減日本對美國急劇增長的紡織品出口採取措施。佐藤榮作對尼克森的要求，採用了典型日本式的、含義很不嚴格的回答。他的回答如按照字面解釋，即：「是，我會盡力而為。」佐藤榮作的意思，實際上是想表明，他將過問這件事，並看看能以什麼妥善的意法緩和這一矛盾，同時又不致引起太多令人棘手的反應。但尼克森聽了這句話，卻認為佐藤榮作已經答應改變這種局面。因此，當以後佐藤榮作並沒有採取真正有效的措施時，尼克森理所當然地認為佐藤榮作言而無信，從而產生一種上當受騙的感覺。這一誤解，對美日關係產生了相當不利的影響。儘管佐藤榮作並沒有故意欺騙尼克森，並沒有故意使尼克森產生錯覺，他只不過是實踐了日本人傳統的價值觀察，即不使人當面難堪，同時使這一問題的解決有迴旋的餘地；這不是日本式的狡猾，而是一種日本式

的機智。

　　似是而非的「哈依」，是一種值得推敲的處世之道的反映。記得有位與「哲人」稱號無緣的凡夫俗子曾經講過一句頗富哲理的話：「世界上的任何人或事物，都是由不變中的變化和變化中的不變這兩大要素構成的。」作為日語中的一個常用詞，「哈依」在辭典中的釋義是不變的。但是，在現實生活中，「哈依」的含義卻是多變的。在「哈依」中，蘊含著日本人的處世哲學、日本人的價值觀念、日本人隨機應變的智慧。

四大觀念：智慧的結晶

　　許多西方人認為，理解日本人的行為準則，經常比破譯日本在第二次世界大戰中用於派遣特工人員的密碼還難。甚至曾長期擔任日本各大公司駐美國辦事處的高級諮詢顧問，對日本人和美國人在文化傳統、社會背景、價值觀念、生活方式、工作作風、思維邏輯等方面的共同點和不同點有深刻了解的米切爾・F・多伊奇這位「日本通」也坦率地承認：「與日本人接觸，是我職業生涯中較為痛苦和難堪的經歷之一。」

　　日本人的行為有時確實令人難以理解。日本人善於隨機應變，他們十分懂得「一切以時間、地點、條件為轉移」這句話的深義；日本人善於「以心傳心」，在他們看來，正如一對情人坐在一起那樣，心靈的溝通是最重要的；日本人很注重禮節，在這種禮節中，有著無窮的奧妙；日本人很注重表面上的和諧，他們為追求這種和諧而作出的似是而非的表示，經常使人莫測高深。這些作為傳統文化之積蘊的行為，無疑是日本民族智慧的結晶，但它們卻常常給外國人以「愛麗絲漫遊仙境」

般的感覺。

不過，正如美國情報當局能夠在第二次世界大戰期間成功地破譯日本方面的電訊密碼一樣，日本人的行為準則其實也不是不可理解的。事實上，不少日本問題專家已經十分明確和正確地「破譯」了日本人行為準則之中的「密碼」。按照他們的意見，日本人的行為是受以「忍耐、面子、義務、恩情」這八個字概括的行為準則支配的。

日本有一個《四十七浪人的故事》（編按·即日本時代劇《赤穗浪士》的故事），它是日本真正的民族史詩。雖然這個故事在世界文學史中幾乎沒有一席之地，但它對日本人卻有著巨大的吸引力，被日本人代代傳頌，並被刊印和改編成現代的通俗系列電影，以至家喻戶曉。在日本，四十七浪人的墓歷來是人們嚮往的聖地，每年都有成千上萬的人前去祭奠，留下自己的名片，以致墓地周圍經常一片雪白。日本人之所以喜愛《四十七浪人的故事》，最根本的原因就是這個故事集中而生動地反映了日本人的行為準則。

這是一個發生在十八世紀初的故事。當時，有一個叫淺野的大名（官名），他和另一個大名一起被幕府委任為主持全國大名定期向幕府將軍請安問好儀式的司儀。由於這兩個大名都不熟悉宮中禮節，因此不得不請吉良——一個精於此道的大官——給予指教，以便屆時從容應付。和淺野同當此任的另一位大名老於世故，他事先給吉良老爺送去了大量珍貴禮品，博得了吉良的歡心。而淺野卻忽略了這一不可忽略的環節，使得吉良十分不悅。因此，他故意對淺野進行誤導，讓淺野錯穿儀式服裝，使之在盛會中當眾出醜。吉良的不良居心使淺野憤懣難平，一怒之下，他拔劍刺傷了吉良的前額。在將軍的宮殿中拔劍傷人，且刺傷的是將軍的寵臣、有權有勢的吉良老爺，這

當然罪不容赦。於是,淺野只得切腹自殺,他的封地也被沒收。淺野的家臣成了無主的「浪人」。

在淺野的家臣中,有一個他最信任的武士,叫大石,他發誓要殺死吉良,為主人報仇。大石將曾經是淺野家臣的三百多個浪人召集攏來,以分配昔日主人財產的方式,試探出其中有四十六個人是真正的義士,能夠參與他的復仇計劃。於是,他們割破手指,血書立盟。

作為復仇計畫的前提,他們懂得首先要忍耐,要見機行事。為了迷惑吉良,大石等各自離散,且經常出入妓院,裝出忘卻名譽、不講情義的樣子。大石等人的舉動,引起了人們的普遍不滿。他們的岳父更是對他們這些武士的「無情無義」感到羞恥,勒令自己的女兒和他們解除婚約,不准他們上門。四十七個浪人的舉動使吉良老爺也信以為真,並逐漸放鬆了戒備。他們的目的達到了。

在一個大雪紛飛的夜晚,趁吉良舉行酒宴之機,以大石為首的四十七個浪人突然衝進吉良的邸宅,並根據額上的傷疤認出了吉良,將他擒獲,要他就地切腹自殺。吉良膽怯地拒絕了這一要求。於是,他們便用自己的主人淺野切腹時用的刀砍下吉良的頭,然後列隊出發,將兩次染過血的刀和吉良的頭顱送往淺野的墓地,以此祭奠他們的主人。

四十七個浪人的壯舉在江戶引起一場極大的震動。人們爭先恐後地前來向他們致敬,其中包括曾經冤枉他們的親屬。甚至一些大藩的諸侯也盛請款待他們。四十七個浪人忍住了急於行事的衝動,忍受了一時的誤解,最終為主人報了仇,盡了作為家臣的義務,報答了主人昔日的恩情,維護了自己的名譽,這種行為當然是值得景仰的。但是,未經宣布而復仇,又是當時的國法所不容的。處在兩難境地的幕府經過深思熟慮,決定

讓他們切腹自殺——作為武士，在必要時應該採取的行動，而不是將他們送往有關部門處置。這樣做可謂一箭雙鵰：既肯定了他們盡義務、償恩情的做法，維護了他們作為武士的名譽，又遵循了國法。

在這個古老、歷久傳頌的故事中，體現了日本人基本的行為準則：忍耐、面子、義務、恩情的深刻價值。

日本人十分強調忍耐，強調凡事要有耐心。在日本人看來，一個有耐心的人往往散發出成功的芳香，一個沒有耐心的人往往難免失敗的厄運。

有一位日本商人曾打趣地對一位美國人這樣說：「你們美國人有一個非常可怕的缺點，即是沒有耐心。我們日本人對此非常清楚，所以我們一有機會就利用這個缺點。」

日本人很講「面子」，很注重維護自己的名譽。在前幾年出版的一期《讀者文摘》上，曾經刊登過一篇題為《從一陣風看三種不同的文化》的短文，生動而形象地揭示了日本人在這方面的行為準則：在一座小山上，站著三位姑娘，分別來自美國、中國和日本。她們都戴著帽子，穿著裙子。這時，一陣風吹來。只見美國姑娘雙手按住帽子；日本姑娘雙手按住裙子；中國姑娘一手按住帽子；一手按住裙子……

「義務觀」是日本人十分強調的一種觀念。西方人大多認為，離經叛道和克服種種阻礙去獲得幸福，是強者的象徵；而日本人則認為，只有那些無視於個人幸福並克盡義務的人，才是真正的強者。在日本，人生的偶然事件可能會修改人的「義務」細節。但是，「義務」作為一種觀念，卻始終存在於日本人的頭腦之中，超然於一切偶發事件。日本人將義務看作一種必須履行的責任。日本的初等教育被稱為「義務教育」；因為，在日本實在沒有其他詞彙更能表達「必修」的意思。

「恩情觀」是日本這個人情社會的一種核心觀念，同時它又是一種非常沉重的負擔。正如日本人經常說的：「一個人永遠無法報答恩的萬分之一。」「恩的力量」常常被看成是可以壓倒個人偏愛的一種正當的力量。在日本人看來，「恩」是一種債務，必須予以償還。對於這一觀念，日本著名作家夏目漱石在他的小說《哥兒》中，有著鞭辟入裡的描述。

　　忍耐、面子、義務、恩情作為行為準則，無疑是智慧的結晶，為日本帶來了社會的安定和經濟的繁榮。僅以忍耐為例，它所具有的經濟價值便不可估量。例如，日本許多著名企業均十分具有忍耐精神，十分注重在市場上確立長期地位，十分注重以長遠的眼光進行產品開發。在國際經濟舞台上，日本人具有一種為了長遠利益而忍受暫時挫折和損失的獨特能力。對日本人來說，在開始的日子裡，打進市場比利潤更重要；名聞遐邇的索尼公司為了開拓在美國的市場，不僅投資於製造，而且投資於銷售、流通和服務，五年以後才開始獲利。步入世界威士忌生產大企業行列的三得利公司，花了近十年時間才在美國建立起根據地。日本最大的化妝品企業資生堂，1968 年進軍美國，直到八○年代中期才得以盈利。因此，和急功近利者相比，日本無疑正「有耐心的資本主義」。它所取得的成就，世人有目共睹。俗話說：「放長線，釣大魚。」在日本企業的成功中，我們不難領悟到「忍耐」的重大價值。

　　著名的古希臘哲學家赫拉克利特有一句名言：「一個人不可能兩次涉入同一條河流。」同樣，我們不可能碰到兩個思想、觀念完全相同的日本人。但是，作為一種普遍認同的行為準則，作為一種傳統文化的社會性積累，四大觀念在日本人頭腦中的地位是不應該受到懷疑的；它們是日本人行為的嚮導，是民族智慧的結晶。

Chapter 2
知性和悟性的變奏曲

詭辯：「粉紅色的道德」

第二次世界大戰以後，日本的「粉紅色行業」日趨發達。不僅一些飯店、酒館設有陪酒女和所謂的「相談室」（與異性接觸的單獨房間），不僅名目繁多的俱樂部提供著同一性質的服務，不僅翻開各種報刊雜誌，色情的敘述和描繪比比皆是，甚至走進公用電話亭，也可經常見到應召女郎提供「性服務」的廣告，而且公開和半公開的非法「賣春」活動也日益激增。警方認為，形成這種狀況的原因是：

(1)社會性道德觀念淡薄，風氣敗壞，商業主義泛濫，少年缺乏道德義識。(2)對外國人的管理極差，當成外國人在旅遊和不法居留期間任意嫖宿或賣淫。(3)缺乏對旅館、飯店等服務設施的嚴格管理，使企業主無視於法規，公然贊助賣淫活動。為此，日本警方採取了相應的限制措施，並提出了「賣春是社會大敵」的口號，力求淨化社會環境。

然而，儘管日本制定的「防止賣春法規」已超過半個世紀

的歷史，儘管有關方面多次興師動眾，可此項舉措卻收效不大。問題的癥結何在？或許，警方的看法只抓住了其中的一個方面，另一方面的原因存在於日本傳統文化的溪流之中，存在於日本人對「性」的傳統認識之中。這裡，我可以舉幾個比較極端，但卻頗能說明問題的例子。

例一：有一個自甘墮落的女學生因「賣春」而被警方拘捕。受審時，她對自己的行為供認不諱，但卻申辯說：「這是我在打短工。至於打工是用腦袋，還是用手或身體的其他哪個部分，這是我個人的自由。」她的申辯可能是一種詭辯，但卻折射出日本人對「性」的一種認識。

例二：在戰後，有一些「伴伴女郎」因「賣春」而遭到拘捕。受審時，她們振振有詞地為自己的行為作了辯護：「正因為我們築起了犧牲的防波堤，所以才使得『良家婦女』免遭占領軍官兵的蹂躪。」這種「防波堤」論曾經在日本頗有市場，儘管有人認為這是為「賣春」者尋找藉口。

例三：按照當代日本的法律，直接顯示性器官是違法的。但是，「道高一尺，魔高一丈。」日本人自有對付這一法律規定的「智慧」。在日本，曾發生過一起訴訟案：一家酒館的老板被指控雇用著短裙而不著短褲的女招待服務客人，並在地面上鋪了鏡子，以此勾引客人，因而違反了日本的上述法律。但是，被告反駁說，他沒有違法。法律規定不能「直接顯示」，可他那樣做是「間接顯示」——通過地面的鏡子。結果，被告被宣判無罪。

荒誕的「打工」論、「防波堤」論和「間接顯示」論，是一種典型的偽合理主義，這種偽合理主義是戰後派處世法之一

「訣竅主義」的前輩。這種偽合理主義和訣竅主義以金錢和肉體的快樂，而不是道德性的判斷，作為衡量價值的尺度，而它們更深的淵源則存在於日本人對「性」的傳統認識之中。

因為，在日本，人們自古以來從未對性的享受進行過苛責，追求性的快樂從來就沒有被視為一種罪惡。事實上，上述辯護不僅顯示出一種機敏或狡詐，而且蘊含著一種傳統的倫理觀和價值觀。

眾所周知，神都是人按照自己的形象塑造的，這在日本也不例外。日本最初的神和神話故事或許不是源於日本，而是從國外引進的。但是，從這些經過日本人改造的神和神話中，我們不難窺探到日本人對「性」的傳統認識。

日本的遠古神話中充滿了關於性、性愛和生殖的故事，其中最著名的就是伊邪那岐和伊邪那美通過性的結合而創造日本的故事。《古事記》是一部編年史作品，而它的前半部分則是各種神話的匯集。據統計，該作品中有三十五次直接提到性，包括性交和生殖器官。人們或許認為，「脫衣舞」是日本從西方「引進」的，然而實際上，這種色情的表演在日本可謂古已有之：「第一個這類的表演者當然是『高天駭人女妖』。它的神祕的脫衣舞為後來的『神樂』（字面意思是『使神快樂』）樹立了樣板……在較現代的舞蹈形式中還能看到它的影子，現代脫衣舞廳就是一例。」❶

在日本的神話中，有一個叫猿田昆古的陰莖神，他是生命力的象徵，具有強大的神威，令魔鬼聞風喪膽。但是，據說當「高天駭女人妖」脫下她的裙子時，猿田昆古會像花朵一樣枯萎、癱軟。因為，「高天駭人女妖」下身所展示出的具有更神

---

❶ 弗・普羅寧可夫、伊・拉達諾夫《日本人》。

奇的力量。

　　按照神道的觀念，情慾和道德上的罪過是無論如何也聯繫不到一起的。因為，第一次性行為就是在神靈之間發生的。在日本，有許多深受神道影響的「祭」，有些「祭」就是通過對性的崇拜來顯示對生命力的崇拜，它們是以痛苦和狂喜、性交和死亡、崇拜和恐懼、純潔和骯髒為重要因素的「祭」的組成部分。正是這種敬酒的表演，奠定了日本民俗文化的基礎。它往往淫褻而暴烈。按照日本小說家三島由紀夫的說法，祭是「一種人類與永恆世界庸俗的交配。這種交配只有通過如『祭』這樣以敬神為名的淫蕩活動才能進行。」❷

　　和飲酒一樣，男女之間的兩性關係在日本佛教中也占有一席之地。例如，在日本的平安時代末期，日本佛教真言宗出現了一個立川流派，他們將男女性交的陰陽之道與即身成佛的祕密教義混為一談。這種放蕩亂倫的祕密儀式從鐮倉時代初期到中期，在各處流行。與立川漂派相類似的傾向也出現於日本佛教的淨土宗。例如，淨土宗的「相續開會一念義」（保證遵守「一念義」的人能夠得救和贖罪之意）宣稱：「所謂『一念』，即兩個人一條心。當男女二人合二為一，都感到愉快時，他們齊聲念一遍南無阿彌陀佛，那就是『一念義』的意思。因此，那些仍然單身的人害怕他們不能往生淨土，就得找到自己的伙伴。」甚至日蓮宗始祖日蓮這位操守良好的僧侶也說：「內在的證據揭示客體與心智是不同的兩碼事；與此同時，它們又是一碼事。特別重要的法門在於兩句話：煩惱即菩提，生死即涅槃。正當男女交會之時，吟唱南無妙法蓮華

---

❷　伊恩・布魯瑪：《日本文化中的性角色》

經——那正合乎我們所說的煩惱即菩提，生死即涅槃。」❸

在其他國家，人們總是試圖將宗教世界和肉慾世界區別開來。然而在日本，人們卻有意或無意地將兩者聯繫、甚至等同起來，以至一些本來表示佛教神聖觀念的詞彙，也被用來暗示淫亂放蕩的場面。按照日本著名的思想史專家中村元的觀點，這種褻瀆宗教神聖的例子是日本所具有的獨特現象。出現這些現象並非僅僅是僧侶的責任，而且具有深刻的歷史根源：它們植根於日本人傳統的思維方式之中。在日本的早期社會，曾有表現女性展示其生殖器的雕像。這種形象後來轉變成了大慈大悲和救苦救難的觀世音。可在今天，「去看觀音」有時居然成了去看脫衣舞表演的一種隱喻。

除了神話、宗教之外，在日本的古代文獻中，非但沒有任何跡象反對表達與性有關的東西，而且關於性的描寫幾乎比比皆是。這種描寫通常直觀明了，很少採用晦澀的象徵手法。從中世的故事匯集到近世的春本和人情本，直至今天的電影和各類文學作品，這一傳統一以貫之地得到了繼承。

不少人認為，日本人有三大愛好：酒、色、賭。這種說法雖難免不敬之嫌，卻道出了幾分真實。在許多日本人看來：「好色，本出於慾。」他們對此毫不隱諱。在我和日本人的接觸中，也深切感受到這一點。日本的「粉紅色行業」所以日趨發達，「打工」論、「防波堤」論、「間接顯示」論所以常有所聞，最根本的原因就是因為日本有著「粉紅色的道德」。

---

❸　參閱《菊花與刀——日本文化的諸模式》

色情：巧妙的政治隱喻

在七〇年代末八〇年代初，中國大陸曾上映過一部根據日本著名作家森村誠一的同名小說改編的故事影片《人性的證明》。影片敘述一位曾經遭到美國占領軍士兵蹂躪，後來和一名美國占領軍的黑人士兵生下一個混血兒的日本婦女為了隱匿那段「不光彩」的歷史，以使自己已經取得的作為一名著名服裝設計師的地位不致遭到損害，居然不惜將親生兒子殺死，以後在「人性」感召下，重新發現了沒有泯滅的天良，最後自赴黃泉的動人故事。這部影片隨著它那首：「媽媽，你還記得嗎，你送給我的那頂舊草帽……」插曲的傳唱，在中國大陸也獲得了無數觀眾的共鳴。

這部影片以傳神的畫面和精彩的對白及音樂旋律，揭示了人性的本能不會泯滅殆盡這一深刻的主題。觀眾一般也作此理解。這一理解當然是正確的。但是，觀眾或許沒有意識和覺察到，《人性的證明》這部影片，還有其他所要揭示的另外一個方面，在這部影片中，有一個女主角遭到美軍士兵強暴的場面（這一場面在中國大陸公映時大部分被刪除）。須知，這一場面並不是編導者嘩眾取寵的色情「添加劑」，而是一種巧妙的政治隱喻。這種政治隱喻在日本許多類似題材的影視和文學作品中曾經反覆出現；它是日本的文學作品編導和創作人員獨具匠心的智慧體現。

事實上，《人性的證明》中所出現的那種「色情」場面已經變成了一條陳規：在類似的電影中，只要出現美國士兵，幾乎總是會粗暴地強姦日本女人。這種強姦如果僅僅是為了給影片增加一點色情的內容，以增加票房收入，那麼當然沒有深究的必要。

但耐人尋味的是，「雷同」乃藝術創作之大忌，此類影片為何如此「雷同」？是為了揭露美國士兵的淫慾好色、粗暴無恥，還是「項莊舞劍，意在沛公」？從以下的一個案例中，我們或許能找到一個明確的答案。

　　一九六五年，日本曾上映過一部由武智鐵二導演的影片，片名叫《黑雪》。影片上映不久，即因內容中有明顯的色情成分而遭到禁演的處罰。同時，導演武智鐵二也被東京檢察院告上了法庭。但是，武智鐵二堅決否認他執導的這部影片是一部色情片。相反，他指出，《黑雪》是一部具有強烈民族主義色彩的影片，它記述了日本那段作為日本人應永誌不忘、牢牢記取的歷史。他認為，這部影片是反對「美帝國主義」的一項政治聲明（「美帝國主義」在當時的日本，無疑是一個眾人痛恨的名詞）。在法庭上，武智鐵二為自己作了如下辯護：「檢察官們對《黑雪》的抨擊越來越厲害。我承認，在這部影片中確有許多裸體的鏡頭。但是，那是心理上的裸體，象徵著日本人面對美國人的入侵無力抵抗。在美國中央情報局和美國軍隊的慫恿下，那些檢察官指責我的影片不道德，這顯然是重彈持續了幾個世紀的老調。當有人在江戶時代要取締歌舞伎，並且因賣淫現象禁止女人演戲，以及由於同性戀而禁止青年演員上台時，他們也說是為了維護公共道德，但實際上那是地地道道的政治鎮壓。」❹最終，由於日本知識分子對此事進行了強烈抗議，武智鐵二被判勝訴。

　　在文學藝術作品中，入侵者和占領者對當地的女性恣情縱慾，濫施淫威的描述，人們已屢見不鮮。例如，在敘述納粹法西斯和意大利法西斯之殘暴的影片中，觀眾們同樣可以見到類

---

❹　日本《電影藝術》

似的場景。但是，那主要是揭露一種滅絕人性的野蠻行徑。而《黑雪》及其同一類影片的編導者則是以一種「雷同」的手法，通過女性遭受摧殘來「象徵日本人面對美國人的入侵卻無力抵抗」；即採用一種隱喻的手法，以一種暗示來喚起民族意識和民族精神，表現日本民族的一種歷史命運。這種藝術表現手法新穎獨特，堪稱一絕。

值得注意的是，許多西方的色情影片，甚至包括最庸俗的色情影片，通常是將性交作為男女分享的一種快樂體驗來表現的，但日本影片卻少有這種情景。在日本影片中，女人要嘛是被姦者，要嘛是完全被其性殘暴所驅使而吞噬男人的魔鬼。在日本影片中，雖然女受害者經常一絲不掛，但男施害者卻往往衣冠楚楚。這一情景告訴人們，按照日本人的一種觀念，公開顯示的性行為，有時不是愛的愉悅和快樂的分享，而是對純潔之「愛」的一種玷污和踐踏。如果以強姦的方式來表現，那麼這種玷污和踐踏則更加暴烈和令人髮指，並且更能使受害者成為純潔無辜的象徵。相反，即使女人成為吞噬男人的魔鬼，那也是從前者轉化的，是「物極必反」的表現；貞潔一旦被玷污，處女就搖身變成吃人的妖精。因此，從本質上說，女性始終是純潔的。從這一角度，我們更容易看清《人性的證明》和《黑雪》之類影片的編導者安排那種場景的良苦用心。

訴諸歷史，我們不難發現，將色情的敘述或描述作為政治隱喻的做法，在日本已年深日久。雖然我們無法斷言現代電影的編導者延續了這一傳統，但我們同樣不能斷然割開那流動著「淫蕩的鮮血」的時代脈絡。在日本崇拜大自然的早期歷史，對性的崇拜本質上是對生命力的崇拜，各種泥塑木雕的男女生殖器是禮儀中的魔具，是權威的象徵。如果這不屬於政治隱喻，那麼日本最早的這方面的例子應數「春畫」。春畫是在佛

教的影響已經在日本得以擴展的十世紀左右出現的。那些描繪和尚放蕩無羈的春畫絕不僅僅是、有些甚至根本不是挑逗性慾的作品，而是民眾對那些外來信條抵觸情緒的一種反映，是對當局者「寬容」的不滿，是一種政治隱喻。

　　至江戶時代，當幕府將儒教作為維護和鞏固政治統治的工具時，「大多數流行的藝術家，包括大名鼎鼎的歌磨和兆齋，作了很多春畫，並且有不少作家描寫色情。許多色情畫像十世紀譏笑佛教那樣諷刺古板保守的儒教經典。」❺這樣，和維多利亞時代的英國以及皇朝時代的中國一樣，江戶時代的色情作品也變成反對限制，寄托政治目的的工具。時至今日，日本的一些文學藝術家仍然將「色情」當作政治隱喻的手法；《人性的證明》或《黑雪》僅僅是其中一例。

　　在世界普遍的範圍內，人們所誇耀和讚美、渲染和鼓噪的「性」，既可以是一種美的顯示，也可以是一種淫的誘惑，兩者有著不可相提並論，但又並非涇渭分明的區別。許多文學藝術的編導者苦心孤詣，大都勞神於如何界定，或如何混淆這種區別。而日本人的特殊之處在於將「色情」或性的表現穿插在看似淺顯，其實卻有著深刻寓意的情節之中，使之成為一種政治隱喻。這種「性」的表現，無疑是一種「新」的表現，值得玩味。

「活人玩偶」：愛與情的分離

　　在日本，曾經流傳著一個叫「牛新娘」的民間故事，它的

---

❺　《日本文化中的性角色》

梗概是——

　　從前，在某個地方，有一位漂亮的姑娘，名叫阿鈴。一天，阿鈴到廟裡去燒香敬神，祈求神明賜給她一個如意郎君，以結束待字閨中的生活。事有湊巧，她的祈求被鄰村一個叫金太的小伙子聽到了。於是，他靈機一動，裝出神的聲音，授意阿鈴姑娘嫁給鄰村農戶平作的大兒子金太。

　　姑娘回到家中後，向父母敘述了祈求神明的經過和神的旨意。阿鈴的父母都討厭平作和他的兒子金太。但是「神明」的旨意是不可違抗的，他們只得擇日為女兒完婚。

　　舉行婚禮的那天，阿鈴穿上華麗的服裝，坐上幾個人抬的花轎出發了。在路上，正好迎面碰到也坐著轎子，前呼後擁的侯爺。抬著阿鈴姑娘花轎的轎夫一見侯爺駕到，全都逃得無影無蹤。而姑娘因坐在花轎裡，一點也不知道外面的情況。侯爺一班人見花轎攔路，認為簡直膽大包天。他們上前撩開花轎的布簾，發現了正在哭泣的阿鈴。大喜之日為何如此傷心？侯爺好生奇怪，便上前發問：「姑娘，你為什麼哭？」姑娘將事情的原委一一作了敘述。侯爺聽後大怒。他讓姑娘坐進自己的轎子，然後順手將旁邊走過的一頭小牛犢推進姑娘的花轎，自己騎上家丁牽的馬，帶著姑娘走了。他們離去後，抬花轎的轎夫等一行人匆匆趕來，吵吵嚷嚷地說：「快走，快走，太陽都要下山了。」到了新郎家門口，在花轎裡早已憋得不耐煩的小牛犢「哞」的大叫一聲，衝了出來，直奔客廳，將滿屋的酒席撞得一塌糊塗，使整個婚禮場面變成了「馴牛場」。而阿鈴姑娘則由侯爺作主，找到了一個如意郎君。

　　這個故事類似於「王老虎搶親」，中國讀者或許並不感到新鮮。但是，和「王老虎搶親」不同，金太所採用的方式是「騙」而不是「搶」。「搶」靠的是蠻力、權勢和粗暴，但

「騙」靠的是計謀。這是一個顯著的差別。

如這個民間故事所顯示的，日本同樣嘲弄沒有愛情的婚姻。他們同樣認為，婚姻需要心靈的撞擊、彼此的了解和雙方共同的愉悅、滿足，不能「巧取豪奪」。但是，在非婚姻領域，如許多文學藝術作品所顯示的，以計謀和巧妙的手法獲取男歡女不愛的結果，在日本卻經常受到欣賞。它表白了日本人對「情」和「愛」的態度。有不少人認為，「愛情」必須以兩者的一致為基礎。但是，日本人並不將兩者視為一的。他們認為，兩者應該分屬兩個不同的領域。如何摒棄愛情而僅僅尋求一種性慾的滿足，被認為是一種值得表現，至少是不能迴避的人類的智慧。

日本著名電影導演若松孝二於 1982 年執導拍攝的一面題為《無水的游泳池》中，有這樣一段情節：一個年輕的地鐵車站剪票員「發明」了一種強姦青年婦女的絕妙辦法：晚上爬進她們的家，用皮下注射器將氯仿乙醚噴撒在她們的房間裡，等她們被適度麻醉後為所欲為。在這部影片中，有段場景專門描述他如何將三個「沈睡」、赤裸的姑娘放在一張經過精心布置的餐桌旁，並認真地為她們塗脂抹粉，然後不時按動照相機的閃光機，照亮那無聲的、美的畫面。尤其值得注意的是，影片的編導者並不抨擊他的這種做法，而是流露出對這名「強姦」者的深切同情。事實上，匿名強姦者成為日本娛樂作品中如此司空見慣的形象，以致人們可以想見日本人對隱姓埋名之自由狀態的普遍嚮往。

這種「活人玩偶」的審美意識和價值觀念，在日本大文豪川端康成的小說《沈睡的美女》中有著更出色的表現。在這篇小說中，作者描述了一家收費昂貴、專門提供性服務的妓院，用安眠藥將年輕的姑娘麻醉，然後將她們送去為老富翁們充當

無聲的、沈睡的「活人玩偶」。而花費了大量錢財的那些老傢伙，睡在這樣的美人身旁，無異於進入極樂世界。他們可以大膽地盡情享樂，可以不必為自己的力不從心而面紅耳赤。在小說中，作者還多次將這種「睡美人」比作心慈的觀世音。因為，在日本有過觀世音曾幻化成妓女的傳說，川端康成就是以此傳說為依據作這種比喻的。

在西方，如易卜生的《娜拉》所揭示的，將女人視為玩偶，是令人嫌惡的，而且這樣做勢必造成愛情的死亡。但是，按照日本人的觀念，真正的女人就應該是男人的陪襯和玩偶，不管她是否屬於愛的對象，這種本質都不應改變。男人們所處心積慮的，經常是如何將婦女裝扮成一件藝術品，或使之成為一種工具，而不是培養其獨立的個性。

肉慾之愛未必有情，有情之愛未必有強烈的肉慾，這在日本是一種傳統的觀念。自古以來，日本煙花女子就有「賣身不賣心」的說法，即認為肉體上的性行為和精神上的愛，基本上是兩種東西。同樣，對日本男人來說：「嫖妓行為完全不必偷偷摸摸。妻子或許還會給夜出尋歡的丈夫打扮一番。丈夫去過的妓院也有可能會把帳單轉給妻子，妻子會把支付帳單作為理所當然的事。」❻按照日本人的觀念，愛情是嚴肅的，但性慾與人生嚴肅的事情無關，它是人類的一種本能。

這種「情愛」和「性愛」的分離，在日本也導致了一種柏拉圖式的精神戀愛。這種精神戀愛對不能最終成為眷屬的有情人不啻是一種安慰。例如，當一個女人迫於某種壓力，不得不離開昔日的情人而和別的男人結婚時，常常會對他說：「我的心始終屬於你，我永遠愛著你。」聽到這樣的表白，男的會感

---

❻ 《菊花與刀——日本文化的諸模式》

到自己並不是戀愛的失敗者。因為，他贏得了一顆心。

　　日本人沒有西方人那種性關係有罪的觀念。對他們來說，性慾和飲食一樣，自始至終是一種人類與生俱來的需求，理應有其適當的位置。對他們來說，性慾和飲食一樣，自始至終是一種人類與生俱來的需求，理應有其適當的位置。在日本古代，宮廷生活的放蕩不羈是文學的重要主題。近代，性自由在一些農村地區也廣泛存在。在日本，婚前性體驗經常是「自由的範疇」，父母對此類事置若罔聞。

　　今天，日本人的人生價值觀已經發生了很大的改變，關於性的思維方式也不例外。但是，大多數日本人在婚前都體驗過性生活，卻是不爭的事實。有人認為，這說明在西方文化的影響下，日本人已經走過了「現代清教主義」的歷程。但我認為這種說法未必確切。因為，至少在這方面，日本人從來就沒有經歷過這一歷程。從來將性慾視為理所當然的日本人，根本沒必要從西方引進這種觀念。

　　或許有人提出，日本人對「性」的認識過於隨便，對愛情不夠專一。事實上，日本人這種「情愛和性愛」分離的觀念，正是與他們的傳統文化有關。

藝妓：生活和戲劇的合影

　　除了櫻花和富士山之外，「藝妓」或許是日本的又一個象徵。她和櫻花一樣，植根於日本的土壤，散發出傳統文化的芬芳。她是生活和戲劇的合影，是日本美學意識的傳達者和日本傳統文化的繼承者。雖然藝妓具有藝術修養，但她又不是一般意義上的藝人；雖然藝妓不是一般意義上的妓女，但她又顯然

具有取悅於男人的性服務功能。在世界範圍內，日本的藝妓這樣在民族文化和藝術中占有如此重要地位的性文化表現者，是絕無僅有的。她是日本民族智慧的又一種體現。

顧名思義，藝妓是「藝」和「妓」的結合，是有藝術氣質和教養的妓女。藝妓需要掌握唱歌、跳舞、演奏樂器，以及談話應對等技能。她們應該力求做到輕鬆自如、快活、伶俐和嫵媚。她們實際上是演員，為客人提供賞心悅目的服務。藝術一天的日程相當緊湊。早晨，她們要習練花道、茶道藝術和唱歌、跳舞。下午，她們要精心梳妝打扮，以準備晚間的應酬。在這方面，她們要花費很多時間。因為，這種從做髮型到磨擦腳跟的精心修飾，有著極其繁瑣的程序。只有這樣，才能獲得一種引起客人注目的形象──儘管這一形象使她們面目全非。

真正的藝妓通常不和客人發生狎昵的關係。但是，日本的藝妓是分層次的。她們有的是真正的行家裡手，具有藝妓的各種藝能，有的則是濫竽充數的「床上的藝妓」。不過，和世界許多地方的女性藝人一樣，日本的藝妓也過著「開放的」私生活，她們中的有些人是闊綽的政客或商人的情婦，只是她們並不到處留情。男人為了結交某個藝妓，必須成為她的庇護人，或以自己的魅力征服她，使之自覺自願地投懷送抱。

雖然藝妓不是娼妓，至少賣淫不是她們的職業特點，她們主要以俏皮、活潑、機智，以及對古典藝術的了解和掌握展現自己的妹力。但是，與藝妓共同度過的夜晚當然與性感和性的愉悅有關。事實上，藝妓的舞蹈、巧妙應答、歌曲和舉止，都帶有傳統的賣弄風騷的成分。她們處心積慮地表達上流社會的婦人所不能表達的一切。只是作為一種「國粹」，藝妓體現審美意識的中心環節，使之免於墜入愚昧、卑下的境地。這種性愛不在雲雨之中，而在按照嚴格的藝術規則界定的優雅氣氛之

中。它給疲憊和困頓的人以生理和心理上的快慰，使人們沒有理由不去盡情享受。

在日本，請賓客上藝妓館有時具有政治和經濟上的目的，很多政治和生意關係都是在藝妓館裡結成的。我們在電影或電視畫面上，已多次領略過這種事實。

對於這一事實，專家們曾作出各種解釋。一些社會學家認為，日本的男人在社交方面生性拘謹，缺乏瀟灑自如的氣氛，而有藝妓作陪，可以造成一種輕鬆的環境。藝妓在席間演奏樂器、唱歌、跳舞，並以各種含有微妙韻味和弦外之音的應答，營造出了無拘無束的鬆弛氣氛，這種氣氛有利於和對方達成相互信任的伙伴關係。因一些社會學家則認為，典型的日本男人簡直不能在有「好」女人在場的情況下放鬆身心，因為這種女人無疑會使他們想起孩提時代母親對他們的管束，使他們更加拘謹。不管哪種說法更趨合理，總之，藝妓在日本的社交生活中，具有一種派生的紐帶作用。

根據一些研究人員的考證，在日語中「藝妓」一詞是十八世紀下半葉才出現的。也就是說，藝妓作為一種按照嚴格的審美規則風格化的產物，並沒有很長的歷史。但是，「藝」和「妓」的結合卻淵遠流長。在十世紀和十一世紀的平安時代，妓女是深受貴族喜愛的娛樂伙伴。雖然當時並沒有「藝妓」這個詞，但是她們除了必須掌握明顯用於性愛的技巧外，還被訓練掌握許多古典藝術技能，以便為統治階級服務。

在十一和十二世紀的一些史書中提到的這類妓女，其作用無疑和以後的「藝妓」完全一致。十六世紀，日本軍事統治者命令將賣淫活動控制在特別區域內，從而標誌了一種獨特的性文化的正式開端。從十七世紀起，被許可存在的妓女院既是日本顯貴的沙龍，也是激發劇作家、詩人、小說家和音樂家創作

靈感的溫床。至少在十九世紀以前，它得到了不斷的發展和繁榮。可以說，在人類歷史上，妓女從未像江戶時代的藝妓那樣，對一個民族的文化起過如此突出和重要的作用。

再追溯得遠一點，在日本歷史上，「藝」和「妓」似乎從一開始就緊密相關。流浪的演藝者往往就是妓女。傳說中的歌舞創始人出雲阿國，公開身分是「巫女」，但實際上卻身兼數職。反過來，如前面所述，妓女也往往被當作演藝者對待。

日本十七世紀的專業評論家曾像對待演藝者那樣，對妓女評頭論足。當時有一辭關於不同淫樂區的評論性導遊書，名為《女郎評判記》，其觀點和設計，與評論演藝者的小冊子如出一轍。按照唐納德‧雪維利的說法：「如果說歌舞伎帶有人們意想不到的色情，那麼妓院可以說是愛情戲的舞台。在那裡，鄉村姑娘裝扮成雍容華貴的美人，而不入流的下等商人則擺出一副上等人的姿態。」❼

今天，經受過多年刻苦的日本古典音樂和舞蹈訓練的藝妓，在日本正日趨減少。莉莎‧克里菲爾德，一位懂日語，並親身做了一段時間藝妓的美國文化人類學家曾經估計，全日本真正的藝妓只有七萬五千人。但值得欣喜的是，這些人主要不是為了錢，更不是窮困潦倒才從事所謂的「水商殼」（意為「浮華業」），而是因為「熱愛傳統的日本藝術」。如同許多古典藝術一樣，雖然藝妓館現已成為少數人一種奢侈的娛樂場所，對於和藝妓交流的審美規則，人們也日趨陌生；曾經是一種生活中的戲劇，正不斷變成戲劇中的生活。甚至藝妓惟妙惟肖、難免誇張的表演，也往往迎來莫明其妙的目光，使這一傳統的文化形式，有時成為一種矯揉造作的遊戲。

---

❼ 唐納德‧雪維利：《歌舞伎研究》

以致有人預言，日本的藝術制度到本世紀末將不復存在。但是，藝妓畢竟是日本傳統文化的土壤上開出的一朵奇葩，是頗具特色、受到日本男性鍾愛的性文化形式。她或許會變換一種面目出現，但是，她的本質——使「藝」和「妓」結合在一起的本質——是不會改變的。以往的歷史已經證明，並且還將證明未來的這一點，而注重歷史、注重傳統文化本身就是日本民族智慧的突出表現。

商業文化學：「媽媽桑」的智謀

1992 年某月某日，上海《新民晚報》的「夜光杯」欄目曾刊登過一篇題為《夜來香》的短文。文章敘述了作者在日本的一則見聞：在日本東京，有一家叫「夜來香」的酒吧，該酒吧的「媽媽桑」（日本人對酒吧女老板的稱呼。在日本，此類酒吧表面大都由女性經營）很聰明，她有一個經營上的「絕招」，即凡是客人沒喝完的酒，可以存放在店裡，等下次去的時候再喝。這樣，就有了一批「常連」（常客），使他們經常光顧自己的酒吧。

這位作者確實看到了日本社會的一個側面，即日本人（當然是男人）喜歡上酒吧。不過，不能不指出的是，這種聰明的經營手法並不是「夜來香」的「媽媽桑」的絕招。事實上，在日本，幾乎所有這種屬於「水商殼」業的酒吧，都有這條不成文的規定。

讓顧客寄存未喝完的酒，當然是一種聰明的經營手腕。但是，耐人尋味的是，為什麼唯獨只有「媽媽桑」當老板，或有「陪酒女」的酒吧，才有這種規定？事實上，如果對日本社會

作一番較深入的剖析，人們將不難發現，這實際上是對日本男性傳統的文化心理，而不是不願「浪費」的經濟心理的利用。這一「絕招」表現出日本女性對男性特有的關懷、體貼和寬容大度。正是這一因素，強化了顧客對「媽媽桑」和「酒吧女郎」的依戀，使之成為常客。這是一種將商業心理學和文化學巧妙地結合在一起加以分析、利用的智慧。

在日本，每天晚上都有數以萬計的人光顧「夜來香」之類的酒吧。他們去那裡的主要目的顯然是「醉翁之意不在酒」，而是要以威士忌和其他各種品牌的酒為媒介，尋求女性的溫柔和撫慰，重溫童年時代的舊夢。在那裡，他們向「媽媽桑」或「知心女子」傾吐著滿腹衷腸；頂頭上司如何專橫拔扈，不可一世，自己如何懷才不遇，飽受氣惱……而「媽媽桑」等則以一種心理醫生般的職業耐心，仔細傾聽，並不時給予開導和鼓勵。當然，在光顧此類酒吧的人中也不乏拈花惹草、打情罵俏者。對這種尋求肉慾滿足的人，應另當別論。

「媽媽桑」一直著力扮演著母親的角色（對她們的稱呼，也反映了這一點），因為「日本男子在潛意識中，總是尋找能像慈母那樣噓寒問暖地愛護他的人。」❽1982 年一月，日本的《青年女子》雜誌曾經刊登過一篇提為《怎樣使我們美麗》的文章。如果作望文生義地理解，讀者或許會認為文章不外乎是介紹如何養顏護膚，或如何穿著打扮，以展示女性魅力的技巧。但是，出乎意料，這篇文章以以下的內容為主題：最具魅力的女人是充滿母愛的女人；沒有母愛的女人絕不是美麗的女人。必須以母親的眼光看待男人。

確實，在日本人的心理結構中，幾乎不存在弗洛伊德精神

---

❽　《日本心魂》

分析學說所述的「戀父情結」。然而，弗洛伊德學說的另一個方面，即「戀母情結」，卻在他們心中根深柢固地存在著。這，就是人們在談論日本人時經常提到的「甘え」是一個很難迻譯的日語名詞，大致意思是「撒嬌」。按照日本精神病醫生土井健夫在《依賴性分析》一書中提出的觀點，這是理解日本人性格的關鍵所在。日本的已婚男子在有了孩子，特別是在孩子長大以後，也和孩子一樣，稱呼妻子為「媽媽」。這種奇特的稱呼，實際上表明了他的一種心理需求。而且，丈夫確實彷彿是妻子的一個成年孩子，儘管他已經長大，但仍和其他孩子一樣，需要在「母親」面前「撒嬌」，需要溫柔的關懷和溺愛。若如不然，他就會到別的女人那裡去尋求這種他理應得到的柔情。

很多人認為，在日本，男人是一切的主宰。但無論歷史和現實都表明，事實並非如此。必須看到，日本原來是一個母權社會。據歷史記載，在三世紀時，日本的領袖一般均為女性；至八世紀時，還有女皇的統治。以後，由於儒教倫理和封建制度的影響，婦女逐漸從屬於男性。但是，母權制社會的一些基本因素，母權制的蛛絲馬跡，至今仍有留存。

毋庸置疑，現代日本家庭的核心是母親，而不是父親。家庭的財務幾乎由母親獨攬，而父親雖然是家庭的經濟支柱，但卻往往像小孩一樣，將薪水袋完全交給老婆，而他只能領取一點零用錢。在日本，其本國的連環畫《愚蠢的爹》、美國的連環畫《金髮女郎》，以及反映美國家庭喜劇的電視和電影所以大受歡迎，就是因為日本人對「怕老婆」的丈夫實在是太熟悉了。另一方面，在日本的文學藝術作品中，不乏「阿信」之類的女性，但卻很少有作為「家庭英雄」的男性。在這方面，較極端但卻十分典型的「日本式妻子」或許是明治時代乃木將軍

的妻子：1912 年，日本明治天皇「駕崩」。出於對天皇的忠誠，乃木將軍決定自殉。乃木將軍的妻子也義無反顧地決定隨丈夫同行。臨死前，她對自殉的原因作了如下告下：「完美的日本妻子應該是丈夫的『保護女神』。既然她無法盡到這一職責，那麼至少應該隨他而去。」

在日本的文學藝術作品中，不乏對偉大母親的讚頌。例如日本最古老的不朽詩集《萬葉集》中，就有這樣一首詩：「啊！我親愛的母親，願您是一顆珠寶，能嵌入我的髮結，永遠戴在我的頭上。」

在日本的影片中，有一類電影叫「母物語片」（意為「母親的故事」的影片），它是一種深受日本人喜愛的題材。在這類影片中，母親經常忍辱負重，作出奉獻。例如，在一部題為《母親》的影片中，一位可憐的母親在盡了自己的義務，進入風燭殘年之後，被她的孩子們拋棄了。為謀生計，她不得不到工廠和醫院裡幹一些雜活。最後，她唯一孝順的、當漁民的兒子救了她。這個兒子得知他出門在外，兄弟的所作所為後，氣得連聲咒罵。但他的母親只是淡然一笑，說：「乖孩子，請不要這樣，你們對於我都同樣可愛。」這，就是日本的母親——永遠仁慈和寬容大度的母親。

庫爾特·辛格，一位目光敏銳的西方學者，曾經就此發表過一句令人難忘的評論：「在看到日本母親寧靜地背著繫在身上的孩子，哼著歌，邁著碎步走在街上時，我們感到日本的生活河流就是從她那兒發源、更新的。」❾

有人認為，在戰後的日本，「女人和襪子變硬了。」在現代工業社會的種種社會——心理積澱和西方各色風尚影響下，

---

❾　康爾特·辛苦：《鏡、劍和寶石》

日本的母親開始逐漸擺脫和「甘え」的緊密聯繫。如果真是這樣，那麼「夜來香」等的「媽媽桑」們將更有可乘之機。因為，仁慈寬容的「母親」之撤離，無疑會留下一個需要彌補的真空。不管怎麼說，「媽媽桑」希望像人們所稱呼的那樣，努力顯示日本「母親」的形象。這是日本男性的心理需求，是日本傳統文化的需求，是一種「商業文化學」的智慧表現。

傳統節日：民族文化的側影

　　作為一個民族，可以說日本人具有「節日癖」。在日本，每年的節日多達幾十個：從「建國紀念日」、「憲法紀念日」到各種各樣的「祭」，多姿多彩，林林總總。甚至所謂的「現代派青年」，也都在傳統節日中欣喜若狂地投入各種活動。在這些節日中，宗教差別似乎無足輕重。

　　一般來說，神道節日也好，基督教節日也罷，慶祝這些節日，並不證明和表示人們的宗教信仰，實際上，它們只不過是大眾習俗，幾乎所有日本人都共同擁有這種習俗。在當今這個人心不古的年代，儘管有些節日的慶祝活動已經演變為最現代化的嬉鬧，但是，慶祝節日的人們身著傳統的民族服裝，簇擁著彩車和神輿遊行的情景還經常可以看到。這說明，傳統節日的影響至今仍根深柢固。

　　一個民族的傳統節日，往往是該民族文化的側影和智慧的寫照。在這方面，日本人同樣以其獨特的方式，為節日的上述意義作了很好的注腳。他們以一種民族的智慧，不僅使傳統節日具有濃郁的民族色彩，將節日的應有功能發揮得淋漓盡致，而且還賦予這些節日一種唯一的意味。下面，我們可以作一番

窺斑見豹式的探討。

現代日本早已是發達的工業國家，但對日本人來說，不僅農產品仍然是日本最主要的產品之一，而且在他們的心裡，仍然殘留著作為農民的生活周期。迄今為止，日本最主要的節日仍然是正月新年。在新年伊始，人們都要迎接「正月神」，即年神。所謂年神，就是保證新的一年再獲豐收之神。如果年神沒有迎來，就不成其為新的一年，一年的收穫也將得不到保證。為了迎接年神，必須先進行徹底的大掃除。因為在日本人看來，只有將家裡的不潔之物全部去除，才能使之成為迎神的祭祝場所。日本人之所以酷愛清潔，就是因為日本的神最忌諱污穢。這一日本傳統文化的基本觀念，在新年前夕的大掃除中明白無誤地顯示了出來。同樣，在新年裡，根據傳統習俗，日本人還要立「門松」和掛「年繩」，門松是年神的附身之物，而年繩則是「清潔場所」的標誌。

新年裡，日本人都要贈賀年卡（而且這些賀年卡必然是在新年的第一天清晨送到），同事和鄰里、朋友之間要互相恭賀、問候。在日本，我曾多次見到新年伊始，日本人拜伏在地，頭碰到地板，彼此請求對方繼續「多多關照」的情景。儘管那種情景幾近滑稽，令人忍俊不禁，但是我明白，這是日本人的習俗，是民族文化的反映，它對於強化日本人十分尊崇的集體主義觀念具有重大作用。

除了新年以外，夏天的「盂蘭盆節」是一年中最隆重的節日。雖然「盂蘭盆」之名源於佛教經典《盂蘭盆經》，但是盂蘭盆節的主要內容和含義卻是日本特有的，並不屬於佛教系統。在佛教中，「盂蘭盆會」並不屬於盛大的法會。它的本義是要求人們救援墮入地獄的母親。但是在日本，它卻變成祭祀祖靈的盛大儀式，表達和反映了日本人祖先崇拜的觀念。在盂

蘭盆節前夕，日本的車站異常繁忙，數千萬人南來北往，重歸故里。對於生活在外的人們來說，重歸故里既是為了祭祀祖先，也是為了作一次兼有休假性質的旅行。這是一場傳統文化生活和現代文化生活的結合，正如當今日本文化本身所呈現的樣式。

在年中和歲末，日本有「中元節」和「歲暮節」。這兩個節日源於基督教傳統，但是在日本，它們已完全失去了宗教性質，變成了親朋好友、鄰里乃至公司企業之間互贈禮品的節日，反映了作為日本文化重要組成部分的義理、人情觀。

特別有趣的是，日本還有所謂的「五節句」（意為「五個節日，它們分別是一月一日的「人日」，三月三日的「上巳」，五月五日的「端午」，七月七日的「七夕」，九月九日的「重陽」。這五個節日既表現了日本人的信仰，也表現了日本人觀察事物的細緻入微。因為，在曆法中，這五個節日正好是同一個單數的重合，而日本人是喜歡甚至崇拜單數的。同時，「五節句」的設定，也是日本人試圖合理調劑作息時間的一種智慧的反映。

從立春開始，農民們將忙於耕作。所謂「立春」，其本身含義就是「春天的開始」。春天是農耕開始的季節。然而，在立春這一天，人們並不是先急急地耕地，而是先迎請山神，將山神視為田神；在祭祀完畢後，再將其送回山裡。按照日本人的觀念，山是水的源泉，所以山神也就是水田的保護神。由於稻田農作基本上由婦女擔任，所以在這一農業周期起始的日子，山神是由婦女迎請的。由於婦女是迎請、祭祀和侍奉山神的人，因而在此之前要讓她們休息。於是，「人日」便成了婦女休息日。今天，在日本的許多地方，依然保留著在「正月」裡男子勞動、婦女休息的習俗。日本人在「正月」裡要吃雜菜

粥，也是為了讓婦女免於炊事的勞累。

　　同樣，設立「五節句」中的另外四個節句（即節日）的目的，基本上也是為了尊重婦女，可以將它們視為「婦女節」。事實上，三月三日的「上巳」至今仍被稱為「女兒節」；五月五日的「端午節」以前叫「姑娘之宿」，即「姑娘節」，只是到了後來，五月五日才變成男孩的節日，但那主要是由於「じょうぶ」和「丈夫」（健壯）、「尚武」諧音，而在武家時代，人們認為男兒應該具有這種體格和精神，所以它才變成男孩的節日。

　　在日本，婦女曾經是農業知識和農業勞動的主要擁有者和承擔者，她們曾經被稱為「早乙女」，而這裡的所謂「早」，就是「神聖」的意思。「早乙女」即侍奉神聖的女子。由於拔秧、插秧等活都是她們幹的，男子只是做一些搬運之類的輔助性工作，因此，為了讓婦女在勞動中獲得一種享受，同時為了使她們的動作具有一種韻味和節奏，男人們便在田頭擊鼓、吹笛、跳舞，從而產生日本民族藝術的一種重要形式：田樂。

　　從田樂又進而衍化出猿能樂，之後又進一步分解出歌舞伎。追根溯源，我們不難發現，日本民族藝術的一個源頭存在於勞動之中，勞動創造了節日，創造了民族藝術，並使之成為傳統文化中的並蒂蓮。

　　應該承認，日本人的「節日癖」是一種值得尊重的癖好。因為，在他們的節日中，蘊含著內容極為豐富的傳統文化和民族智慧。

「百煉的名刀」：大和魂的物化

著名的美國文化人類學家本尼迪克特用《菊花與刀》來命名她研究和探討日本文化諸模式的傑作。這一名稱，顯示了刀在日本文化中的突出地位。

確實，作為日本文化一個重要象徵的刀，具有豐富的意蘊。它既是體現源於鐵器時代，歷經歲月磨洗的日本鍛冶水平的器物，也是展示傳統的人生態度和精神的法寶。日本人曾經用刀演出過一場自然科學和社會人文科學的協奏曲。雖然這一協奏曲今天似乎已不復重演，但是，它的餘韻仍經久不散，並時而在歷史的回音壁上發出巨大的聲響。

日本首次出現鐵製品的工具是在水稻種植技術引進之後。很有可能，青銅器和鐵器都是在公元前三世紀中葉，基本上與水稻種植技術一起從朝鮮半島傳入日本的。至公元三世紀，日本結束了純粹進口鐵器成交的歷史，開始從中國進口生鐵原料，自行加工無熔煉、製作鐵器。這一冶煉製作技術的代表就是日本刀。

日本刀不是以純鐵鍛造而成的。在這種刀裡，含有許多複雜的礦物質，這些礦物質是構成日本刀既硬又韌的「秘密」。不過，這些礦物質不是有意摻入的，而是在鐵礦原料中天然就有的。日本人僅通過選擇鐵礦原料來調配複雜的礦物質含量。這種做法無疑相當聰明。

在古代，刀主要是搏殺的武器。對於以劈砍而不是以刺殺為主的戰法來說，既硬且韌、既剛且柔，只會彎曲、不易折斷的日本刀是十分合理、十分有用的。至江戶時代，刀開始不僅作為一種武器，同時也作為一種顯示鋒刃之美和線條之美的工藝品而受到人們青睞。並且正是這種轉變，使名副其實、真正

的「日本刀」得以問世。由於刀已不再僅僅是武器，同時也是觀賞物，所以在「刃文」時需進行特殊處理。所謂「刃文」，就是在對刀刃加熱後淬火時，為了使刀身受熱較少，將整把刀全部用黏土塗上，淬火前再將刀刃部分的泥土除去。這樣，既使刀身有較大的彎曲度，同時又使刀刃部分有較強的硬度；既鋒利，又有適度的韌性和彈性；既有觀賞所需的美，又有實戰所需要的銳。日本刀就是按照這種原理和原則，經反覆鍛打而製成的，故被譽為「百煉的名刀」。這種冶煉和鍛打，是科學智慧的體現。

刀不僅是搏殺的工具，同時也是自殺的工具。在日本，以刀為媒介的自殺是一種人生態度的表現，是獨特的自我裁決益式──顯示武士道精神的方式──的表現。應該承認，從某種意義上說，自殺是一種尊重自我的表現，儘管它以否定自我的方式表現。綜觀世界歷史，在眾神與人相似的古希臘，自殺是得到贊同或肯定的。在崇尚人的偉大力量的羅馬共和國和帝國的鼎盛時代，自殺不僅得到允許，甚至還得到讚美。雖然在基督教的上帝取得對歐洲的支配地位以後，人的生命被認為是神的恩賜，不能隨意自行處置，從而使自殺遭到禁止；特別是中世紀經院哲學家、神學家托馬斯‧阿奎納從神學理論的角度提出了系統的自殺犯罪說以後，自殺更是遭到非議。但在某種意義上，自殺仍被用作維護人之尊嚴的極端手段。

日本從沒有禁止自殺的宗教戒律；非但如此，以勇敢、剛毅、坦誠、自尊和視死如歸為美德的武士，會以刀為媒介切腹自殺。這種自殺如不是作為一種處罰，而是作為顯示上述美德的手段，那麼無疑會受到人們敬仰。

切腹自殺──始於十二世紀的平安時代。在 1119 年成書的《讀古事談》中，有這樣一段記述：「有藤原保輔候，拔刀

切腹而死。」❿以後，切腹自殺逐漸流行為武士階層，並形成了一整套切腹儀式和作法。

　　無需贅言，腹部的疼痛是很難忍受的，所以切腹自殺是一種很不輕鬆的死亡方式。但也正因為這樣，才更能顯示自殺者的勇敢和剛毅，使自殺者能豪邁地宣稱：請告訴人們，我是英勇去世的。從武士的觀點看，在戰場上死去和在草席上死去是同樣英勇的。這是日本人對死亡的獨特認識，是日本人一種獨特的人生價值觀的體現。

　　另一方面，武士（以及其他一些日本人）之所以要選擇腹部作為自殺的部位，是因為雖然「腹」本義是肚子，但它也可轉指靈魂、智力、性格、盤算、隱祕的思想等。如果將切腹自殺作為一種自我裁決的方式，那麼無異於承認：我幹了壞事，問心有愧，所以要用這種方式作自我懺悔和懲罰。如果他並不承認自己有錯，那麼這種方式也就成了維護名譽和自尊的手段。如新渡戶稻造在他的名作《武士道》一書中所寫的：「打開靈魂之窗請君看，是紅還是黑，請君作公斷。」

　　在日本，切腹自殺不僅是表現勇敢、剛毅、自尊和坦誠的手段，同時也是使自己的對手感到內疚的手段。而內疚感，按照克里斯托弗的說法，「是日本人與人關係中唯一最強有力的槓桿。」以及「日本人不像西方人那樣，認為自殺令人震驚，原因之一就是他們在待人接物方面，如欲置他人於犯罪的境地，那麼採取自殺，便是最極端的手段。」

　　切腹自殺不僅是具有上述含義的、具有日本傳統文化豐富內涵的手段，同時也是一種規則具體的儀式，表現出日本文化

---

❿　見京都大學圖書館藏《讀古事談》。新渡戶稻造：《武士道》，岩波文庫。

的另一面——對禮儀的尊重。切腹自殺是內容與形式的統一體。正確的切腹自殺方式,是先將刀刺入左腹,然後橫向右腹,切成「一」字形,再從橫隔膜向下垂直切開。如果自殺者一息尚存,那麼還要用匕首刺入咽喉。這一程序有著嚴格的規定。

切腹自殺作為死刑的一種形式,始於十六世紀末。至江戶時代,切腹自殺在刑法和禮法上形成了一套完整的格式。它不僅是武士的一種專享權利,而且還有嚴格的等級規定。江戶幕府的法律規定,具有五百石奉祿以上的武士切腹自殺,在大名的宅院裡執行。在此級別以下的武士,只能在牢獄或別的地方執行。切腹自殺的「刑」式相當莊重、肅穆。尤其在大名的宅院裡執行的切腹自殺,要先在地上鋪上沙子和嶄新的「塌塌米」(草席),然後蓋上白布、紅氈。行刑時,官吏、眾武士要按規定坐在規定的位置上,受刑者要穿著無紋章(家族標識)的淺黃和服,並在正副「介錯人」(意為「輔刑人」)的監督和幫助下完成切腹自殺的程序。有時,所謂「切腹自殺」實際上是由手持長刀的「介錯人」執行的「斬首」。之所以仍叫「切腹自殺」,主要是為了維護受刑者作為武士的名譽。

著名的法國社會學家埃·涂爾幹在他的《自殺論》一書中指出:每個民族都有其獨立的喪生辦法。如是觀之,切腹自殺無疑是日本人獨特的喪生辦法。它不僅是日本人結束自己生命的一種手段,同時也是具有豐富的內容和形式的一道解析日本文化的方程。

作為一種裁決方式的切腹自殺,在明治時代就已被廢止。但是,作為一種自殺方式的切腹自殺,以後仍長期延續。迄今為止,切腹自殺的精神象徵仍存在於日本民族的文化肌體,它留下的一道深深的傷痕仍在滲出鮮血(三島由紀夫的壯烈切腹

就是一個例子）。

　　刀作為日本文化的一種象徵，意義雋永——它是大和魂的物化之物。

競爭：主體和客體的超越

　　1893 年，日本著名的「德學」者加藤弘之以日、德兩種文字發表了他最重要的代表作《強者權利的競爭》，系統闡發了受到斯賓塞主義強烈影響的社會學國家思想。加藤弘之在該書中論述了兩種競爭，即人類和動物的競爭，以及人類之間的競爭，並力陳後者是更激烈的競爭；同時，他又將人類之間的競爭也分為兩種競爭，即野蠻未開化的人民中強者權利的競爭，和文明開化的社會中強者權利的競爭。

　　加藤弘之指出：「在野蠻未開化的人民中，強者的權利唯以粗暴凶猛的方式來表現；而在文明開化的社會裡，強者的權利唯以高尚優雅的方式來表現。」加藤弘之這一獨到的關於「競爭」的理論和見解，在當時的歷史背景下，把握了時代的脈搏，對日本社會的發展和轉變具有極大的影響。

　　如前面所述，日本文化是注重和諧的文化。競爭作為一種系統的思想理論，是在西方文化的影響下出現的。但是，競爭作為一種文化現象，在日本卻有著悠久的傳統。這種傳統猶如一根強勁的動脈，不斷為日本社會的進步輸送新鮮血液，同時為加藤弘之等人宣揚的作為一種思想理論的競爭，提供了文化淵源和民眾基礎。

　　自古以來，日本就有著各種競爭，這些競爭以其獨特的方式和寓意，顯示了日本人獨特的智慧。

在一千多年前的一首日本詩歌中，有著詩人與同伴在和暖的春日到野外進行花草比賽的描述，它向人們展示了一種奇特的競爭場面：參賽者分成兩組，在原野中尋覓顯眼醒目的花草，然後在傍晚時集中到一起，將採摘到的花草拿出來比試。在「百草爭榮，千花爭艷」的景致中，由一個負責裁判的人進行裁決。花草競賽是一種高雅而熱鬧簡樸的遊戲。這種遊戲的起源可以追溯到遠古時代，植根於日本人對大自然美景的欣賞。但即使是這種欣賞，也可以衍化出勝負之爭，可見日本人的「競爭」意識之強。不久，這種競爭發展成參加者各自吟誦自己作的短歌，比較其優劣的類似於和歌賽的藝術，成為日本文化的一種特色。

除了花草可以作為競爭媒介，詩歌可以作為競爭媒介之外，在日本，香，也曾經是競爭媒介。據推算，香大約和佛教一起傳入日本。在《日本書記》中，有「沈木漂於淡路島，其大一圍。島人不知沈木，以薪燒於灶，其煙氣遠熏，以異則獻之」的記載。這是日本歷史文獻中關於香的最初記載。之後，香和茶、花一起，形成發展為一種「道」，即所謂「香道」。從室町時代開始，香道作為一種與茶道、花道並駕齊驅的室內藝術，在日本奠定了堅實的基礎，並繁衍出一種獨特的競爭方式——競香。

競香也稱為競馬香，它是日本獨有的一種競賽方式。具體做法是：將一個高約八厘米左右、穿著紅黑相間和服的人偶放在競香盤上，然後選出試香時須經常使用的香，打亂它們的排列順序，重新擺放整齊。參加競技的人須根據香的氣味，依次在答題用的香牌上逐一寫出某種香屬於試香時使巾的哪種香，並根據他的答案移動競香盤上的人偶。根據規則：(1)如答案正確，一次走一格；(2)如參賽者中只有一個人回答正確，那麼他

可以一次連走三格；(3)落後四格者「下馬」；(4)挽回四格者可重新上馬；(5)以人偶到達終點定勝負；(6)得分過多，超越終點者可以接著對數；(7)競香盤上的競技結束後，如果還有剩香，那麼大家可繼續比試，並向得分最多的人贈呈顯示他的勝利的記錄紙。除了競香以外，日本還有十種香和組香的競技，同樣以識別香味作為評判勝負的標準，需長期訓練。

　　日本式的競香有著幾乎獨一無二的風格。雖然受到來自中國、朝鮮和印度的影響，但是最後形式的方式，總是富有日本本身特有的韻味。因為，它們得到日本人的改造，成為日本式的競爭。這種競爭不僅有文的表現形式，而且還有武的表現形式；這種武的表現形式同樣顯示出日本風格，並更能表現這種風俗。

　　日本式武術強調精神和肉體不可分割的原則，如受到禪宗影響的第一種軍體藝術弓道不僅是一種射擊技術，而且是一種「道」，一種生活和思想方式，它的掌握需要長期艱苦的努力，需要熟悉數百個要領，需要堅韌不拔的體力和意志，需要戰勝自我，養成一絲不苟的精神和品質。只有具備這些，才可能在競爭中戰勝對手。作為日本傳統武術的劍道，具有各種各樣的呼吸方式、禮儀動作和招數。長期頑強地進行這方面的訓練，能使人形成獨特的心理素質，以及克敵制勝的本領。

　　與弓道和劍道相比，綜合了各派自衛術和劍術的招數而形成的合氣道，同樣體現了精神和肉體的統一這項原則。合氣道的要領是通過「抓」，使對手失去身體的平衡，然後擊敗對手；即：「避免自已被擊中，使對方無法進攻。」合氣道的大師們認為，如果只注重體力的鍛鍊而忽略心理實質，是無法真正掌握合氣道的。這種心理實質，簡而言之，就是心注一境，自我約束。另外，合氣道還需要對對手作全面和細緻的觀察。

合氣道大師小市都兵衛曾經這樣寫道：「如果幾個人圍住你，而你的注意力僅集中在一個人身上，那麼你就無法看到其他人在做什麼。如果你想估量別人的動作，那麼你的注意力就會不停地從一個進攻者跳向另一個進攻者，就可能漏看某個人的危險動作。要想奪取勝利，必須同時將周圍所有人都置於自己的注意範圍之內，並且看清他們之中每個人的盤算。」

作為日本「國粹」之一的柔道，同樣強調「心」與「形」的統一。看過日本電視連視劇《姿三四郎》的人，將更容易認識這一點。

近代以後，日本的競技方式更趨多種多樣。按賴肖爾的說法：「日本人是群眾性體育運動的參加者，或者作為觀眾，或者作為運動員。他們酷愛棒球、排球、體操和其他各種體育活動，幾乎進行人類所知的一切競技活動。」當今的日本，最為普及的競技項目是棒球。但是，即使在棒球這一「舶來的」近現代競技項目中，依然貫穿著一種日本傳統的競技原則。

《朝日新聞》的一名記者在一篇有關日本中學生棒球錦標賽的報導中曾這樣寫道：「如果中學生的棒球僅僅變成一種運動，那就失去了它的『本意』。中學生的棒球運動永遠是一種心靈的教育。棒球場是陶冶純樸的場地，是培養道德的教館。沒有這種精神，這種棒球運動將失去它永久存在的價值。」

總之，日本競爭所崇尚的正是「高尚和優雅」。它既蘊含著一種爭強取勝的動力，也象徵著一種精神品格的培養；它既是一種價值觀念，也是一種倫理推測；它既以對手為客體，也以自我為對象；它既訴諸自然，也訴諸人生。事實上，西方「優勝劣汰」的社會達爾文主義，正是在具有上述競爭觀念的日本傳統文化的土壤上，被吸收、改造，並促使日本人發憤圖強的，儘管這種「發憤圖強」以後歷史地走向反面。

日本人很少採用「競爭」一詞，但日本卻時時處處存在競爭。它需要超越客體──對手，也需要超越主體──自我；它需要肉體和精神的統一。它是蘊藏於日本傳統文化中的一種精神，是推動日本社會發展的一股強大動力。

禪：智慧的修煉

　　禪宗是不折不扣的佛教在日本的變體。因為，雖然對日本人來說，禪宗是外來的，但是它原有的東西已所剩無幾。日本的禪宗是由日本人賦予其豐富內涵的。正如本尼迪克特在她的《菊花與刀──日本文化的諸模式》中寫道：「正是日本武士把禪宗變成了他們自己的宗教。除了在日本以外，人們幾乎不能在其他地方發現神祕主義的修行法不是被用來追求神祕性體驗的極樂境界，而是被武士們用來訓練他們自己去適應肉搏戰。然而，從禪宗在日本開始流行時，就一直是這樣的。」

　　她還引用了英國學者查理・艾略特的觀點：「禪宗與茶道或能樂一樣，成了道地的日本貨。這種冥想性的神祕教義不是在經書上，而是在人心的直接體驗中發現真理。因此人們可以推想，在十二、十三世紀這樣的動亂時代，它會在寺院這種避風港裡流行於逃遁俗世風雲的出家人中間。但人們不會想到，它會作為武士階級所愛好的生活規則而被接受。然而事實卻是如此。」

　　日本人之所以對禪宗如此鍾情，主要是因為在將其哲學根基置於「他力」或「自力」的各種宗教流派中，禪宗是後者最突出的典型。禪宗強調，一個人的潛力僅存在於自己身上，只有依靠自己的努力和智慧才能發現並使之得到發掘。禪宗認

為，追求真理之人不應間接地接受任何說教，無論是佛、神，還是聖人的說教。雖然禪宗承認研讀經典可以使人獲得教益，但認為它們與一個人自己靈魂中的閃光毫無關係。然而，只有這種閃光才能使人悟道。禪宗的教義是極為具體的：禪宗只追求人可以在自己身上發現的光明。禪宗不能容忍妨礙這種追求的任何東西。按照禪宗的觀點，這是獲得拯救的唯一道路。同時，禪宗在靜坐中實行嚴格的自我約束，這種約束，以及禪宗寺院中的簡樸生活，也對嚴於律己的日本武士有很大的吸引力，使他們能夠利用禪界修行法和生活方式來支持剛毅的個人主義，培養自我克制的堅強性格。另一方面，禪宗在日本的傳播時期，正是日本金戈鐵馬和山澗林泉緊緊相依的封建戰亂時期，中央政權也需要有一種思想體系和一種切實可行的自我約束體系來幫助其維持和鞏固統治，而由整套目的明確的禮儀和修煉方式構成的禪宗正是這樣一種體系。

日本的禪宗在許多方面和正統的佛教禪宗相去甚遠，它的形式、內容，以及它的本質，均是日本文化之光的折射。在日本的禪宗體系中，既有宗教的基礎，又有生活的哲學；既有與社會息息相關的習俗、情感，也有面對靜謐空寂的自然抒發內心的恬淡情思，人與自然交融、理念與物像合一的思想留痕。

最初，日本的禪宗給政治打上了自己的烙印，之後漸漸席捲整個社會。日本人在禪學的基礎上開始進行茶道，形成插花諸法以及園林藝術。禪學促進了繪畫、詩歌、劇戲中一些特殊流派的發展，促進了空手道、劍道、柔道、弓道等各種武術的創立。將佛教的一個宗派點化為日本文化的一塊基石，成為日本人的思想行為賴以依托的一根支柱，僅此一點，已足以證明和體現日本民族的智慧。

在日本，學習禪法實際上就是學習和體驗一種人生哲學和

生活方式。從教學方面看，禪學教師所教授的傳統修行意在讓弟子「悟道」。這種修行既是肉體性的，也是精神性的，但它最終必須在弟子的內在意識中得到確認。日本的禪宗雖有臨濟宗和曹洞宗兩大派別，兩者的修行方法有所區別，如前者注重「公案」，後者注重「坐禪」，但主張通過「內省」、「悟道」的要旨卻是基本一致的。在此，我們可以「公案」為例，對日本的禪學作一點透視。

所謂「公案」，原指中國官府的案例，而禪宗則借用這個名詞來表示法師向弟子提出的「謎一般的問題」，以此達到「悟道」的目的。

據日本學者關田和貴的《禪法修習》所述，日本有紀錄可查的公案有一千七百個。這些公案，很多均具有「兩難推理」的性質，如：「萬物歸一，一歸何處？」、「誰是身負無生命軀體行走的人？」、「有人給你送來一面鏡子，你把它拿在手中。這是誰的鏡子——是你的，還是送鏡人的？」等等。

諸如此類的問題，在十二世紀或十三世紀之前的中國也曾出現過，但在中國，它們並未受到重視，也未繼續得到探究。而在日本，它們卻成為修行最重要的部分。日本人別具慧眼地認識到，公案中蘊藏著「兩難境地」，使人進退維谷，而人生經常處於這種境地。但他們同時又認識到，兩難境地的兩角都是與本質無關的東西。

解析公案，必須專注於問題的本質，不糾纏於問題的表面。如果精神的法眼被擦亮，隔在心與問題之間「觀察的自我」的屏障被拆除，心與問題如閃電般迅速融合，那麼人就能「大徹大悟」。而公案正是炸開人潛在的智慧，使人「大徹大悟」的精神炸藥。

從下面這一則著名的「孤掌之鳴」的公案中，我們或許能

夠領悟到公案是如何成為精神炸藥的——

在日本建仁寺，有一個默雷法師，他有一個十二歲的候補弟子，叫東陽。一天，默雷法師擊了一下掌，向東陽提出這樣一個公案：「你剛才聽到我兩掌相擊的聲音。但如果擊出的是孤掌，那它會發出什麼樣的聲音？」東陽向法師鞠躬告辭後，便回到自己的房間去思索答案。這時，窗外傳來了藝妓的歌聲。他想：這不就是我要找的答案嗎？於是便跑去告訴了法師。法師說：「完全不對！你根本沒有聽到孤掌之鳴。」東陽走到寺院一個清靜的角落又沈思起來。這時，他聽到了潺潺的流水聲。「這就是那種聲音，沒錯！」東陽高興極了。晚上，他將流水聲模仿給法師聽。可法師依然搖頭。後來，東陽又分別以風聲乃至貓頭鷹的叫聲作為答案，結果均被法師一一否定了。整整一年，東陽始終為破解這一公案而冥思苦索。

在一個靜夜中，他忽然找到了「孤掌之鳴」的要義：所有聲音都因為有聲而不可能是「孤掌之鳴」的答案。「孤掌之鳴」就是靜寂無聲。

東陽「悟道」了，他的潛在智慧被「炸開」了。因為「孤掌之鳴」所揭示的「無」即是「有」的道理，反映了日本禪學的一種基本觀念。

另一方面我們應該看到，「公案的意義並不存在於這些追求真理之士所發現的真理之中」以及「公案的意義在於顯示了日本人對追求真理是怎樣考慮的。」在破解公案時，人如同被趕進死胡同的耗子，如同有一個燒得火紅的鐵球梗在喉嚨口。然而，「急中生智」，正是在這種境況下，人的意識、思想會形成特殊的衝動，從而迸發出智慧的火花，達到「大徹大悟」。這是公案在認識論和方法論上的真諦。破解公案似乎已成為歷史，但是在日本，由此形成的思維方式卻依然留存。在

日常生活的細微處獲得啟迪，在對人生的靜靜觀照中領略哲理，這種禪學的思維方式對日本人的影響，我們實在可以舉出比公案更多的例子。

對於日本的禪學，世界各國的學者已進行了廣泛而深入的研究，並取得了重大成果。總之，無論是在生理上還是心理上，禪學均值得稱道。它，無疑是一種智慧的修煉。

哀婉之情：知性和情操的統一

在日本不朽的文學名著、享有「日本的《紅樓夢》」之美譽的《源氏物語》中，有如下一段描述——

……明石皇后近日必須回宮去，她親臨紫夫人養病的房內道別。此時，秋風蕭瑟，薄莒中呈現出一片灰白的萩枝在秋風中左右搖曳。

這時，源氏殿下駕到。殿下看見紫夫人從被窩中坐起身來眺望庭園的情景，甚是驚訝，便說道：「你坐起來，不要緊嗎？與皇后在一起，精神也爽健些了吧？！」紫夫人受到源氏殿下的懇切關心，心中湧起一陣悲哀，便賦詩一首，敘述自己的生命虛幻無常，猶如萩上的露珠，即將消失。

源氏殿下看到庭園中萩枝劇烈地搖曳不停，露珠行將灑落之狀，不由得簌簌地落下淚來。於是，他和了紫夫人一首詩，悲歡世事如露，竟相消失，表示但願與她同命，辭世不分先後。就這樣，到了黎明時分，紫夫人由皇后握著手，似秋露消散一般，與世長辭了。

在這短短的一段描述中，充分顯示了日本文學作品、乃至日本人的文化意識中的一個重要特徵：「哀婉之情」。

　　所謂「哀婉之情」，簡而言之，就是容易睹物動情，傷感落淚。本來，這並不是日本人特有的情感和日本文學的一種特色。例如，中國詩壇「亞聖」杜甫的《春望》中，就有「感時花濺淚，恨別鳥驚心」的詩句，同樣表現出類似的「觸景生情」特色。但所不同的是，日本人的哀婉之情同時還具有使自己和對象同一化，與對象產生一種共感，或者說在對象中發現自己、觀照自己，從而與對象同情的特徵；如本文開頭的一段文字所描述的。

　　日本人的哀婉之情，不僅有目睹飛花落葉之情景，看到悲運薄幸之人物而感懷的陰鬱之一面，也有觀賞風花雪月，讚歎世事人生的明快之一面。而且一般而言，後者的傾向更為強烈。但是，在日本人的心裡，即便是面對美麗的、競相盛開的鮮花，也會在觀賞鮮花之美麗可愛的同時，湧出一絲對它們不久即將凋謝、枯萎的憐惜和哀愁。或者說，正因為意識到它們行將凋零，所以才更加感到它們美麗、可愛。如龜井勝一郎所指出的，在日本人的美的意識中，具有一種無常美感和無常哀感的調和，這種心境，就是日本人的哀婉之情。它是一種感情和理性的調和，是智慧的表現。

　　日本人哀婉之情的基本點既是感情的咏歎，也是「佗」和「寂」的操演。作為日本人美的理念的哀婉之情，喜多川忠一在《考察日本人》中說：「是一種原始咏歎的感傷嚴格的抑止、鍛造、洗煉後才能達到的境地。」

　　在日本的文學藝術作品中，從和歌、浪曲、歌舞伎、民謠，到電影、電視、小說，這一境地均得到濃墨重彩的表現。它既是一種具有深度、強度和烈度的生活態度，也是一種傳統

文化和現代文化的特徵。例如，在日本著名導演溝口健二的影片中，受害女子經常拜倒在地板上（他所喜愛的形象），忍受著生活的種種殘酷磨難，從而成為偉大、憂鬱美的象徵。

按照日本近世國學家本居宣長的說法：「哀婉之情是日本文學之源。」因為它揭示了日本文學強調主觀性的特徵。以日本文學和歐洲文學相比較，人們發現：後者，如古希臘荷馬史詩，較注重客觀敘述；而前者最典型的文學作品，如平安時代的物語，敘述的情節較少，故事的大部分都是在人物的頭腦中進行的，幾乎通篇都是個人的感受，極富主觀性。

在人類的精神功能中，具有感情和理性這一互相對照，或確切地說：矛盾糾葛的兩個側面。人類的精神就是在這兩者相互關聯的運作中，在學習和經驗的累積中逐漸成長和發達起來的。就理性方面而言，人們將由此形成的精神狀態稱為知性；就感情的方面而言，人們將這種精神狀態稱為情操。兩者往往具有對立的性格。所謂的文化意識，就是知性和情操相互關係的原始方式。就這一觀點而言，在哀婉之情中透析出的日本人的文化意識，較好地實現了知性和情操的對立統一。

所謂知性，也就是認識事物和思考事物的方式。在這方面，任何民族或國民各有其自己的個性特徵。就日本人和歐美人比較而言，兩者最明顯的差別就是：歐美人認識事物的方式是「對象性」的，而日本人認識事物的方式則是「非對象性的，投入的」，具有強烈的直觀體驗的傾向。「對象性的認識方式」就是將事物置於自己的對立面，在認識的主體和客體之間設置一定的距離，採取一種冷靜觀察的態度。而「非對象性」的認識方式，就是在認識的主體和客體之間沒有分化和距離感，認識的主體能夠投入對象之中去認識事物，與對象融為一體。當然，日本人並非不存在「對象性」的認識方式，歐美

人也並非不存在「體驗和直觀」的認識方式。但是，作為一種特徵，兩者的差別是可以這樣界定的。由於日本人具有這種知性的特徵，因此，在歷史上，日本人對邏輯性較強的哲學和科學不甚擅長，而對通過修業和研習能接近和把握、能表現「自我感覺」的藝能則十分拿手，使之十分發達。正如許多學者所指出的，傳統的日本文化是一種經過洗煉的「感受文化」，它強調的是一種通過投入的體察所獲得的認識。

哀婉之情，如本文所引述的《源氏物語》中的一段情節所顯示的，是一種對所見、所聞、所感發自內心的嘆息。雖然嘆息有各種形態，但是，「情不自禁」則是其最原始的本質形態。近旁的人或許能聽到嘆息聲，但嘆息並不是發給他人聽的，它是一種自我的感受，它自生自滅，與旁人無涉，它完全取決於認識主體的主觀態度。在這裡，知性和情操獲得了一種對立統一。

日本人不僅對靜態的自然景物，而且對動態的人也十分注意「非對象性」投入的體察。在世界上，像日本人那樣時時注意對他人的心情探隱發微，時時注意設身處地，並為此大動神經的民族，可以說絕無僅有。這也是在哀婉之情中所反映出的一種文化意識的特徵。

哀婉之情表現了日本文學藝術的個性，融入了日本人認識自然、社會、人生的特徵。它是強調「和諧」的日本文化機器中一個不可或缺的齒輪，是日本人創出的一個意味無窮的名詞，值得我們認真、仔細地品味。

Chapter 3
藝術與生活浪漫曲

弄虛作假的技巧

　　據說，在日本的安土・桃山時代（即德川幕府建立以前的戰國時代），有一天，茶道的開山祖利休走進庭園，看到庭園乾乾淨淨，一塵不染，便故意搖落了一片樹葉。這則佚事向人們傳遞了一個信息：在日本人看來，具有明顯的人為修飾的東西是不美的。那片樹葉雖小，但它卻使整個庭園復歸自然。

　　什麼是美？不同的人有著不同的理解。也就是說，所謂美，從來就沒有統一的定義。查閱一下世界美學史，我們不難發現，時空各別的美學大家和宗師，曾對美作過種種不同的闡釋，為之下過不同的定義：康德認為：「美是崇高。」克羅齊認為：「美是對稱。」車爾尼雪夫斯基認為：「美是生活。」黑格爾認為……然而，正是由於人們對美有著不同的理解，所以才避免了美的單一和單調，使人們能夠按照自身的理解來表現美，並在這種表現中展現自己獨特的智慧。

　　不同的民族對美有不同的理解，但不同的民族作為一個文

化共同體，又各有其美學的個性。就日本民族而言，正如他們處處強調順其自然、表現自然，對自然不求征服，只求調和的生活態度一樣，日本人美學意識的一個重要特徵就是「美是自然」。

日本的園林藝術是體現這種美學觀念的一個典範：「日本的園林像一滴水，反映出日本民族性格的許多方面。」❶日本人酷愛園林──造園，是日本的一種文化傳統。從武烈天皇的泊瀨烈城宮穿池建苑，到推古天皇宮殿的南庭假山，從蘇我馬子充滿自然景觀的別墅，到持統天皇的吉野離宮，從皇家庭園中的神泉苑到尋常百姓家的花草園，優雅的庭園建築在日本比比皆是。

日本人認為，自然和人類生活不是對立的；相反，自然應成為生活的一個組成部分。因此在造園時，他們刻意包容自然，使自然成為庭園中的一部分，使庭園成為自然中的一部分。一言以蔽之，努力使兩者融為一體。日本庭園的這種自然美大多小巧玲瓏，表現出日本人善於捕捉並保持纖細的自然美的氣質和技巧。在西方，人類生活的空間和自然的空間是明確區別的。雖然西方也有庭園，但是，這些庭園大都有用籬笆、磚牆建立的邊界線，使之與自然隔開。但是在日本，人們則盡可能使自然景色進入庭園。例如，如果是「Ｌ」字型的建築物，便在「Ｌ」中建造庭園，如果是「コ」字型的建築物，便在「コ」中建造庭園。上述庭園，一般稱為坪庭。如果住宅的面積較大，則在建築物周圍建造一個壓縮廣闊的野外景色的庭園。這些，就是所謂的「借景入園」。甚至在極其狹窄和有限的空間中，日本人也總是刻意營造一個微型「花園」，或鋪排

---

❶　弗·普羅寧可夫等：《日本人》。

上精心挑選的卵石碎塊，或豎立石質燈柱，或種上灌木，或鋪上青苔，挖個水池，將優雅秀麗、生機盎然的大自然濃縮在庭園之中。即使不能這樣，日本人也要設法種上幾盆花，或在屋子裡放置幾盞階景，以「自然」裝點居室。

　　日本的造園藝術大致可以分為兩種：一種是所謂的「池泉舟遊式」，即有池、有泉、有舟的庭園，能駕著一葉小舟周遊觀賞。另一種是所謂的「池泉迴遊式」，即人能夠繞著池、泉的周圍漫步的庭園。在日本，由於自然條件的限制，大多數庭園屬池泉迴遊式庭園。但無論哪種庭園，都是努力將自然融入生活，使生活始終不脫離大自然的智慧象徵。

　　由於佛教禪宗文化的影響，在鎌倉時代，日本出現了所謂的「枯山水庭園」，又稱石園。本來，在日本的庭園裡，垂落的、流動的水都是真正的水，鋪設的石頭和種植的樹木也是真正的石頭和樹木。簡而言之，那時的庭園是一種如大和繪所描繪的，富有純樸的自然之美的庭園。然而，在禪宗文化的影響下，日本人開始以象徵性手法來表現水。不過，之所以採用這種手法，並不是為了拋棄自然，而是為了更好地逼近和表現自然。因為，庭園中的水總有混濁、漂浮垃圾的時候，而用白沙和石塊構成的瀑布和流水則是不會混濁、不會漂浮垃圾的，更能表現大自然的清純和原有風貌。所謂「枯」，本是無水、缺水的意思。無水而能用沙、石，給人以身臨瀑布流水的感覺，這不能不說是一種奇妙的構思。

　　雖然中國也受到禪宗的影響，但這種「枯山水庭園」在中國卻很不發達。究其原因，歸根結柢就是由於中國人和日本人的審美意識存在差異。中國人的審美意識注重對仗、工整和均衡。例如，作為詩文達發之國的中國，在慶典、吊喪之類的「紅白喜事」時，總要書寫「對聯」；如上聯中有一個「武」

字，那麼下聯中必須有一個「文」字來平衡；如「將軍不好武，稚子總能文。」如上聯中用了個「綠」字，那麼下聯則會出現一個「紅」字；如「綠垂風折筆，紅綻雨肥梅。」總之，在中國人眼裡，不均衡的東西是不美的，而所謂的均衡，實際上就是一種人為的修飾。日本人不喜歡這種人為修飾的美；即使要作這種修飾，他們也要設法儘量不留下明顯的痕跡。川端康成曾經對日本的這種「枯山水庭園」大加讚歎，認為它的設計者能夠在一片枯燥的景觀下將大大小小的石頭布置得錯落有致，給人一種如臨山川、如聞驚濤拍岸的印象。

「枯山水庭園」是將自然風光微型化、抽象化的虛構形式，其中的石塊看似純樸自然，實際上卻極富哲學韻味：它們是按照佛教禪宗的觀念排列的，只是，這樣排列幾乎不留人為修飾的痕跡。在園內，石頭都以「組」為單位，每組三塊，體現佛、法、僧三位一體。每塊石頭的大小、比例、形狀，都蘊含著一種哲學見解。而且，人們無論從哪個角度觀察，均不能將一組中所有的石頭盡收眼底，總有某種石頭落在視線之外，從而產生一種神祕感。

庭園中的石塊還能勾起人們的聯想。庭園中，每組石塊的造型都酷似日本沿海的島嶼。當人們放眼觀察全景時，首先注意到的必然是一組組石頭，這些石頭會勾起人們「懷舊」，勾起人們聯想：想到孩提時和伙伴一起在海邊嬉戲，想到年輕時和戀人在海邊低語……

不僅「枯山水庭園」，即使一般的庭園，其最基本的擁有，幾乎也是石頭。特別是原生狀態的石頭乃日本庭園的本質屬性。沙子、灌木、曲水、怪石構成的日本式庭園，給人以恬淡、幽靜，略帶幾分神秘的感覺：灌木叢裡曲徑通幽，池塘水中鯉魚耀鱗，奇花異草，千姿百態。正如亞歷山大·波普所

說：「天地乃不為爾知之藝術。」在人慾橫流，功利占指導地位的世界，這種庭園無疑是一片靜謐優雅的「世外桃源」。

庭園──擁抱自然，擁抱藝術，擁抱哲學，擁抱人生。它無疑是一塊生長著日本民族智慧的寶地。

酒飲微醉　花觀半開

在中國大陸，如果乘坐列車去農村或郊外旅行，憑窗遠眺近觀，你會發現，一幢幢坐落在鬱鬱蔥蔥的自然風光中的樓房，都穩穩當當地聳立著一根煙囪。除非該地區已經用上了天然氣或液化氣，否則，不管是紅磚灰瓦的小樓，還是矛頂蘆壁的草棚，都無一例外地擁有一個共同的標誌：煙囪。煙囪作為一種人類存在的標誌，構成田園中的一景。在歐洲的鄉村景色中聳立的那些磚塊建造的堂皇的煙囪，更是彷彿在大聲告訴人們：「這裡有人在生活。」煙囪，彷彿是房屋，乃至房屋主人和生命力的象徵。但是，在日本，如果從列車的窗口向外眺望鄉村景色，你可能會覺得映入眼簾的幢幢樓房、小屋，都顯得有些特別──不是它們的造型和材料特別，而是似乎少了一樣必然與房屋的結構具有連體關係的東西：在中國大陸構成田園一景，在歐洲作為房屋象徵的煙囪。

如果在今天，那麼日本鄉村小屋的屋頂上沒有煙囪或許不足為怪。因為，經濟和科學技術的進步，已經使煙囪成了「無用的長物」，人類已無須借助炊煙升起來判斷或顯示生活的存在。但是，在人類結束茹毛飲血的生活以後，在還不知媒氣、天然氣、電磁微波為何物以前，日本房屋的屋頂就似乎沒有煙囪。這，不能不令人稱奇。

事實上，日本房屋的屋頂並非沒有煙囪。如果仔細觀察，你會發現，在房屋牆壁的角落處，有一根很不起眼的煙囪。它被遮遮掩掩，彷彿有意避開人們的視線，羞於向人們顯示自家生活的氣息。

　　不僅屋外如此，屋內也一樣。走進日本式的房間，人們幾乎會產生一種「家徒四壁」的感覺。在中國和歐洲，人們一般是在固定的床上睡覺的。人們起床後，床鋪仍留在原處，明白無誤地顯示著「有人在這裡睡覺」這一生活的痕跡。同樣，在中國和歐洲，椅子可以說是必備的家具，人們不僅據以歇息，而且沒有生命的椅子會以其獨特的方式作出生命的暗示。但是在日本，睡在和坐在地板的「榻榻米」上的習俗，消除了這種生活的痕跡和生命的暗示。因為在日本，人們「起床」後即將「床鋪」（墊子和被褥）塞入壁櫥。這一簡單的動作，將睡覺——生活的痕跡——拂拭得一清二淨。而當作「椅子」的座墊（日語中為「座蒲團」）也可以隨手收入壁櫥，從而輕而易舉地收起生活的暗示。

　　上述日本人在日常生活中的表現，不僅是順應自然風土的需要，同時也蘊含著他們的一種審美意識。日本人是「唯美主義者」，他們力圖將美融入生活之中。在他們看來，完全暴露在外，讓人一覽無餘的東西不僅不美，而且具有一種近於動物行為的粗俗。日本人信奉這樣一句格言：「酒醉微醉，花觀半開。」他們認為，只有這樣，才能獲得一種美的享受。日本的煙囪和榻榻米上的起居，正是這種審美意識在生活中的顯示。

　　如果我們將視線轉向日本的藝術，將會進一步發現，這種「猶抱琵琶半遮面」，「酒飲微醉，花觀半開」的美學觀更是淋漓盡致地發揮出來。

　　日本的民族藝術形式有著悠久的歷史淵源，它們吸收了在

早期生產方式、生活方式和民眾信仰的影響下發展起來的各種觀念和習俗。日本的藝術家作為國家和民族的感官：耳朵、眼睛和鼻子，執著地紮根於日本民族文化的土壤，傾聽、觀察和吸取著各個時代民族藝術的精華，反映著日本人的審美情趣。

雖然早在十六世紀，西方美術就對日本施加了強烈影響，使日本美術界大致形成了傳統的日本畫派、西洋畫派，以及將民族畫法和外來畫法融為一體的混合畫派。但是，幾乎任何一個日本畫家，甚至用油彩在畫布上作畫的西洋派畫家，也努力以自己的方式反映出日本藝術風格的特點。

那麼，日本藝術風格的特點是什麼呢？關於這個問題，日本禪學大師鈴木大拙曾經發表過相當精闢的意見。他指出：日本藝術、乃至整個日本文化，都發源於禪學的一條最基本的原理，即：「一在萬之中，萬在一之中。」❷日本人認為，真正的藝術應該表現出生活的神韻和真髓，而不是整個外觀。這種神韻和真髓存在於大自然的每個角落，它可以是一頭動物，也可以是一棵樹、一朵花、一根蘆莖、一株小草。「一」可以是完美的，可以體現普遍性，可以給人不盡的思索和回味。

日本藝術強調「佗」和「寂」，強調通過「缺」和「拙」來表現美。

「佗」的含義很難翻譯；它既有「悠雅、恬靜」的意思，也有「貧乏」的意思。這種風格要求以簡練的方式展示畫面，具有「窺一斑而見全豹」的效果。譬如，以一棵竹子的歪斜表現風的強勁，以一葉漂浮在波濤裡的小舟表現大海的廣闊，以一隻瑟縮在枯枝上的小鳥表現蕭殺的秋色。尤其重要的是，這種表現手法不僅顯示了日本人「酒飲微醉，花觀半開」的審美

---

❷　鈴木大拙：《禪和日本文化》

情趣，而且顯示了一種十分重要的民族心理特徵：通過一個人探視他所歸屬的群體，將群體和它的某個成員等量齊觀。

在西方文化中，個人主義占據中心地位。而在日本，人們崇尚的是集體主義，個人在集體中是微不足道的，他只能在集體中為自己找一個位置，只能為集體服務。事實上，「佗」體現了日本人對個人、集體的理解，體現了一種人生態度、社會價值觀和道德觀。

「寂」的含義同樣很難翻譯。有些辭典將它解釋為「古色古香」。然而實際上，藝術上的「寂」主要是強調未經雕琢的質樸之美，它摒棄鮮艷的色彩、狂喜的面容和紛亂的人群。「寂」並不代表畫風的原始。相反，這種風格要求有敏銳的審美目光和高度的藝術造詣，要求對自然有真切的感受。只有這樣，藝術家筆下的一切才會栩栩如生，「雲朵、小溪、樹木、波濤、人物──一切的一切才會有現實感。因為，畫家的心靈曾經到過這些地方，這些點，這些塗層。」❸

「佗」和「寂」是有缺陷才有價值的「不足主義」心理在藝術上的反映。這種認為缺比滿更有價值的心理，是日本人所擁有的一種獨特心理。在日本人看來，注目於事物完美的狀態沒有樂趣，有欠缺、不完美，才有餘情、餘韻，才有欣賞價值，才能使人發揮自己的聯想，去感受美。在日本人的語言中，喜歡採取不明確、不充分的曖昧方式來表達自己的觀點、想法、實際上也是這種思維方式的反映。

強調不圓滿的「不足主義」，同時也是日本人的生活態度和處世哲學。日本人深刻地懂得：「望月之圓，須臾不在，頃刻即缺。」、「有圓即有缺，世之常理。」懂得追求完美經常

---

❸ 《日本人》。

是不切實的，完善的東西終究不會長久。因此，他們認為，與其期待完美無缺落空而絕望，不如平時習慣於不完善。這樣，能夠從不滿意中發現滿意，能夠避免絕望。也就是說，對於不足或不完美，如果心理上有免疫力，那麼在變換不定、浮生若夢的人生中，就是遭遇不測，也能安之若素，不致沮喪、絕望。這是一種預防不幸的心理免疫法。按《處世百科事典》的說法：「不足主義不僅藝術上需要，它對人生也是必要的。」

強調餘情、餘韻，隱而不顯，從而給人以聯想、回味和思索，並不僅僅是日本獨有的藝術哲學和藝術風格，中國的藝術也追求這種境界，強調比興引喻和聯想。如中國有一幅題為《深山古剎》的名畫，就是通過一個和尚去河邊挑水，而不是通過「古剎」本身，來暗示這一主題的。但是，像日本那樣將「隱而不顯」或「酒飲微醉，花觀半開」視為一種藝術哲學和生活的哲學，並表現於社會的各個領域和各個層面，在世界的其他民族中或許是沒有它例的。它是日本文化一種特有的表現，是一種可以申請「專利」的智慧產物。

面具和臉譜：文化寫真

一般來說，對一個人的理解始於對其臉面的評價。從一個人的面部及其表情，可以判斷他的種族、性別、年齡、情緒乃至性格。從古流傳至今的所謂「相面術」，就是根據臉部的特徵，「推測」和「判斷」一個人的「身紀」和「前程」。雖然這種「相面術」不足為信，至它卻從一個側面反映了面部在人生中的作用。日本人普遍強調內外有別，注重對外用「建前」（大意為「標準」、「普遍性」、「原則」），對內才用「本

音」（意為「真話」、「心裡話」）；而作這種區別的目的，除了日本人具有集體主義的傾向和服從集體團結時則以外，還為了免予對方感到窘困。因為，有時候，直率的「本音」會刺激對方，使對方不快。這恰恰是日本人所要竭力避免的。事實上，在日本，「建前」和「本音」的區別不僅存在於個人的言論和行動上，同時，它也是一種遍的社會現象。例如，「協力會作」是「建前」，「競爭和優勝劣汰」是「本音」。「教育以人格之完成為目的」（《教育基本法》第一條）是「建前」，「立身出世」是「本音」。「建前」是出於禮儀或形式的需要，而「本音」則是出於實利主義的考慮。

事實上，人和人之間應該真誠相待，是一個具有理想主義和浪漫主義色彩的美好願望。至少在現階段，這一願望還很難根本實現。既然如此，那麼日本人不傷害對方，並有自我保護功能的「面具」，似乎也就無可厚非，似乎不難被視為智慧的產物。因為，它具有某種現實性與合理性。

日本是一個十分注重「心」與「形」的社會，注重「心」必須通「形」來體現。

社會越講究形式，人們的「角色」意識就越清晰、分明。這是的到普遍承認的一項行為科學的原則；這也從一個側面反映了「臉面」的重要性。

然而，就日本人來說，這種生活常識經常是不適用的。因為，日本人總是想方設法來掩飾自己的面部表情。無論喜、怒、哀、樂、悲、恐、驚，日本人總是儘量使臉部的表情顯得平靜、安詳，使別人無法據以對他的心境作出判斷。日本人認為，這是一種「自制」，是維持自尊的必要手段。

日本人都有一副內部面孔和一副外部面孔。外部面孔等於面具，它是給別人看的；而內部面孔則是給自己親近的人看

的。正如野原駒吉所說的：「花數年辛勤勞動而塗上的漆層越厚，製成的漆器枚越有價值。對民族來說也是如此……有句形容俄國人的話說：『抓破俄國人，現出的是韃靼人。』人們可以同樣正確地說日本人：『抓住日本人，刮去漆，現出的是海盜。』然而不應忘記，在日本，漆是一種值錢的產品，是手工藝的輔助材料。漆中沒有絲毫虛假，它不是為了掩蓋缺點而塗上的；它至少與它所裝飾的器物具有同樣的價值。」❹這種價值是日本傳統文化的提煉，是一種日本式的處世智慧和倫理道德的外化形式。日本人認為，在人際交往中應該自制。他們從小就受到這種教育。

日本人臉上的──面具，不僅是一種「虛偽」，而且也表明了日本人具有清晰的「角色」意識。雖然「表演」──即有意識地按照一些規定的方式表現自己──在任何地方都是社會生活的一部分，但是像日本人那樣，「在大部分時間裡是在做戲」，卻是極為鮮見的。日本人的這種「演員情結」，使他們的生活頗具戲劇性，頗有舞台色彩。

「日本人在交往中只暴露外部面孔，即展示面具。這種願望轉化成製作面具的喜好。」❺早在「白鳳時代」（從七世紀的大化革新至遷都平安的半個世紀），日本就已經從中國傳入所謂的「吳樂面具」，並用以表演舞踊劇。

據《日本書記》記載，推古天皇二十年（六一二年），曾在中國的吳國學習吳樂的百濟人味摩之歸化日本，集合少年練習吳樂，每逢寺院舉行大規模的法令，總要在寺前的院子裡表演吳樂。直到今天，日本著名的佛寺法隆寺、東大寺和正倉

---

❹　《菊花與刀──日本文化的諸模式》。

❺　《日本人》。

院，仍然保存著兩百多副當年以楠木和桐木製作，外塗乾漆的面具。之後，日本人又刻意求工，不斷創新發展，使面具製作藝術日趨完美。

無形的「面具」是為了掩蓋人的本性，而有形的面是為了展示人的本性，這在全世界均沒有例外。但是，在日本人的眼裡，面具絕不是面部表情一勞永逸的記錄。面具是有生命的，它不僅是一種精神和氣質的顯示，而且是美學觀念和倫理價值觀念的顯示，是人生的楷模。從以下一些日本典型的面具中，我們將不難發現日本人對面具的獨特理解。

日本有一種叫「御多福」的面具，呈灰白色、表情含蓄、安詳。它反映了日本人對情感體驗的普遍態度，以及對性格達觀自制的追求，象徵著日本文化歷來崇尚的情感不外洩的人生價值觀，即無論喜怒哀樂，均不相形於色。

相反，「般若」面具所表現是一個怒氣沖沖的婦女，頭上長著兩隻角，取意於日本成語「頭上長角」——發怒。這副面具所要揭示的是——一個怒氣沖沖，而非溫雅和藹的婦女，無異於魔鬼。這是日本人對女性的評價，並且告誡婦女：「既然怒氣沖沖總是令人厭惡，那麼請千萬注意自制，不要發火。」這種告誡，現在已成為一句格言。

面具同時也顯示了日本人傳統的審美觀。長長的鵝蛋臉，兩道揚起的柳葉眉，一對嫵媚的細眼，一張櫻桃小口，一種心不在焉、含蓄的神情，是「女性美」的最高品味。濃眉銳目，鼻梁挺直，一張大嘴能塞進一隻拳頭，則是「男性美」的標記，表明性格寬厚、公正、剛毅、堅強；如大鳶面具和獅子面具就屬此例。如果眉梢下垂，嘴角下塌，臉拉得很長，則表明其性格優柔寡斷，喜歡孤獨；這類面類在日本屬於苦面面具。如眼睛特大，雙唇緊閉，則表明其性格富有激情，容易衝突，

往往言辭過激，同時喜歡尋根究柢，或見異思遷；這種面具的典型代表是小癟見面具。諸如此類，以面部特徵和表情來顯示人的性格、心境和品行，是日本戲劇的一種手段，得到廣泛運用。它集中體現了日本人對人本身的審美觀。

通過面具或臉譜來表現人物，這在中國和其他一些國家的戲劇表演中也相當普遍。但是，像日本那樣通過面具來觀照生活，在生活中時時注意運用「面具」的現象，卻是幾乎不存在的。作為一種行為準則，許多民族強調「表裡如一」，但日本人強調的卻是「表裡不一」，而這種「表裡不一」是日本文化的特定需要，不是一種遭到厭惡的虛偽。

「內」和「外」的區別，「建前」和「本音」的區別，「仲間」和「世間」的區別，所有這些支配日本人行為規範的區別，均要求日本人為了自己和為了別人，套上一副「面具」。日本的表情，歌舞伎中臉譜富有表現力條，浮世繪的面部譜式，均表明了日本人對面部表情的敏感，以及對面具、臉譜的偏愛。

毫無疑問，戲劇中的面具、臉和生活中的「面具」、「臉譜」是不能等而視之的。因為，前者有相對固定的模式，而後者卻幾乎沒有模式。日本深諳此理，但又不囿於此理。他們能將外國人視為「演員」，通過對方的「面具」或「臉譜」來洞悉其性格和情緒。他們自己也充當「演員」，以自己的「面具」和「臉譜」將對方引入認識上的誤區。諸如似是而非的「哈依」等，均屬此例。

面具和臉譜中蘊含著日本的文化特徵和生活哲理。日本人對應該加引號和不應該加引號的面具和臉譜的研究和運用，顯示了他們獨到的智慧。一句話：「面具和臉譜是日本民族文化的寫真。」

歌道：智力七巧板

在日本文學名著《枕草子》中，有這樣一段情節：芳子作為村上天皇的妃子蒙寵入宮。行前，他的父親藤原師尹對她諄諄教誨：「首先應該學會書法。七弦琴要彈得超群出眾。此外，必須熟記《古今集》和歌二十卷。」藤原師尹的話，反映了日本人，特別是日本上流社會對這三項藝能的重視。事實上，在古代日本，這也是內仕所必須掌握的藝能。

日本的「歌」尤其令人生趣。它似乎是一種文字遊戲，著重文句的推砌和趣味，而不是個人感情的抒發。文句的堆砌講究附句（連接前一句的句子）的巧妙銜接，其中最典型的，當首推「連歌」：它是一種獨特的詩歌體裁，一種文學上的「七巧板」。

連歌最初是一種由兩個人對詠一首和歌的遊戲，始於平安時代末期。最初，連歌作為和歌的餘興而盛行於宮廷，後又廣泛流行於市民階層，成為大眾化的娛樂項目，並出現了五十、一百韻的冗長連句，即所謂的「百韻連歌」。

在鎌倉時代，連歌有柿本派和栗本派兩大流派，兩者的分庭抗禮延續了相當長一段時期。柿本派得名於歌聖柿本人麿，主張墨守和歌的傳統，力求連歌的洗練。栗本派雖模仿柿本的風格，但反對因循守舊。前者的成員大都是名聲赫赫的宮廷寵兒，而後者的成員則大都是沒沒無聞的民間歌人。連歌是日本歌道的重要組成部分，它在本質上沒有，也不想與和歌徹底決裂；它所表現的仍是日本歌道歷來注重的技巧。日本連歌的集大成者是二條良基和宗祇。前者編撰有《菟玖波集》，而後者則編撰有《新撰菟玖波集》。

連歌的問世，是以某些貴族不堪忍受陳腐的傳統文化的束

縛，試圖用民間趣味來求得出路為背景的。連歌的第一個特徵是集體創作，即每一句都與別人的上一句相銜接，其轉折純係偶然，因而需要作者具有一種隨機應變的機智，同時也使得連歌能從凝滯的偏重感情的傾向中擺脫出來。連歌的第二個特徵是即興創作。所謂「歌道」，一般有其祕傳，而連歌自古以來無一定格式，但以喚起當前之感興為上乘，可見連歌的第二個特徵同樣需要隨機應變的機智。

從以下著名連歌《水無瀨三吟百韻》前八句中，我們可一賭連歌的情趣和特色——

> 殘雪猶未消，山麓罩暮藹；（宗祇）
> 山村河水遠，梅花發芳香；（肖柏）
> 河風吹柳叢，春色在眼前；（宗長）
> 櫓聲遙可聞，春潮泛白色；（宗祇）
> 雲霧罩夜空，猶留一輪月；（肖柏）
> 晨霜遍原野，秋色葉已深；（宗長）
> 蟲雖願長鳴，秋草卻已枯；（宗祇）
> 來到籬笆前，顯出一條路；（肖柏）
> ⋯⋯

從殘雪未消的山麓，到梅花吐艷的山鄉，從柳葉低垂的春色，到寂寥蕭殺的秋景，連歌就是以這種變化多端的電影「蒙太奇」般的手法，顯示其藝術性。

雖然連歌十分注重技巧，然而更值得關注的是，無論形式還是內容，連歌所表現的都是自然和人生的共同變幻。例如，宗祇曾明確主張，連歌是習練在自然的變幻中觀察人生的變幻。他說：「歌之道，惟以慈悲之心見花紅葉落、觀生死，則

心中鬼神亦柔，可歸本覺真如之道。」、「見飛花落葉，誰者思常留此世，置定理之外？」二連良基也指出：「連歌，非前念後念之相繫，亦非同浮世之狀，依盛哀憂喜之境而移。思昨而今，思春而秋，思花而至紅葉，飛花落葉之念也。」❻由此可見，連歌是通過自然感悟人生的一個傑作。

直至今天，在日本的演歌中，依然包含著連歌中將自然和人生視為互相觀照的對象這一特徵。例如，《七色花》中就有這樣的歌詞：「知花的命運，七重七色，戀的彩虹。啊，痴情的心只知開……佇立在山中湖畔，突然想起花的可憐。」總之，現代的演歌或流行歌謠是在「飛花落葉」之中領悟愛情之不幸的，它教誨人們懂得從自然的虛幻中感慨人生，懂得「哀歎無用」，從而「斷念」。這種精神與歷史悠久的連歌有著內在的聯繫，是日本人獨特的心理傳統和人生態度的反映。

宗祇以後，歷代「家元」都由民間出身的連歌師擔任，那些固步自封的貴族逐漸從文學史上銷聲匿跡。尤其值得重視的是，栗本派影響下的俳諧連歌，在群雄紛爭的戰國時代趨於興盛，成為俳諧的母胎。

所謂俳諧，就是諧、滑稽的俳句，最初以五行詩的形式出現，也有前句、附句之分。俳諧的創作要求是：在連接前句時，既要生發前句中已經描述的景象，又要以自己的俏皮、機智，巧妙地使之「峰迴路轉」。如前句的內容離奇古怪，而後句能巧妙應接，並能插進俏皮的雙關語，則連接著的水平也就更能得到昭示。俳諧的創作也是一種即興發揮，因此要求作者有迅速的判斷力和敏捷的才思。在這方面，中世紀著名的俳諧高手荒木田守武巧接前句的例子，一直為人們所津津樂道：

---

❻ 南博：《日本人的心理》。

「雖有幾分懼，卻有幾分喜（前句）。會情郎，夜過獨木橋，溪水急（附句）。」

俳諧的巧妙在於，同一個前句，可以連接各種各樣的附句，形成不同的鏈條。例如：「似乎應該砍，卻又難下手。」（前句）既可以用「賊落網，細細一端詳——是孽障！」作為附句，也可以用「花枝豔，朵朵遮視線，明月淡。」作為附句，等等。正是這種不確定性，為作者提供了廣闊的發揮自己聰明才智的舞台。

以後，俳諧逐漸發生了變化，其基本體裁從五行變成三行，形成了著名的俳句。在這一體裁的創作中得到公認的臣匠松永貞德生活的年代（1571～1653年），俳句盛極一時。在松永貞德的俳論《御傘》的序言中，曾這樣描述當時俳句流行的情景：「無論京城還是鄉村，不分老幼貴賤，只要一提到此道，無不側耳傾聽，感到興趣。」❼與俳諧不同，俳句開始用富有詩意的聯想來創作，而且這種聯想耕往意蘊深刻，富有哲理，耐人尋味。例如：「育嬰兒，令其常吮兒，花之雨。」中的「花之雨」，既使人想到能劇《結》中的「雨是花之父」這句台詞，又使人聯想到釋迦牟尼降生時的「花雨」。因此，俳句常常被當作謎語或公案，成為一座智慧的迷宮。

在俳句的世界裡，松尾芭蕉是無與倫比的一代宗師。他經過苦心鑽研，將俳句從俳諧的詼諧導向真誠，開闢了一個獨特的藝術境界，被世人譽為「芭蕉風格」。而顯示這一風格的代表作，就是如此這首俳句：「古池塘，蛙兒輕跳入，水聲響。」這首俳句既表現了自然的美感，又巧妙地將恒定的存在與瞬間的動作結合起來，從而暗示了無止境的事物與此時此刻

---

❼　西鄉信綱等：《日本文學史——日本文學的傳統和創造》。

的事物並存這一人生哲理。

在當代日本，詩歌依然有著強大的生命力。每年的新春，日本都要舉行賽歌會，由天皇出題，然後由各階層的人們根據這個題目進行創作。比賽採取徵集的形式，誰都可以參加。以1983 年為例，這一年，主辦者收到的應徵詩歌多達 26570首。在這些應徵詩歌中，主辦者精選了十首奪魁詩歌。它們的作者，有教師、商人、家庭主婦、木匠，可見其廣泛而深厚的群眾基礎。

日本的歌道，以其獨特的體裁、構思和技巧獨步於世。它是自然、社會、人生的生動寫照，是日本民族文化的瑰寶，是一種需要用智慧去巧妙拼合的「七巧板」。

花道：三位一體的智慧

日本列島的溫暖氣候和變化明顯的四季，使花草的生長具有得天獨厚的優越條件。在日本，春、夏、秋、冬都有許多應時的鮮花開放，使美麗的大自然熠熠生輝。可以說，自古以來，日本人就同鮮花有著不解之緣。

日本人對花的認識隨著時代的發展而不斷變化。在遠古時代，日本人對充滿生命力的花具有一種敬畏和恐懼，認為花是神靈的再現。因此，當時的花與其說是觀賞的對象，倒不如說是信仰的對象。人們關注花之形態的細微變異，從中領悟超自然的真義。之後，審美的本能引導人們將對花的認識，從信仰轉向觀賞，開始了把花作為鑑賞對象的插花活動，並進而發展為寓哲理性和形態美為一體的真正的插花藝術，使之成為日本民族智慧的體現。

不過，最初的插花只是將隨意地插入花瓶，並沒有什麼人工的造型和豐富的哲理性含義。插花真正作為一門藝術，是從佛教傳入日本以後開始的。由於佛教的故鄉印度有著供花的習俗，因此，隨著佛教的廣泛傳播，衣裓（將花卉插在寶瓶內）和寶瓶花（只插蓮花等花的花枝）之類的供花儀式也在日本日益普及，從純宗教儀式逐漸擴展到給死者的遺像供花，並將能同時體現過去（結果實）、現在（開花）、未來（蓓蕾）的蓮花作為供花的首選材料，而對花草生命力不可思議之活動的敬畏和恐懼，以及試圖仿效那種力量的日本人的傳統心理，則為這種供花儀式提供了內在的基礎。

　　日本插花藝術的嬗變，經歷了一個漫長的歷史過程。在鐮倉時代，受唐朝的影響，日本人經常在寺廟等場所放置盆栽植物和花瓶。植物挺拔的枝幹與花束直指天空，彷彿在祈禱上蒼。它們與寺廟金碧輝煌的裝點相映成趣，顯示了一種崇高之美。至室町時代，以裝飾壁龕、書院、閣板為主的「立花」，和以裝飾房柱為主的「掛花」趨於盛行。這些安置在被日本人視為神聖之地的鮮花各成一個整體，生動地再現了大自然的風情。天應年間，日本插花藝術的一代宗師專應開始將插花的構想具體化。他的後代專榮在整理插花構成法的基礎上，又提出了真、副、副清、真隱、見越、流枝、前置等七種技法。

　　活躍於天正至元和年間的插花藝術大師，第一代池坊專好則提出，插花造型的一體化能表現宇宙觀，並在七種技法的基礎上又推出了扣、胴作、大葉、后圍、木留、草留、會釋等更為複雜的技法。以後，插花的手法更趨細緻，但是，以強調代表佛心的「真」為基礎的基本格局則一如既往，始終未變。

　　日本的插花藝術有許多流派，其中最著名的有——

池坊流：十五世紀中葉由專慶開創，在諸流派中具有最悠久的歷史傳統。「池坊」本是京都六角堂（頂法寺）的僧房名，由於專慶以後，不斷出現擅長插花的僧侶，而成為一種流派的名稱，在歷史上頗有影響。迄今為止，池坊流仍是插花諸流派中最大的流派。

　　未生流：江戶時代末期由未生齋一甫創立，其創立的標誌是文化十三年（1816 年）出版的《本朝插花百練》。以後，未生流又派生出許多支系，如齋家未生流、庵家未生流、院家未生流、嵯峨未生流等。未生流也是統治現代插花界的一大流派。

　　小原流：明治末年由小原雲心創立。小原雲心認為：池坊插花重心高而不穩定，主張有重量感、重心低的插花，並以這種思想為指導創立了小原流。他還發明了使用當時引進日本的西洋花作為素材的盛花，給人以近代感。他的兒子小原光雲繼承父業，成為第二代家主之後，一改從前以個人為對象的教授法，開始採用集體教授法，從而在插花界產生了劃時代的影響。小原流是一個擁有廣大愛好者的大流派。

　　草月流：本世紀由河原蒼風創立。1930 年，河原蒼風參加了由美術評論家重森三鈴發起和領導的理論性新興插花運動。並批判了插花已形成固定樣式的說法，主張自由選用花器、自由組合素材的創造性插花。他使用了鐵、盤針、玻璃、尼龍、石膏等以前人們從未用過的全新輔助材料進行創作，在插花界獨樹一幟，並在插花界和未生流、小原流一起，占有僅次於池坊流的地位。

　　作為一門藝術，插花的魅力不僅在於它所具有的美學觀賞價值，而且還在於它所具有的豐富寓意和深刻哲理，這種寓意

和哲理更顯示出日本民族的智慧。在日本人眼裡，一束束鮮花和植物不僅是居家的點綴，同時也是一種美好的願望和祝福；如松和玫瑰意味青春常駐和福壽綿延，牡丹和竹子表示繁榮與和平，白菜花、菊花和蘭花則表示歡樂，等等。另外，日本的插花藝術還十分注重動態，並根據這一觀念選擇相應的素材：以盛開的花卉、莢果、枯葉反映過去，以半開的鮮花或綠葉表示現在，以含苞欲放的蓓蕾、豐腴待發的幼芽表示未來。同時，一年四季也都具有不同的象徵手法：如以枝條有力的曲線變化象徵春天，以舒展的花瓣、花葉和枝幹象徵夏天，以稀疏的細枝象徵秋天，以凋零枯萎的枝條象徵冬天。

如前面所述，日本有各種不同的插花流派，但是，主要的藝術準則，以及這些準則所蘊含的人生觀、自然觀和宇宙觀，卻基本上得到較一致的遵守。

深受儒、佛思想影響的日本哲學特別強調「事理一體」，它的含義就是：作為人類行為的「事」，和作為天地自然法則的「理」，必須一致。只有這樣，人類才能幸福，宇宙才能平衡。「事理一體」，在日本又稱為天、地、人「三才一致」。這種在觀察自然、分析自然的同時，努力尋求自然和人生統一的哲學思想，在日本的插花藝術中有絕妙的表現。

日本的插花藝術雖然千姿百態，但象徵天、地、人的三條線則是它的最基本格局。插花的造型中，「天」線是主線，通常被稱為基線，是整組花束的基礎，必須相當牢固。「人」線是象徵人的枝幹，高度大約為主線的三分之二，並和主線向同一個方向傾斜。「地」線象徵土地，是最短的一條，長度約為「人」線的三分之二。在造型上，人們可以根據自己的喜愛和需要增添各種綠葉草莖；但是，天、地、人「三才一致」的原則不容變更，因為它是插花藝術的靈魂。

插花，飄逸、凝重、自然、灑脫，它是美的藝術，也是美的哲學和人生哲學，它所蘊含的內容尤其值得人們認真品味。

茶道：獨步於世的藝術哲學

在世界佛教史上，有這樣一段軼事：一天，菩提達摩正靜坐冥思，忽然感到眼簾下沉，一陣瞌睡難以克制地向他襲來。他對此極為氣惱，便拔下自己的眼睫毛，狠狠地扔在地上。孰料，在那塊地上很快長出了一叢灌木，灌木的葉子汁濃液香。菩提達摩的弟子們用熱水沖泡那些葉發現其汁液有提神醒腦，保持旺盛之精力的功效。這種神奇的葉子，就是人們今天已十分熟悉的茶葉。

當然，這僅僅是一則富於想像力的傳說，不足為信。但是，茶葉所具有的這種功效卻是不容置疑的。可在日本，飲茶不僅具有上述功效，作為一種「道」，它同時也是一種藝術哲學，一種獨步於世的藝術哲學。

大約在七世紀末或八世紀初，茶由中國傳入日本。作為日本民族文化重要組成部分的茶道，就是從中國的飲茶習俗演化而成的。據大量文獻記載，早在公元前五世紀，中國的老子即已提倡「金液之禮」。這種金液之禮就是一種飲茶儀式。後來，中國人將其簡化為沏茶，並將這種習俗保存至今。然而，飲茶在日本卻不斷得到「深究」，並成為一種「道」。

茶道作為一種藝術與技巧相結合的禮儀，具有嚴格的規範，與日常生活中的飲茶有著極大的差別。它需要特定的場所，需要安排在特定的時間，需要遵循一整套複雜的程度。在日本茶道的初創時期（室町時代），人們將書齋圍成一塊四張

半榻榻米大小的場地（約六平方米），後來，這般大小的場地成為獨立的茶室大體的基準。茶室的裝飾講究質樸無華，酷似東方賢哲居住的茅舍，使人產生一種崇高而非亮麗的美感。茶室裡設有壁龕，置放火爐。客人從「　口」（茶室特有的小出入口）進入茶室，而東道主則從茶道口進入茶室。茶室內的席位都有名稱，它們決定各人所處的位置。「茶道席」或「禮法席」是主人做茶的席位，「客席」是客人的席位，「通席」是供客人欣賞茶碗的地方。

　　日本的傳統技藝均有較強烈的季節感，茶道自然也不例外。茶道根據不同的季節，結合時令，舉辦應時的茶會、茶事，如「新茶品茗會」、「惜別」等等；另外，還根據舉行茶會的時間，分為「朝茶」、「正午茶」、「夜茶」等等。

　　茶道是在茶會中體現出來的，因此茶會是茶道的主要組成部分。一般來說，舉辦茶會須具備三個條件：首先，茶道並不是僅僅依靠製作方法而成立的，它以人們聚集在特定的場所為前提。因此，在品茗時，人們須推心置腹，開誠布公地進行交談，不存隔閡。這種交談的融洽與否，是決定茶會成敗的關鍵。其次，茶會十分注重「配合」或「搭配」，既包括時間、場地、道具的裝飾等因素，也包括參加者的教養、情感、應酬技巧等因素。這種物質與精神的「配合」是茶會的重要因素。第三，必須貫徹具體的禮法。主人在道具席上，根據製茶順序，將道具擺規定的位置上，然後按照規定的手勢取道具，依一定的習慣手法製茶，其一整套動作就是禮法。主人待客時嫻熟、麻利的動作，往往能使茶會的氣氛達到高潮。每一份茶，都包含著主人的匠心。

　　所謂茶道，在茶會的場合中必須有禮法那樣的表演。從一定的意義上來說，只不過是喝茶的風俗習慣的茶道，之所以能

夠成為技藝化的茶道，就是因為形成了以禮法為基調的特殊文化生活。它所表現的是——「以身體為媒介的演出藝術」。

一般的茶道禮法分為添炭禮、濃茶禮、淡茶禮三個部分。添炭禮的程序分為準備燒炭工具、打掃茶爐、調整火候、除炭灰、添炭、點香。濃茶禮是茶道當中最鄭重其事的一項禮法，舉行濃茶禮時，主人必須穿黑色帶白色紋布的和服，行禮時，主客之間幾乎不進行對話。相對而言，淡茶禮較為簡潔。學習茶道，一般先從學習淡茶禮開始。淡茶禮也是茶道最基本的禮法。除上述區別外，由於流派的不同，有關器具的準備，圓竹刷（攪和茶葉末，使之起泡沫的工具）的使用、小綢布的疊法、茶勺的處理、搗茶葉末的方法等，也不盡相同。

茶會一般以前人的樣式為楷模，同時也加入主人個人的情趣。因此，茶會的情況須記錄和保存。這種記錄叫「會計」。記錄自己舉辦的茶會，叫「自會記」；參加他人舉辦的茶會的記錄，叫「他會記」。自古以來，日本有許多著名的茶會記流傳下來，成為現代茶道家的珍貴參考資料，如《松屋會記》、《天王寺屋會記》、《今井宗久茶道記書拔》、《宗湛日記》等四大會記，以及《利休百會記》、《南坊錄》。會計內容包括會眾、壁龕裝飾、道具、飯茶、點心等項情況，非常詳細。有時還加上會眾交談摘要，以及筆者對茶會的評語。會計可以體現平生與參加茶會之人的友誼，懷念前人技藝的遺跡，是茶會的一種樂趣，也是日本人發思古之悠情的一種智慧體現。

在茶道中，對器具的藝術欣賞占有很大的比重。茶道需要許多道具，大致劃分一下，可歸為四類：(1)客廳用具；(2)茶席用具；(3)露地（茶庵式茶室所在的庭園）用具；(4)水屋（茶室隅角洗茶具處）用具。這些用具有各種各樣的形狀，它們的「配合」可以無限地排列組合，以適應季節、時間、會眾身

分，以及茶室的需要。茶道之美就是各種因素的組合、變化、創新之美，它不僅是物與物的「配合」，而且也是物與人、物與空間、物與時間、人與人等相互關係的「配合」。

茶道有「一期一會」的說法，其含義是：每一次茶會同席的人，一生中只有這一次相聚的機緣。嚴格地說，即使是非常親密的朋友集中起來舉辦的茶會，與會者也應持這種態度和心境。因此，無論是客人還是主人，都必須對此極為珍視，認識到大家都將如茶的泡沫一樣，在世上轉瞬即逝，並由此而產生相互之間在瞬間一起生存的緊張感。於是，彼此的心開始溝通，一種「連帶感」、愛心和美感會像電流一樣流入與會者的心田。一些日本學者認為，這種「一期一會」的觀念，就是佛教「無常」觀的體現。雖然究竟有多少人是這樣認識茶會的值得疑問，但是，在大多數日本人的心靈深處，確實是如此認識生命的姿態和成長與衰滅之圓輪的；這正如日本人喜歡櫻花，因為它開放迅疾，凋謝驟然一樣。

茶道以「和、敬、清、寂」為宗旨。茶道能陶冶情操，培養樸實無華、自然大方、潔身自好的審美意識和品格；同時，它也使人們在審慎的禮法中養成循規蹈矩和認真、無條件地執行社會規章，服從社會公德的習慣。因此，迄今為止，茶道仍被許多人視為特殊的修身養性的方法，並擁有許多流派：如以千利休為始祖的千家流所派生的表千家流、裡千家流、武者小路千家流；以藪內劍仲為始祖的藪內流；以小堀遠州為始祖的遠州流；等等。

茶道反映和順應了日本人美的意識、處世的態度和哲理，是培養日本民族感情的基礎之一，是一種智慧的傑作，是日本獨步於世的藝術哲學。

水中長出的智慧

　　日本人和水稻似乎有著無法割斷的聯繫。然而，水稻並不是原產於日本的，它最初生長於亞洲熱帶地區，然後從中國南方傳入日本（也有說是從朝鮮半島傳入日本）。水稻種植的傳入，使日本跨過靠打獵和採擷為生的時代，走進以農業為主的時代──彌生時代。至公元二世紀，日本的水稻種植業已相當發達，種植方式也已相當先進，秧苗在專門的秧田裡集中培養，然後移植到大田裡，通過縱橫交錯的人工水渠進行灌溉。

　　在日本，水稻種植首先在西部開始，然後向北方普及。至公元八世紀，除北海道以外，日本所有的溫帶地區都或多或少種上了水稻。今天，只有百年左右種植水稻歷史的北海道不僅已經成為日本主要的稻米產地之一，而且也是世界上種植水稻的「北極」地區之一。因為，北海道的地理位置處於北緯四十五度左右。

　　長期以來，稻米和日本文化有著水乳交融的密切關係，對日本民族和社會的發展至關重要。首先，稻米含有豐富的熱量和植物蛋白，以及許多重要的維生素和微量元素，能夠滿足人體多方面的營養需求。其次，日本的稻米種植是在水田中進行的，而自然的灌溉用水中本身含有營養成分，所以即使不施肥，也可以進行連續耕作，從而養活相當多的人口。只要有可耕種的稻田，那麼就可以在同一塊土地上年復一年獲得豐收。這與每年必須在田裡改變耕種作物，實行輪作的古代歐美，恰好形成了對照，其優越性是顯而易見的。儘管日本的可耕地面積只占全部國土的 15%左右，但由於水稻種植具有上述優越性，所以日本的糧食能夠自給自足。至十九世紀初，日本的人口已達到三千五百萬。每年在相同的水田裡栽培水稻，是日本

農業的一種特徵，同時也是一種至高無上的命令。如果什麼時候停止耕作，那麼水田就將被雜草吞沒。因此，在水稻耕作中，連作的實施不僅具有可行性，而且具有必要性。這種耕作方式對日本文化產生了深刻的影響。

首先，「祖先崇拜」的觀念就是在此基礎上不斷形成、深深紮根的。當人們在水田裡得到收穫時，不能不感到祖先為後輩開墾土地的恩惠，從而對祖先充滿敬意。同時也使他們感到，應儘量保持地力，使自己的後代也能蒙受這種恩惠。這樣，祖先崇拜和愛護、關心後代的觀念相互交織，形成了一種縱向關係。這種彼此之間珍視對方的精神結構，即使在今天的日本人中間，也依然普遍存在。

其次，每當夏季臨近的時候，水田裡會長出雜草。為了確保豐收，必須將雜草清除乾淨。這意味著水稻耕作不僅是農業，而且是園藝。這種園藝工作不能由家畜承擔。由於無法依靠家畜，一切都是由人來幹，所以自古以來，日本人非常勤勞，並且對人的勞動十分重視。日本人一般對工作兢兢業業，不推諉扯皮的工作態度，或許正是「無論是什麼都必須由人類來完成的日本人以往的經歷在這裡投下的影子。」❽另一方面，這項工作必須靠家族齊心協力才能完成。即使請家族以外的人來協助，也必須給予家人的待遇。因此，只有在家庭般的氛圍中，才能最有效地發揮勤勞刻苦的精神。今天，為了提高生產和經濟效益，幾乎所有的日本企業都努力營造家庭式氣氛，追根溯源，可以說就是由此逐步產生和形成的。

日本人在水稻耕作中所獲得的獨特恩惠，以及由此形成的獨特思路，對日本社會發展的影響還不僅僅限於上述幾個方

---

❽ 井上靖等：《日本人與日本文化》。

面。他們還通過水稻耕作，發現了一個十分重要的「祕密」。這一「祕密」，對日本以後的科學技術發展，產生了意義深遠的影響。這種影響足以和上述經濟、文化方面的影響相媲美。

日本平原極少，因此必須利用低矮的丘陵和山腳進行水稻耕作。旱田裡，即使是斜面，也能栽培作物，而水田卻不行。因為，水田必須存在於一個呈水平面的區劃內，只有這樣，才能使水田作物不至於旱澇不均。正是在這一基礎上，日本人發現了「水平面」。另外，山地水田的耕作方式也和山地旱田的耕作方式不同。旱田的耕作是依次往上，而水田的耕作則是依次往下。由於掉落的東西必然是筆直垂所以水田的水平面和垂直落下的東西所構成的夾角就是直角；也就是說，日本人很早就發現了直角。

直角的發現是水稻耕作賜予的恩惠，是在水田的水平面上獲得的啟示。這一啟示構成了日本三角測量技術的基礎。毫無疑問，水田離不開水，它需要縱橫的水渠加以灌溉、排放，而水渠的建設需要精確的測量。日本人將從水中獲得的啟示又用之於水，在水渠的建設中體現了這種三角測量技術的實用性和精確性，體現了他們的智慧。

例如，建於承應二年的玉川上水工程雖是由庄右衛門和清右衛門這兩個名不見經傳的農民負責測量的，但他們依據上述原理所作的精確測量，保證這條長四十三公里、落差十公尺，從青梅西面的取水口至四谷大木戶的工程，在短短一年半的時間裡得以完成。在距今 180 年前建造的，將蘆湖的水引入裾野村（以後成為裾野市）的「箱根用水」（又稱「蘆湖用水」），這條斜面渠道的測量同樣十分精確，從而使兩個方向挖掘的渠道正好合攏，全然未加調整。這條渠道也是一個叫大庭源之丞的農民負責測量的。諸如此類的事例還有許多。

至幕末，日本到處都出現了「用水」（即水渠），這種「用水」對高低測量和平面測量技術均有很高的要求，否則，水就不會流動。而為這種測量技術奠定基礎的，就是日本農民在觀察水田時獲得的啟示、凝結的智慧。除此之外，這種測量技術還被用於佐渡金山、大仁金山、秩父銅山等礦山的開採。

　　尤其值得關注的是，這一測量技術在測定日本的地形時，得到出色的運用。在距今一千多年以前，利用磁石進行測量的技術就已經傳入日本。日本著名的佛寺法隆寺就是利用這項技術建造的。但是，由於「磁差」的存在，因此這種測量有時並不精確。例如，如果用磁石測量日本地形，那麼在鹿兒島北部和在青森縣北部所測得的結果將是不同的。伊能忠敬似乎認識到了這一點，因此，他在測量日本地形時，沒有採用磁石測量，而是以北極星之基準，採用角度觀測方法。由於北極星和地球軸心北端的誤差僅四度，且距離很遠，所以無論在日本的哪個方位觀察，誤差都是一樣的。依據這種測量方式繪製的地圖，幾乎沒有誤差。

　　事實上，曾經使西博爾德和培理感到驚訝的、由伊能忠敬繪製的地圖，甚至和今天的日地本圖也幾乎沒有差別，可見日本當時的測量技術已經達到了什麼樣的水準。

　　智慧產生於需要，但需要並不直接產生智慧。水稻耕作需要世代相傳，需要同心協力，需要對水加以合理的利用。這種需要是以水稻為主要生存資源的民族共通的需要，但是，唯獨日本人能夠從中領悟和發現涵蓋文化、經濟、科學技術等各個領域的思想和奧妙。這是一種獨具的慧眼，是一種水中長出的智慧。

天才的「氣象學家」

在工業生產占居主導地位以前，日本的基本產業是自然產業：農業和漁業，它們均和自然有著緊密的聯繫。作為自然產業，在自然現象中被稱為「氣候」的大氣變化，始終對收穫具有決定性的影響。就農業而言，例如，在氣候變化中有所謂「暖冬」，即冬天的氣候過暖，它對農作物的生長，尤其是麥子的生長，會造成災害。因為，氣候過暖，麥子會陡然生長，長得又細又長，至開花成熟期，經風一吹，會發生「倒伏」現象，使麥子歉收。為避免這種情況發生，人們須先期了解氣候變化，以便採取相應的防範措施。如遇上「暖冬」，人們須在麥田裡著實地「踏青」，即通過對麥田的踩踏，阻止其自由發芽，使之無法陡然生長，以致「倒伏」。

就漁業而言，它和氣候變化的關係更加密切。雖然在近代以前，日本幾乎沒有遠洋漁業，但即使是近海作業，如果不了解天氣趨勢和受其影響的海浪變化，那麼出海作業不僅會無所收穫，甚至還會遭到生命危險。因為，當時日本的漁船都是體積小、吃水淺的木船，重心浮在上面，很容易傾覆。另一方面，如果不了解氣候變化，那麼就無法掌握時機進行捕撈，就會錯失良機。

如果是在今天，那麼氣象台可以通過各種儀器設備，包括雷達和衛星，對風向、風力、氣壓和雲層分布狀況進行觀測，並用電腦對觀測到的資料、數據進行分析處理，然後製成氣象雲圖，預測天氣變化的趨勢，作出比較準確的預報。但是，真正的「天氣預報」是近代以後的產物，在古代是不存在的。即使在「天氣預報」產生以後，由於最初的觀測手段還不完善，因此誤差較大。據說在江戶時代，日本已經有了所謂的「天氣

預報」，由幕府的官吏預報第二天的天氣。如果預報不準，將受到嚴厲責罰。可在那個沒有觀測氣象的精密設備的時代，準確地進行「天氣預報」顯然是不可能的。於是，官吏們為了逃避責任，每天都發出「明日は雨ガ降る天氣べはない」的預報。這是一種相當狡猾、模棱兩可的預報。因為，它可以作兩種解釋：一種解釋是，如果將「雨ガ降る」看作是「天氣」的修飾語，那麼，整句話的意思就是：「明天不是下雨天。」另一種解釋是，如果將句子在「雨ガ降る」處斷開，那麼整句話的意思就變成了：「明天下雨，天氣不好。」這樣，無論第二天是否下雨，預報都沒有錯，因而也就可以免受責罰。從這則軼事後，我們不難體會當時日本「天氣預報」的水準。事實上，在日本，「天氣預報」曾經是「說不準」的同義語。

但是，作為從事自然產業的民族，如前面所述，如果不能事先了解氣象變化，並採取相應措施，那麼其損失將是慘重，甚至是無法估量的。所以，日本人民在很久以前就十分注意篩選察和氣象變化預兆的經驗，積累「氣象資料」。他們通過對自然現象的觀察，發現了氣候變化的一些規律。例如，日本以前的曆法雖然沿用了中國二十四節氣的區分法，但他們根據日本的氣候特點，又將二十四節氣細分成七十二候，五日為一候，每一候中都有動植物和自然景觀發生相應變化的徵兆，顯示出一種探隱發微的智慧——

立春：(1)東風化冰，(2)蟄蟲動，(3)打魚謹防落河中；
雨水：(4)獺祭雨，(5)鴻雁北行，(6)草木萌發；
驚蟄：(7)桃花開，(8)雲雀鳴，(9)鷹變鳩；
春分：(10)燕子來，(11)雷聲響，(12)閃電也出現；
清明：(13)桐樹開花，(14)田鼠變鵪熟，(15)彩虹現天邊；

穀雨：(16)浮萍出，(17)鳩換毛，(18)萬象新；

立夏：(19)螻蛄叫，(20)蚯蚓出，(21)黃瓜生；

小滿：(22)苦菜壯，(23)靡草死，(24)麥秋至；

芒種：(25)螳螂爬，(26)鵙鳥鳴，(27)草兒壯；

夏至：(28)鹿角落，(29)蟬兒鳴，(30)半夏生；

小暑：(31)熱風至，(32)蟋蟀壁中藏，(33)鷹擊空；

大暑：(34)腐草生蠅，(35)土潤天氣熱，(36)大雨時時有；

立秋：(37)涼風吹，(38)露水降，(39)寒蟬鳴；

處暑：(40)祭鷹鳥，(41)天地肅靜，(42)水稻成熟；

白露：(43)鴻雁來，(44)燕子歸，(45)群鳥儲糧忙；

秋風：(46)雷聲收，(47)蟄蟲造窩，(48)水乾涸；

寒露：(49)鴻雁為客，(50)雀入水變成蛤，(51)菊黃遍野；

霜降：(52)豺祭獸，(53)草木落黃，(54)蟄蟲俯伏；

立冬：(55)水成冰，(56)地結冰，(57)野雞入水變文蛤；

小雪：(58)視望藏虹，(59)大騰降地，(60)閉塞入冬；

大雪：(61)山雞鳴，(62)虎交配，(63)荔梁出；

冬至：(64)蚯蚓結，(65)麋角落，(66)泉水流；

小寒：(67)雁歸北鄉，(68)鵲築巢，(69)雉不見；

大寒：(70)鳥入窩，(71)征鳥疾飛，(72)水凍冰堅。

　　掌握這一規律，對於預測天氣至關重要。因為，植物和動物出於一種生物的本能，對氣候的變化極為敏感，是天然的「氣象觀測儀」，如果氣候異常，它們必然會作出反應。例如，在某個「候」裡，應該出現的徵象沒有出現，便預示著氣候的不暖與往常不同，從而能夠提醒人們採取相應的措施。

　　事實上，當時的日本人就是以此來掌握節氣變化的。他們順從自然，但並不機械地盲從自然。另外，日本人曾有立春以

後 210 天颱風襲來的思想。最初，人們認為這是一種迷信，認為在「210」這個數字中，具有某種隱祕的含義。但是，以後根據氣象資料的統計分析，人們發現立春後 210 天左右，確實是颱風頻繁襲來的季節，從而認識到這是古人在長期的生產和生活實踐中發現的一條規律，是一種經驗的總結。

特別在日本的沿海漁村，人們更是積累了豐富的氣象知識。日本的漁民使用的關於風的語言相當多，其中有許多是關於微妙複雜的風的名稱。這些名稱表明，日本的漁民在很久以前就已經對各種類型的風及其速度相當了解。據說，當時日本漁村的長者為了維持全村的生計，每天都要到海岸邊，以自己的經驗預測天氣，然後讓年輕人準備漁具出海，或阻止他們出海。日本人的生活離不開大海，但是在日本古代，漁民出海捕魚遭難的事故卻很少。之所以如此，就是因為日本漁民在長期的生活和生產實踐中積累了豐富的預測天氣的經驗。

在日本，雖然「天氣預報」曾經是「說不準」的同義語，但是，日本人對自然現象探隱發微的細緻觀察，彌補了這方面的缺陷。他們由此而獲得的知識，有些足以和現代科學結論等量齊觀。日本人民不愧為天才的氣象學家。

鯰魚的啟示

根據目前得到人們普遍接受的地質學「板塊構造」理論，支撐亞洲大陸的亞洲板塊經常受到太平洋板塊的騷擾。這種「圖謀不軌」的騷擾在日本列島的正下方產生了巨大的摩擦；一旦這種緊張對立的摩擦超過某種臨界點，那麼它就會釋放出可能的能量，對地球表面造成巨大的破壞。這就是日本地震產

生的原因。

　　換句話說，由於日本的地理位置恰巧處於兩大板塊的交接處，是雙方矛盾衝突的交匯點，所以儘管日本是個氣候溫和、景色秀麗的國家，但在地理上它的基礎卻很不穩固，使日本人始終於膽戰心驚地處理同地震的關係，使日本人命中注定要生活在一個他們永遠都難以睡個安穩覺的美麗的花園島嶼上。

　　據統計，明治時代以來，日本已經遭受過二十次芮氏七級以上，極具破壞性的大地震；至於有震感而沒有造成破壞或大破壞的地震，則幾乎無法統計。在這期間，日本遭受到的第一次大地震是 1891 年發生在濃尾地區的 7.9 級地震，它使七千多個生靈塗炭，使七十四萬間房屋毀於一旦，而它的餘震更是持續了十年之久。時隔五年，日本北部的三陸町地區又發生一次大地震，因這次地震引發的海嘯掀起 24.4 米高的海浪，吞沒了二萬七千條人命。1923 年，日本又發生了現代最著名、最高震級為芮氏 7.9 級的「關東大地震」，這次地震擊襲了日本的神經中樞——東京及周圍地區，對日本的政治、經濟、文化和社會生活均造成了嚴重破壞。由這次大地震引起的大火燃燒了三天三夜，將以古江戶城大部分區域為基礎的東京商業區夷為平地，使將近十萬人喪生。

　　在古代，日本曾被西方人視為帶有奇異色彩，如同海市蜃樓般的國家。「其民居住於支那的北方山地，不食豬肉，且作種種祭祀……這，大概就是歐洲人最初掌握的有關『日本』的情報。」[9]以後，隨著日本同西方世界不斷接觸，它的神祕面紗被逐漸揭開。但是，它那獨特的文化和耐人尋味的自然環境，仍激發著西方人的興趣。十九世紀後期，著名的日本問題

---

[9]　松田毅一：《南蠻史科的發現》，中央公論社。

專家巴滋爾・霍爾・張伯倫在他的《日本的萬事萬物》一書中寫道：「『哦，我是多麼希望能碰上一次地震！』這句話通常是剛剛踏上日本土地的歐洲人的第一次感歎。」[10]

1870 年，約翰・米爾涅，一位來自英國，年僅二十五歲的學者，應邀到了日本，在日本機械學院講授採礦工程學和地質學。他在日本工作了整整十九年，於 1895 年回國。在這十九年裡，米爾涅經歷了一種「早飯時有地震，午飯時有地震，晚飯時有地震，睡覺時還有地震」的生活。當然米爾涅的這番話未免誇張。但在日本，地震頻發，卻是不爭的事實。生活在這樣的環境裡，本來對大自然幾乎漫不經意的米爾涅，開始對這種「地殼晃動」現象產生濃厚的興趣，並從採礦學研究，轉向對「地殼晃動」進行研究。回到英國以後，米爾涅運用他在日本期間積累的經驗和知識，進一步開展這方面的研究，並最終使「地震學」成為一門科學，成為一個需要人們不斷用智慧去開發的領域。

今天，世界上關於地震的研究，特別是關於如何預測地震的研究，已經取得了重大成果，各種觀察和預測地震的精密儀器相繼得到應用。地震學已經進入一個新的階段。

如上所述，地震學作為一門科學，是在近代以後才出現的。但是在日本，預測地震的方法卻古已有之。雖然這種方法有些是以迷信的方式表現出來的，但即使在這種「迷信」中，也蘊含著某種科學真理和智慧，一種探隱發微地觀察大自然的智慧。

古時候，日本人曾經認為，鯰魚是引發地震的動物。因此，當看到鯰魚騷動和集體遷移時，它們便惴惴不安。因為它

---

[10]　《七十七把鑰匙——開啟日本文化的奧祕》。

們知道，地震即將發生。這種認識當然是迷信的。但是，它的錯誤之處只是顛倒了因果關係，即不是鯰魚騷動引起地震，而是地殼的變化引起鯰魚騷動。就兩者的必然聯繫而言，這種認識，或這種觀測，卻是正確的。以後，日本人發現不僅鯰魚、泥鰍、鰻魚等棲息於淡水中的無鱗生物的騷動也同地震有關，便將它們也視為預測地震的「工具」，並逐漸修正了以往顛倒因果的認識。

過去，日本人對鯰魚、泥鰍、鰻魚等無鱗生物的活動與地震的關係當然無法作出科學的說明，他們僅僅憑藉在長期的生產生活實踐中所獲得的經驗來認識這種因果關係。但這種認識本身卻是完全合理的。

現代科學研究的結果表明，無鱗生物的皮膚表面有黏液，因而能十分敏感地覺察自然的溫度和地磁氣的變化。另外，它們的鬍鬚也能覺察到這種變化。事實上，不僅上述生物，任何昆蟲或哺乳類動物，只要長著長長的鬍鬚，都具有這種預測能力。因為，這種鬍鬚上具有神經反射系統。這些動物即使在入眠時，雖然大腦中樞處於抑制狀態，但它們的鬍鬚頂端卻仍很敏感，能感受溫度、濕度和地磁氣的變化。例如，安眠著的老鼠，在地震前能夠感覺到地磁氣的變化，即能夠感覺到大然出現了不平衡現象。於是，便會從洞穴中逃出。因此，如果老鼠出洞且慌亂不安，隨之必有災害。鯰魚的蠢蠢欲動，其實也是這個道理。這是一種與生俱來的能力。

那麼，地磁氣的變動為什麼會使鯰魚等蠢蠢欲動呢？因為，地磁氣的變動是地震將要發生的先兆。一旦發生地震，堤防、河床等將遭到破壞，使之不得安生。所以，出於一種生物本能，它們必然要群集移動。前些年，日本浜名湖附近的鰻魚養殖場即發生過類似情況：平時停留在水底的鰻魚，有一天全

都浮出水面，顯得騷動不安，並作集團性移動。隨後當地發生了地震。由此人們感到，前人將這些生物當作「地震儀」的方法是相當聰明的。

除此之外，日本人在很久以前還懂得，井水也能預報地震：如井水急速下降或上升，將會發生地震。事實上，這種觀測是很科學的，至今仍得到運用。因為，井水的急速升降，同地殼的下沉或隆起有關，而這種地殼的變動正是引起地震的根本原因。雖然當時的人們並不十分清楚兩者的關係，也沒有當今這種科學的概念，但他們卻以源於生產和生活的經驗，向後人作了科學的顯暗示。

日本人不僅能通過動物和自然現象預測地震，甚至還能通過人體本身預測地震。在江戶時代出版的書籍中，曾經記載著一個故事，敘述在日本的三河之國有一位名醫，他能根據自己脈象的變動來預測地震。這初聞乍見幾乎是天方夜譚中的故事，其實並不神祕。因為在日本古代，有所謂「三脈一致」之說，即左右兩側頸動脈的脈相和手腕的脈拍如果不一致，則說明自然有異常變化。

這種「三脈一致」之說事實上相當科學。因為，人的脈象是受壓變化影響的；即使是正常的人，在高氣壓和低氣壓時的脈象也是全然不同的。氣壓高時，人的脈拍較強，氣壓低時，人的脈拍較弱。那位名醫能根據自己的脈象預測地震，實際上就是以這一原理為依據的。這種通過脈象來了解氣壓變化，進而預測地震的方法，是相當獨到和聰明的。

無獨有偶，在日本京都府天橋立附近，曾經有一個漁民，他每天清晨都光著腳而海灘去祭拜太陽。長期生活經驗的積累，使他能夠根據腳上感受到的沙子的不同溫度預測地震，其準確率幾乎達到百分之百。

上述所有觀察自然的能力，只有貼近自然生活的人們才可能具備，對於逐漸疏遠大自然的人來說，是難以企及的。雖然今天人們能夠以科學的儀器和設備來預測地震，但這些儀器設備，就原理而言，豈不就是鯰魚的皮膚與鬍鬚之功能的延伸？

　　日本的傳統科學始終以自然本身作為出發點，具有經驗科學的特徵。所以經驗科學，就是注重經驗的積累、提煉和昇華，它是一種智慧的結晶。日本人活用天然「地震儀」的事例正顯示了這種經驗科學的特徵。它是作為智慧之結晶的經驗科學的生動體現。

烈火中永生的傳統

　　一位從香港到日本訪問的中國歷史學家曾經說過這樣一番話：「從日本文化中除掉來自中國的成分，還能剩下什麼？力圖探尋日本特色和事物的人們，只能靠勉強的牽強附會才能解答這一問題。」日本早稻田大學教授、歷史學家津田左右吉也曾經指出：「由法隆寺的建築、三月堂的佛像，無法追緬昔日日本人的情調……至少至奈良時代為止的藝術，只是中國六朝至唐代興盛之藝術的標本和模仿，而不是我們民族的藝術。」

　　確實，日本曾經受到中國文化的強烈影響，如果沒有這些影響，今天的日本文化無疑將呈現出另一種樣式。不過，日本文化並不完全是通過吸收和模仿中國文化而形成。事實上，對「從日本文化中除掉來自中國的成分，還能剩下什麼」之類的問題，「力圖探尋日本特色和事物的人們」並非「只能靠勉強的牽強附會才能解答」。日本也有表現自己特色和事物的東西，也有自己「民族的藝術」，陶器製作就是其中一個突出的

例證。

　　根據學者的推測，陶器可能是古代人類看到泥巴在火上受熱時有某種變化，並因此受到啟發而開始製作的。陶器的製作和農業的發展一樣，標誌著新石器時代的到來。它是人類智慧的一種體現。

　　在日本早期歷史的繩紋時代，繩製有條紋的陶器已經得到廣泛使用。以前人們一直認為，陶器製作藝術發端於兩河流域，然後傳入印度和中國。日本是從中國學得這門藝術的。因為，鄉日本出土的繩製陶器，和中國的繩製陶器一模一樣。但是，1965 年問世的放射性碳素斷代法，以客觀而符合邏輯的測定，推翻了以前的陳見：1969 年，在日本神奈川縣夏島出土了一批墳棺裡的陶器。根據放射性碳素斷代法測定，它們的製作時間是在七千年以前；也就是說，先於在中國發現的仰韶文化時期的陶器。之後，日本各地又陸續有許多陶器被發掘出土。這些陶器表明，甚至在繩紋時代以前，日本人就已經能夠製作各種不同的繩紋陶器。根據今天的考古發掘，日本的製陶藝術可以上溯到舊石器時代，距今約一萬二千年左右，而當時中國和日本還根本沒有交往，可見日本在這方面是獨立發展的。除了日本以外，在土耳其也發現了一批古老的陶器，但其製作年代大約在八千六百年以前，遠遠晚於日本。可見，日本是世界上最早的陶器製作國。

　　在歷史上，陶器可以說是日本人生活中的忠實伴侶。在日本各地的考古發掘中，出土最多的就是陶器。根據觀察、研究和分析，專家們發現，日本最早的陶器不僅用於燒水，而且還用於其他各種用途。因為，它們具有不同的形狀和裝飾，顯示出不同的品位。

　　在距今約一千五百年前，日本出現了以陶土為原料的陶器

（在此之前的陶器均以黏土為原料），並且開始採用陶輪，使製成的陶器均勻、出色。同時，由於當時燒製陶器的溫度已經達到攝氏 1700 度至 1800 度，所以陶土中的硅酸能夠與加入的灰藥化合，在陶器表面形成一種如同天然玻璃的釉狀物。進入鐮倉時代以後，日本的製陶工藝取得迅速發展。在此之前，最初為陶器表面上釉所採用的工藝是在陶土中加入灰藥；以後又採用在陶器上塗抹摻和著水的稻草灰，使這種鹼性物和硅酸結晶。這兩種工藝均屬於天然上釉工藝。在鐮昌時代，一個叫加藤藤九郎的人開始採用一種新的人工上釉工藝：在陶器的表面塗以鐵末與硅酸的混合物，然後再燒製。由於在高溫的情況下硅酸會溶解，形成黃色、茶色、黑色等各種顏色的玻璃體，從而給陶器鍍上了一層「被膜」。

由於陶器的製作離不開陶土，因此日本的陶器產地主要集中在有陶土的地區，並形成了所謂的「六古窯」，即著名的「瀨戶燒」、「越前燒」、「丹波燒」、「備前燒」、「常滑燒」和「言樂燒」。

如上所述，日本具有製陶工藝的傳統。雖然傳統是養料，也是桎梏，但日本人並沒有被這一桎梏所束縛。當傳統工藝前進的腳步日趨乏力，而創新的誘惑不斷施展它的魅力時，中國的青瓷傳入了日本。青瓷不是以黏土或陶土為原料，而是以瓷土為原料燒製而成的。這種工藝使日本的傳統工藝受到了挑戰，但日本成功地進行了應戰。當時，一位從朝鮮移居日本、名叫李參平的陶工四處搜尋瓷土，並終於在日本有田的一個偏僻角落發現了能開採瓷土的山，從而使日本著名的「有田燒」得以問世。

「有田燒」的出現，在當時是一項了不起的進步，它使日本在這一領域，達到了新的水準。在此之前，日本基本的燒製

工藝技術水準，和中國及朝鮮大致相等。但是由於新原料的發現，使燒製出的瓷器比陶器更加漂亮，幾乎超過了這兩個國家的同時期水準。另外，和以往不同的是，陶器全部是「赤裸著」燒製的，但瓷器如果也「赤裸著」放進窯裡燒製，那麼黑煙必然會使它改變顏色，而瓷器是以白色作為特色的。因此，為了使瓷器在燒製時不被煙薰黑，日本人為它做了一個「外殼」，將瓷器放在這個外殼裡。這樣，在燒製時，瓷器和煙隔開。如同處在「真空狀態」。同時，日本人在燒製時，以松木為燃料。因為，松木中含有松脂，不僅能產生較大的熱量，而且能在連續三畫夜的燒製過程中大致保持相同的溫度。這是松木的一大特色，也是日本人獨具慧眼的反映。

另一方面，中國的瓷器圖案也影響了日本。日本人吸收了中國十分發達的自由畫、水墨畫圖案，並將它們兼容並蓄地描繪在自己燒製的瓷器上，形成了自己特有的風格。這種瓷器經中國商人的手傳到了歐洲，也被當地人稱為「China」。這種「China」至今在歐洲仍有留存。1600 年英國的東印度公司成立以後，通過荷蘭人的中介，日本收到了要求燒製標明「東印度公司」字樣的「有田燒」的訂貨。在江戶時代中期，日本曾發現了一些標有羅馬字的瓷器。雖然這些瓷器帶有異國情調，彷彿是外國製品，但實際上也是日本受東印度公司的委託而製作的。前不久的考古發掘，專家們發現了帶有羅馬字的這類瓷器的瓷片，從而證實了這一點。

受到瓷器製作工業的影響，日本製陶業中心瀨戶開始對製陶工藝進行改良。「瀨戶燒」的原料是陶土，不會變白，但當地人著力在彩色上下功夫，製成了摻有綠釉的黃色陶器，以及摻有鐵釉的，以黑色、茶色、黃色、綠色為基色的彩陶。同時，由於以前的陶器全都是用陶輪製作，所以全都是圓形的；

但此時因採用了多種製作方法，所以製成的陶器形狀各異，除了有正方形、長方形，還有花形、舟形、扇形、人形，等等十分誘人。

今天，陶瓷製作仍是日本的代表性產業之一，其燒製方法、工藝及其產品，均在世界上處於領先水平。現在出現在世界各地的高級陶瓷器皿，有許多是日本生產的。陶瓷還被用作新型材料，前景十分廣闊。

日本的陶瓷以物化的形式向世人表明，日本人將傳統視為起點而非歸宿。他們維護傳統，但絕不拒絕創新的誘惑。陶瓷，是日本人既不缺乏獨創精神，也不缺乏學習態度的生動體現。而這兩點，正是推動科學文化及任何一項事業發展的最強大動力。正是在這個意義上，我們有理由認為，日本的傳統能夠在烈火中永生。

Chapter 4
商戰奇才進行曲

「三河商法」：駕車開路

　　「車到山前必有路，有路就有豐田車。」這是一句既反映豐田汽車公司的經營理念，又在人們的心中留下深刻印象的廣告用語。雖然它難免「王婆賣瓜，自賣自誇」之嫌，但是，豐田汽車公司所取得的舉世矚目的成就，卻是無人能否認的。通過它，我們可以窺見日本人的經營智慧。

　　日本豐田汽車公司的前身是豐田紡織機械公司的汽車分廠，於 1933 年由豐田佐吉創辦。它的成長，歷經磨難。

　　1955 年，豐田公司試製成功了最初的小轎車「豐田寵兒」，並送往美國試銷。但是，它那四方形的車體、大得像卡車的發動機聲響、粗糙的內部裝飾、昏暗的照明燈光，使它無異於廢、次品，根本無法得到美國人的青睞。試銷以失敗告終。但是，豐田人並不氣餒，他們反覆試驗，逐漸克服了上述缺陷，並使豐田小轎車於 1957 年正式開始出口。然而，質量雖得到改善，但它的售價卻高達 2300 美元，大大超過當時西

德大眾汽車公司「甲殼蟲」牌轎車 1600 美元的售價。因此，只有五家商店肯代銷。結果，第一年，僅售出 288 輛。1959年，「豐田寵兒」進一步得到了改良，並更名為「豐田皇冠」，可仍然未取得成功。但是，功夫不負苦心人。至八〇年代初，豐田汽車經過不懈的努力，終於成為僅次於美國通用汽車公司和福特汽車公司的世界第三大汽車製造公司，年產量達三百餘萬輛，占世界汽車總產量的十分之一，且半數以上銷往世界各國，其中五分之一以上銷往美國。美國職工平均年產汽車六十輛以上，創產值三十多萬美元，勞動生產率遙遙領先於世界同行，銷售額在全日本名列第一。今天，豐田汽車不僅在日本國內繼續稱雄，而且以年產量至少一千輛的生產規模，緊隨於美國通用汽車公司之後，隨時有坐上第一把交椅的可能。

豐田汽車公司能夠在激烈的市場競爭中迅速發展，首先得益於凝結其經營智慧的「三河商法」。

「三河商法」又被稱為「豐田商法」，是豐田公司的經營戰略，因該公司的大部分工廠都集中在愛知縣的三河地區，且公司領導層中的高級經理人員和相當多的員工都是三河地方人，自稱「三河忠誠集團」而得名。

「三河商法」主要包括以下三方面的內容，即：「批量生產的效果」；「吝嗇精神」；「無借貸經營」。

一、「批量生產的效果」

第二次世界大戰以後，面對豐田工廠的廢墟，當時的總裁豐田喜一郎發誓：「一定要三年內趕上美國。否則，日本的汽車工業就別想重建！」為此，他規定了產品部件供應須及時跟上需求的生產制度。之後，以七〇年代初的「石油衝擊」為契機，豐田公司推行了合理化生產，並集思廣議，使合理化建議的提出和獎勵、執行制度化。在實施合理化建議的過程中，員

工們提出了釋以萬計的革新建議和方案，其中發揮了最大作用的，就是由副經理大野耐一創立的「卡片制度」。

「卡片制度」是一種豐田公司的生產管理體制，又稱「及時方式」。其基本設想是：按照標明所需部件的時間和數量的卡片交付部件。也就是說，不管是生產線，還是組裝線，目前不需要的部件，手頭既沒有，也不生產。卡片制度將傳統的由上道工序部件傳遞到下道工序的方式，改變成由下道工序向上道工序領取部件的方式。這種方式要求前道工序只生產後道工序所需要的部件，強調：「需要的東西，在需要的時候，手裡只拿所需要的量。」即保證準時、精確地將所需部件供應到位。大野耐一提出：「後道工序是顧客」，前道工序必須嚴格按照後道工序的要求，提供質量合格的部件，嚴格實行不多不少的按需供應，以此來實現機械加工線和組裝線的協調生產。按他的說法：「製造目前不需要的東西放在倉庫裡，是最大的浪費，不僅浪費了人力、物力，而且庫存就等於積壓資金。」

二、「吝嗇精神」

豐田公司是一個舉世公認的汽車王國，以效益高、競爭力強而聞名於世。然而另一方面，作為一種節儉精神的表現，它的「吝嗇」也非常出名。豐田公司的領導者認為，汽車的生命在於各種機能和耐久力，在於價廉物美。改善質量和降低成本，是一個永恒的主題。為此，豐田汽車公司每天都切實地貫徹兩種精神：一種是獨立自主的精神，即強調：「自己的城池，自己防守。」另一種是節儉的精神，即強調：「已經乾了的毛巾，還須進一步擰絞。」

豐田汽車公司以「全球性的 10%」，即占有全世界轎車市場的 10%為目標。為此，全體豐田員工都努力發揚主人翁精神，將消除生產過程中的所有浪費，以求生產出世界上最便

宜、品質最優異的轎車，視為至高無上的命令。

關於豐田公司的「吝嗇」，在日本曾傳為美談。有一次，松下公司的領導到豐田公司參觀。那兒的服務人員恭敬的態度在日本當然司空見慣，但他們端上的咖啡卻使客人大感意外——咖啡杯居然是用普通的粗瓷碗代替的！是的，豐田公司沒有精緻考究的咖啡杯，無論待客、自奉，一律用這種粗瓷碗盛咖啡。豐田公司內部使用的信封，原先都是在舊信封上貼一張填寫收件人地址的紙條，重新加以利用的。但是，公司總務部的一位祕書提出，如果將原先新的白紙換成廢棄的電腦打字紙，那麼無疑可以節省更多的資金。於是，他提向公司領導提出了這項建議，並很快獲得採納。為了節約開支，豐田公司最初曾以套筆帽或以訂書器連接的方式利用鉛筆頭。但是，購買一個筆帽要花四十六日元，一年需要二八〇〇個，計十三萬日元，用訂書器連接又不夠牢固。於是，公司的一位職員便建議，將廢棄的一次性使用圓珠筆的筆端截斷，拔出筆芯，然後用火柴或打火機將它烤軟，趁熱將鉛筆頭插進去。他的這一建議，又為公司節省了一筆開支。

除此之外，有關豐田公司「吝嗇」的事例還有許多。在豐田公司，職工的手套用壞了，壞哪隻換那隻，兩隻全壞了才能換一副；在公司廁所抽水馬桶的水箱裡放有三塊磚，以節約用水……等。

這些，就是豐田公司「已經乾了的毛巾，還須進一步擰絞」的「吝嗇精神」。靠著這種主人翁精神和「吝嗇精神」，豐田公司當能製出質優價廉的產品。

三、「無借貸經營」

在經濟高度成長期，日本企業的內部保留盈餘和折舊費的總額，不足以抵付設備投資所需的資金，因此必須大量借貸資

金。否則，不但會喪失商業機會，而且可能失去已經占有的市場。所以在當時，通過「借貸經營」來擴大生產規模，不失為一種正確的舉措，並為許多企業所採納。只是，在進入經濟成長期以後，日本的這些企業才努力從「借貸經營」轉向「自有資本經營」，並逐步進入「自有資本經營的時代」。但是，豐田公司卻從五○年代初開始，就已經從「借貸經營」向「自有資本經營」轉換。

豐田公司的「無借貸經營」起源於 1949 年一個痛苦的教訓：這一年，豐田公司因缺少二億元資金而瀕臨倒閉的困境。它的領導者豐田喜一郎、石田退三、神谷正太郎等為了籌措資金，奔走於銀行和與其有業務來往的廠商求援。但是，有的企業和銀行對他們的求援愛理不理，別說是董事，甚至連課長也不出來接待他們。石田退三在回憶當時的一次遭遇時說：「只出來個女職員，問：『您有何貴幹？』當時，我難過得幾乎落淚。」雖然豐田公司最後總算籌措到了資金，但卻不得不同時接受所附加的苛刻條件。

這一教訓，使豐田公司的領導者痛切地感到：「沒有錢是寸步難行的，公司必須有周轉自如的資金。」石田退三任總裁以後，發憤實現「無借貸經營」，強調「自己的城池自己防守」，並和公司全體人員約法三章：⑴增加儲備金，使資金額逐年上升；⑵實行全部固定資產償還制度；⑶設備投資一律不得使用貸款。至 1975 年，豐田公司擁有了充裕的自有資金，並獲得了「豐田銀行」的美譽。

「三河商法」是豐田公司的經營管理法則，是它在競爭中克敵制勝的法寶，是日本企業家經營智慧的一項寫照。

以小見大　開闢市場

　　「需要是產品開發的原動力」這一法則，過去是，現在仍然是諸多企業經營者認同的一條真理。雖然企業經營成敗的動因多種多樣，但是產品有沒有市場，有沒有眾多的需求者，無疑是最直接、最關鍵的動因。人們常常發現這樣的例子：有的企業生產的產品具有很高的技術水準和學術價值，但因為缺乏量的需求而受到冷落，以致使該企業在激烈的市場競爭中無以立足，甚至難免厄運；而有的企業生產的產品雖然十分普通，但卻因擁有眾多的需求者而獲得豐厚的利潤。毫無疑問，開闢市場，滿足需求，是現代企業經營者的根本任務。它要求企業經營者進行充分深入的市場調查，通過市場運行機制尋找機會和利潤增長點。

　　開闢市場，滿足需求，同時也是市場營銷的一個中心課題。因為，所謂的市場營銷，就是調查消費者的需求，並且為了滿足這種需求而制定產品開發項目、計畫以及銷售政策，確定宣傳廣告，組織促銷活動，建立暢通的銷售渠道，運用恰當的價格槓桿來開闢市場。它以市場調查為基礎，以滿足需求為核心。

　　然而，這種現代的經營方式同具有傳統而複雜的營銷體制的日本曾經幾乎是無緣的。第二次世界大戰以前的日本，由於強有力的中介商人（批發商）的影響力在流通領域中占有支配地位，製造行業和加工行業一般均具有強烈的「生產第一主義」傾向，即使是財閥系統的企業，也大都將流通和銷售委託批發商代理，因此，雖然作為一門學問的「市場營銷學」在戰前的一橋大學和神戶大學等商科學校的部分學者中已經得到研究和探討，但由於當時正值日本進入戰時經濟統制階段，所以

幾乎沒有產生什麼影響。以下的一個事例，或許能夠說明當時的日本企業對「市場調查」是多麼陌生——

在日本，有一家叫「森永」的專門生產西式糖果點心「洋果子」的企業，非常有名。1948 年的某月某日，該企業的一名幹部造訪了當時美國占領軍一個供給倉庫的負責人，要求回收該倉庫定期廢棄的可可粉，作為生產可可牛奶糖的原料加以利用。可是，當倉庫負責人問「森永」的幹部：「你們對這種糖的銷售前景是否做過市場調查」時，這位幹部對何謂「市場調查」卻聞所未聞，無從回答。於是，倉庫負責人便要求他對此作一番市場調查，列出數據，然後再視情況考慮是否需要回收。

據日本學者下川浩一在《日本企業發展史》中的論述，「森永」在戰前就已經致力於開發面前大眾的商品，注重廣告宣傳，在戰前的日本企業中屬於較具有市場意識的企業。但即使是這樣的企業，也不知何謂「市場調查」，日本企業經營者在這方面的貧乏，由此可見一斑。❶

1955 年，日本生產本部派出了市場專門考察團前往美國考察。當時，以東芝株式會社社長石坂泰山為團長，由許多企業界著名人士組成的考察團在考察後深切地感到，美國經濟活力的重要源泉，是企業本身積極投入開拓市場的活動。他們認為，日本企業的生產設備和技術，雖然在規模上和美國企業難以匹敵，但是，在水準上卻並不遜色多少。日本企業最欠缺的是市場意識。回國後，他們對以往只考慮生產，不關心創造性開發市場的問題作了深刻的反應，並舉行各種報告會、講演會，以啟蒙的方式，著力引進美國的市場營銷觀念。以此為契

---

❶ 見下川浩一：《日本企業發展史》，講談社。

機，「開闢市場，滿足需求」的觀念，在日本企業界不斷盛行。

　　雖然市場營銷觀念在日本是一種「新生事物」，但是，具有市場眼光，善於發現和捕捉商業機會得企業經營者，在日本卻並不是「新生」的。事實上，就在市場專門考察團赴美以前，至少有一位企業家已經實踐了「開闢市場，滿足需求」這一市場營銷的精髓——儘管沒有意識地作過市場調查。他就是被譽為「尿布大王」的多川博。

　　多川博，日本高松市人，1941 年從神戶商科大學畢業後，進入東京海上火災保險公司當了一名職員。本來，他應該在工薪階層的發展道路上按部就班地晉級升職，同過去和現在的許多日本人一樣。但是，太平洋戰爭中的一場戰火，改變了他的生活旅程。在這場戰火中，他在高松市的家鄉化為灰燼，使他不得不寄居於九州福岡市他的岳父家中，並幫助岳父經營僅有三十多名員工的「西治會社」——一家主要生產日用橡膠製品的小型工廠。

　　第二次世界大戰結束後，西治會社的主要產品雨衣、游泳衣在美國貨的猛烈衝擊下，銷路不暢。工廠慘澹經營，幾乎難以維持。不甘沉淪的多川博終日冥思苦索，尋求生計。有一天，他在報上讀到一篇報導，稱日本每年約有 250 萬個嬰兒出生。此時，他的眼睛忽然一亮：戰爭結束後，必定會出現生育高峰，這在世界各國均無例外。如果按照 250 萬這個數字計算，那麼每個嬰兒每年即使只需兩塊尿布，一年也需要五百萬塊尿布。這是一個多麼有發展潛力的市場！而且，生產尿布對西治會社來說熟門熟路，無需更換設備，一本萬利，何樂而不為？於是，他向岳父建議，放棄其他產品的生產，集中生產尿布，從而開始了一項致力於「同全世界的嬰兒母親建立密切關

係」的事業。

為了開闢市場，擴大影響，多川博不僅以「傷其十指不如斷其一指」的經營策略專門生產尿布，而且還改變傳統的銷售方式，即由批發銷售改為同零售店直接掛鉤銷售，並且別出心裁地出錢讓本公司職工的妻子去百貨公司購買自己生產的尿布，該人以該產品「深受歡迎」的印象。這一招果然奏效，各地市場迅速被他占領。

1955 年夏季，西治會社更名為「尼西奇會社」。1959 年，多川博的岳父去世，他繼任總經理，正式站在生產和銷售的第一線指揮經營。為了使企業常盛不衰，多川博專門成立了一個開發中心，邀請各有關方面的專家，購置各種機構和儀器，專門從事尿布研究，根據用戶需求，不斷改善質量和銷售方式，並在開發中心收藏了日本和中國、美國、西歐、東南亞、澳大利亞等三十多個國家和地區的數百種尿布樣品，一方面供設計人員參考，一方面提醒全體員工始終不忘激烈的市場競爭。

今天，日本市場上的嬰兒尿布，70%以上是「尼西奇」生產的。同時，「尼西奇」還在世界五大洲的六十多個國家和地區開拓了產品市場，年銷售額達七十多億日元，多川博也因此成了稱雄全球的「尿布大王」。「尼西奇」出色的經營管理，多次受到日本政府和經濟團體的嘉獎，被日本通商產業省命名為「對出口有貢獻的日本企業」。1978 年，日本天皇為了表彰「尼西奇」在生產兒童用品和擴大出口方面所做出的成績，特授予多川博「藍綬褒章」。

和豐田汽車相比，「尼西奇」所經營的產品似乎是不值錢的玩意兒。然而，正如俗話所說：「聚沙成塔，粒米成籮。」只要真正能夠做到以小見大，真正掌握「開闢市場，滿足需

求」這一市場營銷的精髓，小商品同樣可以做大買賣。在這方面，「尼西奇」的成功為世人提供了一個富有說服力的例證。

揚長避短　避短擊虛

《孫子兵法·虛實篇》云：「夫兵形象水。水之形避高而趨下，兵之形避實而擊虛。」所謂「實」，就是優勢；所謂「虛」，就是弱勢。避實擊虛，虛破則實滅；避強擊弱，弱亡而強退。揚長避短、避實擊虛，是克敵制勝一個法寶。

對於這一法寶，日本人諳熟於心。早在 1645 年日本武術家宮本武藏寫的《五輪書》中，就有關於「攻其側翼」的戰略敘述：「對於強大的敵人，直接進攻很困難。為此必須從各個側面予以打擊。特別是在大規模的戰鬥中，攻擊敵人的各個側翼頗為有效。如果敵人的各個側翼瓦解了，那麼整個組織的精神就會崩潰。」❷在現代，特別在激烈的市場競爭中，這一源於《孫子兵法》並取得高度尊崇的戰略思想，提到了日本人充分的運用。根據過去的記錄，大多數成功的日本企業最初都是在對手薄弱或忽視的市場上先尋找立足點，然後從戰略上大舉進攻，建立起能和對手正面衝突的陣地，最後確立自己的優勢。這種接近市場，占有市場的戰略，就是典型的揚長避短、避實擊虛的側面進攻戰略。

市場的需求林林總總，同一市場，競爭對手形形色色，有強有弱。各競爭對手都有其長處和短處。即使是強大的對手，一般也不會無懈可擊。事實上，任何企業，不管其規模有多

---

❷　轉引自菲利普·卡特勒等：《日本怎樣佔領國際市場》。

大，實力有多強，都不可能獨霸天下，滿足市場上的一切需求。因此，揚長避短、避實擊虛，實際上就是一種「鑽空子」戰略。日本企業十分善於在廣泛的商品市場或產業中發現對手的弱點和漏洞，然後在可謂「機會之窗」的比較狹小的範圍內集中進行市場營銷，在取得成功之後再進一步大展宏圖，使對手節節敗退。歷史證明，日本企業在國際市場上的成功，很大程度上得益於這一戰略。這是日本企業家經營智慧的體現。

日本鐘錶業，特別是精工集團的迅速崛起，可以作為這方面的突出例證。

鐘錶的歷史可追溯到距現在約四千年前的日晷。它作為一種產業而初具規模，則是十六世紀以後的事。手錶是進入二十世紀後不久，由瑞士率先研究製造出來的。第一次世界大戰以後，瑞士確立了自己的「鐘錶王國」地位，因此，過去一提起手錶，人們立即會想到瑞士手錶。但是，自七〇年代開始，這種局面發生了變化，出現了「東高西低」的局面，即東方的日本開始超過西方的瑞士而躍居領先地位。至七〇年代後期，雖然超高級手錶仍是瑞士的禁臠，但日本「精工舍」手錶的總銷售量已占居世界第一，高級的「精工舍」手錶同樣成了世界名錶。1980 年，日本精工集團收買了瑞士製作高級鐘錶的珍妮・拉薩爾公司，開始了「宰割鐘錶王國」的正面進攻。在吞併珍妮・拉薩爾公司之後，以黃金、鑽石為主要材料的超高級「精工・拉薩爾」手錶不斷問世。在它的衝擊下，「鐘錶王國」昔日的威風大減，歐美鐘錶市場開始更換「霸主」，甚至瑞士本土市場也受到「精工舍」的蠶食。第二次世界大戰以前，全世界 90% 的手錶都是瑞士廠家生產的；至七〇年代，比率降為 40%。七〇年代末，瑞士全國有 178 家錶廠被迫關閉。「精工舍」贏的了世界鐘錶市場的霸主地位。

「精工舍」的避實擊虛戰略是以生產石英鐘為契機的。當然，石英鐘並不是日本人發明的，它的最初製造者是美國貝爾研究所的 W·A·馬利遜（1924 年），而其真正的發端則是著名的法國科學家皮埃爾·居里於 1880 年發現的壓電效應：即向石英這一結晶體施加壓力，使之變形，從而產生電壓；或相反，向石英施加電壓，使之變形。根據這一原理，使石英穩定的振盪作為時間的標準源。但是，如同在其他許多領域一樣，日本人硬是以「移花接木」的手法，使之成為他們自己的東西。

　　精工集團是在 1958 年開始生產石英鐘的。最初，這種石英鐘採用真空管，體積非常大。1959 年，為了製造出高精度的鐘錶，隸屬精工集團的諏訪精工舍成立了「59A 科研組」，開始系統、有組織地進行這項課題研究。「59A 研科小組」研究了幾乎所有具備提高走時精度可能性的方式和材料，包括石英、電波音片音叉，以及用電驅動指針式機械錶。經過反覆比較，科研小組負責人、技術部長中村恒也提出，石英是最理想的材料。因為，石英雖有易受溫度變化的影響等缺點，但它可以最穩定地振盪。要製造高精度的鐘錶，非用石英不可。這一意見最後獲得通過。

　　1960 年，精工集團為了包攬東京奧運會所用的計時器業務，專門派人到羅馬奧運會去搞偵察活動。因為，當時瑞士的奧米茄公司承擔了製造羅馬奧運會所用鐘錶的任務。在偵察中，精工集團的人發現，瑞士奧米茄公司所提供的計時裝置，絕大部分都是機械鐘錶，只有一小部分是石英鐘錶，且質量並非上乘。偵察員滿懷信心地回到日本。他們認定：如果是這種水平，那麼我們完全可以達到。於是，精山集團立即在諏訪精工舍、第二精工舍和精工舍等三個工廠裡各挑選了二十名技術

人員組成科研隊，1964 年的東京奧運會為目標，正式開始研究開發專用計時裝置。在 1964 年東京奧運會上，許多競賽項目使用了由精工集團生產的便攜式 951 型石英鐘。同一年，在瑞士的新夏特爾天文台舉行的國際鐘錶展覽會上，精工集團的機械錶僅排在第 144 位，但它的石英鐘卻名列前茅。這無疑更增強了精工集團實施揚長避短、避實擊虛戰略的信心和決心。

從 1965 年起，諏訪精工舍正式開始研究石英手錶。當時，多數學者認為，石英鐘體積過大，無法改造手錶。但是，中村恒也堅持認為，根據以往的研究結果，用石英代替發條是完全可能的。經過堅持不懈的努力，1967 年，石英手錶的研製終於勝利完成。1969 年，諏訪精工舍生產出了世界上第一支作為商品出售的石英手錶，它的名稱是「精工錶 3SSQ」，18K 金殼，每支售價 45 萬日元。另一方面，諏訪精工舍的安川英昭和藤田欣司等人已開始研究數字式石英錶。在顯示器件的材料選擇方面，他們經過發光二極管和液晶性質優劣的詳細比較，決心採用液晶顯示，並於 1973 年製成了第一批數字顯示式石英錶，即「精工錶 05LC」和「精工懷 06LC」。以後，精工集團的新產品層出不窮，價格逐漸下降，在國際市場上的競爭力不斷增強，直至成為該領域的「一霸」。

歷史學家利德爾‧哈特在分析了從希臘戰爭到第一次世界大戰之間的三十次最重要的戰爭（包括二八〇多次戰役）後曾作過如是總結：在這些戰爭中，正面攻擊獲得決定性勝利的戰役只有六次。因此，間接、側面攻擊是最有效的取勝手段。「商場如戰場」，在商戰中，避實擊虛、揚長避短，同樣是克敵制勝的法寶。精工集團的成功，僅是日本企業運用這一戰略的一個縮影。

當然，揚長避短、避實擊虛，並非輕而易舉。因為，採用

這種戰略，要求具有深謀遠慮的智慧，要求對一個真實可信，通常要有相當規模的新市場具有洞若觀火的預見力。否則，就不可能取得預期的成功，甚至可能失敗。但也正因為這樣，我們才更有理由認為，在國際性的商戰中，日本不乏深謀遠慮、洞若觀火地認識市場、知己知彼的奇才。

企業文化：同與異的契合

最近幾年，諸多致力於企業經營管理研究的學者在經過廣泛的考察和比較後一致認為，優秀的企業文化是企業獲得成功的重要條件，注重企業經營管理方面的人文因素是企業活力的基礎。他們認為，第二次世界大戰以後，日本經濟的高速發展和企業經營的成功，均與日本企業文化的形成和發展密切相關。企業文化推動著日本企業實現以人為中心的經營，使企業具有強大的凝聚力，具有旺盛的技術消化能力，具有持續的技術開發和產品創新能力。總之，日本企業的企業文化對其成功所起的作用，遠遠超過其技術或經濟資源、組織結構、發明創新和時機選擇等因素所引起的作用。正如美國的日本企業問題專家艾伯哲倫和斯陶克所指出的：「在日本企業發展過園中，其所以成功，最根本的一條是日本的企業文化。」❸

所謂企業文化，就是企業的經營理念、價值體系、歷史傳統和工作作風；它的具體表現就是企業成員的整體精神、共同的價值標準、統一的行為準則、沉澱的職業習慣、一定的道德規範和文化素質。企業文化作為企業的上層建築和意識形態，

---

❸ 詹姆斯・Ｃ・艾伯哲倫、喬治・斯陶克：《企業巨子》。

是企業經營管理的靈魂，是一種無形的管理方式。追根溯源，企業文化雖然是日本從美國引進的，但是它的始基卻在日本，它是日本企業在經營管理中歷來強調的「組織風土」一詞的變種。另一方面，不同的企業雖然各有其不同的特徵，但在總體上又都具有社會文化的共同特徵。因為，民族文化必然會對企業的個體文化產生重大影響。關於這一點，對我們理解日本企業文化的性格尤為重要。眾所周知，由於自然和歷史的原因，日本人在文化素質上具有一種強烈的「認同心理」，具有一種「頑強求生存」的心理。這種心理是日本文化的原動力，它創造出構成日本式經營背景的許多特有的文化特徵。

按照菲利普・卡特勒等人的意見，在日本的文化特徵中，對日本人的經營活動影響最大的有以下幾點，這同西方文化對西方企業的影響具有很大的差別❹──

一、對集團和團體的強烈歸屬意識

日本人常常從所屬的集團，特別是地方團體、家庭和企業中，發現自己的存在價值。作為國民，他們的國家觀念非常強烈；作為家庭成員，他（她）們對於雙親和配偶、子女盡心盡力；作為公司職員和管理者，則鍾愛自己的企業。對日本人來說，失去所屬的集團，常常就等於失去自己的「存在」。這與西方人強調個性，力求把「自己」從所屬的各種集團中「獨立」出來的意識，形成了鮮明的對比。

二、對集團的獻身精神和責任感

西方的管理者努力使自己的卓越才能和業績受到高度評價，而日本的管理者則力求不引人注目。日本人不願明目張膽地謀求領導地位和誇耀個人的業績。日本企業的決策往往是運

---

❹ 見《日本怎樣佔領國際市場》。

用集體的智慧作出的，並由集體負責。

三、「我們」與「他們」的意識

日本人由於對某一集團的歸屬意識強烈，所以常常把世界分為「我們」與「他們」。日本的企業之所以對同行業中的其他企業抱有強烈的競爭意識，其原因就在於此。當然，這種「我們」與「他們」的內涵和外延是相對的。

四、勤勞刻苦，為實現長期目標而獻身

日本人為實現某種目標，為使自己的集團「不丟面子」而拚命工作了集團的長期發展，為了克服面臨的困難，他們可以犧牲眼前的利益。存在於這種行為背後的深層意識，就是他們作為集團的成員，對於所獲得的東西，有一種義務感和感恩心理。

五、工作年限與能力

日本人有一種習慣，即相信和尊重年長者，認為他們有見識，辦事周到。而年者則認真工作，以期得到年輕人的尊敬。

總之，企業文化和民族文化是個別與一般的關係，是民族文化影響、滲透的產物，是企業經營管理與民族文化的結合物。它既有民族性和社會性，又有企業的個性色彩，是企業的精神支柱。它潛移默化地貫注於企業經營的各個方面，規範著企業成員的行為。因此，如何使企業的個性與民族的共性有機地契合，形成一種具有強大向心力和凝聚力的企業文化，無疑是一道智力試題。

對於這道試題，日本松下電氣公司無疑提供了一個出色的答案。松下公司將經營哲學和富有詩意的理想主義結合起來，將人文因素同電子、電氣元件聯繫起來，以一種規範的方式，形成了一種既符合民族文化特徵，又具有自身特色的企業文化。在松下公司，人們可以看到這樣一幅橫匾，其中的內容集

中體現了松下精神。它既是全體員工的座右銘，也是企業文化的縮影——

只有我們公司的每個人都同心協力，互相配合，才能取得進步和發展。因此，當我們投身於繼續不斷地改善我們公司的工作之中的時候，我們必須把這一最終目的牢牢記在心裡——

(1) **客觀現實**：實力和利潤不能成為我們生活中的唯一目標。我們首先必須為我們的集體和國家的進步作出貢獻，然後利潤與發展才會成為我們所期待的獎賞。

(2) **公正合理**：如果不執行公正合理的原則，任何人都不可能得到他自己或別人的尊重。僅憑智慧是永遠也取代不了人與人之間的相互理解的；只有二者合一才能夠給人以滿足和幸福。

(3) **團結精神**：個人的力量永遠也無法超越集體的力量。相互依存是一種美德，相互信賴是一種必需。只有這樣，真正的和諧才能存在和發展。

(4) **事業成就**：自力更生總是培育出自尊自愛的性格。沾沾自喜從來比不上創造性勞動，也代替不了創造性勞動。但是，進步來自於對成功的渴望和獻身精神。

(5) **謙虛謹慎**：每個人都應該永遠記住自己卑下的起點。自高自大永遠也比不上謙遜虛心。真誠的鼓勵是失敗與成功之間的橋樑。

(6) **適應變化**：變化是不可避免的，抗拒變化是目光短淺的表現。如果沒有自由或應變能力，我們在前進的道路上就會磕磕絆絆，步調不一，將釀成很大的不幸。

(7) **體貼照顧**：人們最大的獎賞就是說一句簡單的善意之言，體諒別人，能使關係密切；賞識別人，能得到尊

重。因為，獨裁永遠也代替不了體貼照顧。

日本民族文化的核心是集團主義和人際關係，而松下精神正體現了這一點。另一方面，它又是富有個性的自身企業文化的體現，因為，它的最終目的是尋求公司每個人的「同心協力，互相配合」。這種共性與個性的契合，正是日本企業文化的基本特色，它表現出日本人在經營管理方面的獨特智慧。

啟示＋靈感＝創造

「日本人是偉大的模仿者」這句話或許一點都不錯。確實，無論在歷史上還是在現實生活中，日本人均十分善於學習和借鑑別人的長處和優點來滿足自己的需求。縱觀世界萬物，在追根溯源的尋尋覓覓中，人們似乎很難發現源於日本的發明。於是，人們便認為，日本人長於吸收而拙於發明。

羅伯特·巴倫，一位在日本生活了三十五年的美國教授，曾經指出一個讓西方人覺得日本人缺乏創造力的原因。按照他的意見，日本人趨向於只看前面的一步，並且對小小的進步容易感到滿足。而西方人卻喜歡預測未來，並發展一些一時沒有實用價值的新奇古怪的想法。他認為，日本人把太向前看當作是浪費時間和精力。對於日本人來說，最好是將注意力放在會對今天產生影響的小小變化上。巴倫教授的話未必沒有道理。儘管我們很難說日人目光短淺（其實日本人很注重「放長線，釣大魚」），但是，注重實效，確實是日本人的一種特徵。

不過果認為日本人僅僅是單純的模仿者，那麼就像人們因為古羅馬人從古希臘人那裏借鑑了許多思想而忽視他們在工

程、法律和政府形式方面所取得的巨大成就一樣，是錯誤的。事實上，日本人同樣是一個富有創造性的民族。日本的民族藝術、生活方式，可以為此提供佐證：奇特的建築，富有個性的繪畫，獨一無二的服裝……所有這些，均顯示了日本民族的創造才能。

著名的現代物理學家 C・P・斯諾在他的回憶錄中，對日本人的創造性智慧作了如下論述：「日本是一個不可輕視的國家。日本的科學工作者、工程技術人員、技術人員和科學家出身的行政官員，為了在電子科學技術領域趕超世界先進水平，做出了卓絕的貢獻，顯示了卓絕的技能和獨創性。一些歐美人士硬說日本人沒有獨創性，只會仿造，是不符合事實的。」❺

毫無疑問，日本人不僅善於吸收和借鑑，即善於「模仿」，他們在開發和創新方面，同樣表現出非凡的智慧。姑且不論 C・P・斯諾所列舉的電子工業，即使在難以有創造性作為的飲食業，日本人也頗具有創新意識和舉動。以下這則關於「方便麵」「出生」的故事，就是一例——

1955 年，在大阪經營一家以加工、販賣食品為主、名為「三喜殖產」的企業業主安藤百福每天工作結束之後，都要乘「阪急電車」回到他的居住地池田市去。在車站附近，他每天都看到許多人擠在飯鋪前等著吃熱麵條。於是他便想：「看來人們喜歡吃麵條。好，我就來搞麵條！」誰能料到，他的這一念頭，開啟了以後成長為擁有二千五百億日元市場的巨大產業的先河。

當時，日本在對美國的貿易關係方面，採取了擴大小麥進口的方針。政府為了增加麵粉的使用量，鼓勵吃麵粉。安藤百

---

❺ 《企業巨子》。

福在池田車站附近得到的啟示，使他找到了一條既能擁有充分的原料，又「一定有銷路」的生財之道。不過，安藤百福要做的並不是一般的麵條，而是一種由工廠生產的可保存的麵條。在日本，早年就有一種叫乾麵條的保存食品。這種乾麵條需要用開水煮二十多分鐘才能吃，而且還得準備調料，不甚方便。安藤百福決心在這一基礎上加以創新，做成一種「只要用開水一沖就可以吃」的麵條。

可是，當安藤百福將這個想法向員工們公布後，由於人們看不起麵條，認為麵條搞不出什麼花樣，所以他得到的是一種冷淡的反應。有的人還勸他：「經理，別胡思亂想了。」然而，這種反應並沒有使安藤百福退卻。他在坐落於池田市的住宅中搭起一間簡易工無棚，買了一台軋麵機，一個人開始了試製工作。

要做成「只要用開水一沖就可以吃」的麵條，首先應該在麵條裏加一調味。於是，他在和麵的時候摻進了一些鹹肉湯。然而，這樣一「著味」，軋出來的不是一根一根的麵條，而是一堆一堆的麵團。生性好強的安藤百福這時才認識到，方便麵條做起來還真不那麼簡單。軋不成麵條，是否因為鹹肉湯裏的肉末顆粒太大？於是，他又事先將肉湯過濾一番，然後倒進麵粉裏去。但結果還是一樣。這究竟是什麼原因？經過請教，他才懂得，麵粉的黏著成分穀朊（一種酶）遇到鹽分會凝固，從而失去黏著力。此路不通，另覓他途。經過反覆試驗，安藤百福決定先用麵粉製成普通的麵條，蒸熟之後再浸到醬湯裏去，使麵條帶有鹹味。這樣，從軋麵到加味的工序算是完成了。

接下來的工作，就是要把麵條烘乾，以便長期保存，這種乾燥法要求既有利於保存，又有利於調製，食用時，用開水一泡就行。為了做到這一點，他曾試圖利用太陽熱將麵條曬乾，

也曾想用熱風吹乾麵條。但是，這兩種辦法都太費時間，不適用於批量生產。他冥思苦索，最後想出了油炸的辦法。這樣，既可以將麵條迅速炸乾，而且經過油炸，由於水分的蒸發，麵條的表面會出現許多細孔，這些細孔在熱水浸泡時具有吸水作用，使麵條立即變軟。同時，由於加了油，味道更好了。

1958 年八月，安藤百福在東淀川區西川的工廠裏製成了第一批方便麵「雞肉方便麵」，並在市場上試銷。同年年底，他將公司的名稱改為「日清食品公司」，正式開始生產、銷售方便麵的業務。

最初，批發商們將「雞肉方便麵」看作一種時髦的「新鮮貨」，認為不會長期得到消費者青睞，所以不甚感興趣。但是，它卻被當時創立、被譽為「家庭主婦的商店」的大榮百貨店當作熱門貨經銷，僅到 1959 年四月，就出售了一千三百萬份。初戰告捷，使原先的工廠規模無法滿足需求。於是，安藤百福便將舊廠賣掉，另外在大阪府高槻市建起了新廠。

以後，著名的日清食品公司又在激烈的市場競爭中推出外添調味料型方便麵，深受歡迎。

1966 年六月至七月，安藤百福到美、英、法等國進行考察，以了解是否有可能向海外大規模出口方便麵。在美國，根據市場調查，他發現方便麵的質量和調料的味道都很受當地人歡迎，但是在吃法上卻存在著障礙。因為，方便麵要放在碗之類的容器裡才能吃，可這不太符合西方人的生活習慣。如何解決這一難題？一天，安藤百福看到當地經銷日清食品的三菱商事雇員，特別是一些女售貨員，將加味的方便麵條折斷，放進杯子裏沖著吃。受到這一啟發，安藤百福頓生靈感：「這是個好辦法！」他意識到，將方便麵放在杯子裏出售，「正是使方便麵在海外暢銷的途徑」。

回國之後，安藤百福立即組織力量，著手研製一種放在容器裏，泡上開水就能吃的新型方便麵，並和美國的達特公司合作，採用達特公司的發泡聚苯乙烯製造容器。

1971 年春天，日清食品公司在東京銀座的「步行者天國」試銷兼有宣傳性質的杯裝方便麵。為了能讓人們端著吃，容器的大小設計得挺適當，一隻手就可以托住，且名稱也起得頗具洋味，叫「Cup Noodle」，因此很快擁有了市場。這年秋天，日清食品公司正式開始出售這種帶容器的方便麵，受到消費者的熱情歡迎。這種熱情，由於人們生活節奏、工作節奏的加快而經久不衰。

「壺蓋被蒸汽頂起」和「蘋果落地」的現象曾經使英國偉大的發明家瓦特和牛頓獲得啟示，並引發了他們偉大的創造。這些創造，為人類社會的進步作出了劃時代的貢獻。安藤百福的事蹟當然不能和這兩位科學巨擘同日而言。但是，就「啟示＋靈感＝創造」這項公式而言，兩者之間難道沒有某種可比較性？如果說前者是偉大的創造者，那麼後者難道不是創造者？事實上，像安藤百福這樣的日本人可說無以計數。作為一個群體，日本民族無疑同樣是富有創造性智慧的民族。

逆境中崛起和「重建之神」

二次大戰以後，由於軍國主義的禍害而慘遭劫難的日本蒼涼凋蔽，主要表現為——

一、工廠遭到破壞，人們陷入飢餓，通貨膨脹嚴重，經濟和社會基礎瀕臨崩潰。

二、日本缺乏煤、鐵礦和石油這些發展現代產業所必需的

主要資源。而且，日本全國只有一 4.8% 的土地適於耕作。

三、日本經濟界人士大多只能講日語，他們對歐美市場和文化幾乎一無所知。

四、戰前的日本產品以質次聞名於世。「日本製造」這幾個字對多數人來說意味著：「質量差的便宜貨」。

1945 年，美國紐約的《時代周刊》發表評論，提出：「日本的前景是退回到自給自足的小國地位。」這一觀點得到許多人的認同。確實，如果有人當時預言：不用多久，日本將成為世界上屈指可數的經濟大國，人們肯定會付諸一笑，認為是天方夜譚。1994 年三月四日，日本著名歷史學家依田憙家教授在復旦大學講學時談到：「面對今天的日本，人們很難想像二戰後的日本是怎樣一種局面，」

然而，至八〇年代，由聯合國教科文組織發表的一份調查統計結果，卻足以載當年的預言家驚訝。這份調查統計顯示：在世界範圍內，日本在經濟最發達的國家中，國民生產總值居第二位，人均國民收入居第四位；從七〇年代到八〇年代，儘管許多發達國家陷入困境，但日本的經濟仍持續增長，其增長率在發達國家中名列第一。

半世紀過去了，日本非但沒有「退回到自給自足的小國地位」，相反，它在戰爭的廢墟上迅速崛起，並在國際經濟舞台上縱橫馳騁，創造了被譽為「東方魔術」創造的奇蹟。對於產生這一「奇蹟」的基本因素，世人給予了認真的關注。有人認為，這是日本政府指導企業，並不斷向企業「輸血」的結果；有人認為，這是日本企業低廉的工資和嚴格的紀律相結合的結果；有人認為，這是日本設置關稅和非關稅的堡壘，排斥海外競爭，同時在國內維持高價謀取利潤，並將剩餘資金用於擴大出口以壓倒外國競爭者的結果；更有人認為，這是日本人具有

模仿和剽竊的才能，他們善於對歐美開發的商品加以改良，善於借鑑歐美的技術和工藝的結果……

然而，許多人忽略了一個十分重要的因素，即日本民族具有自強不息的性格，具有在逆境中奮進的精神，具有「重建之神」的智慧。正是這種性格、精神、智慧的參與，才構成了舉世矚目的日本「奇蹟」。

筆者以下所述，就是其中的一個側影——

在日本，有一位名叫坪內壽夫的企業家。他曾於 1952 年因重建了「來島造船廠」而聞名。二十年代，他又重建「佐世保重工」的業績而享譽，被稱為「重建企業之王」。「重建企業之王」不僅是一項無形的桂冠，而且是一種顯示在逆境中奮起的勇氣和智慧的象徵。

1952 年，在住友財團的請求下，坪內壽夫購下已經停產三年，負債累累，瀕臨倒閉的來島造船廠。經過深入的調查研究，坪內壽夫發現，「來島」應重點開發日本四國島盛行的、夫妻兩人駕駛的機帆船。因為這樣可以避免和大企業在業務上衝突，贏得自己的客戶。不僅如此，坪內壽夫還針對當時日本政府有關五百噸以上的船要有駕駛證才能駕駛的規定，將新漁船的噸位定在四九九噸；同時針對多數漁民較貧窮，難以一次付清購船款項，但較講信用的特點，採用五年內分期付款的銷售方式，大受漁民歡迎。結果，「來島」的新漁船不斷出現於日本沿海，不僅極大地促進了愛媛縣的漁業生產，使之一躍成為日本的第二大捕魚縣，而且使「來島」走出了困境並發展壯大。經過八年的努力，「來島」的造船量上升到日本同行業的第五位，世界造船業的第二十二位。

重建來島造船廠的成功，使坪內壽夫受到日本各界的矚目。1978 年，應日本首相福田糾夫和財界首腦永野重雄的邀

請，坪內壽夫又接受了挽救「佐世保重工」的任務。「佐世保重工」是日本八大造船廠之一，擁有七千多名員工，以製造和修理大型船舶為主。由於各種因素的影響，該企業在七〇年代後半期連年虧損，負債額高達五百億日圓，整個企業岌岌可危。

坪內壽夫接管「佐世保」之後，根據該企業以造船和修船為主，買船和修船的人都要在企業內逗留一段時間的特點，當機立斷，從企業有限的資金中撥出一大筆款項，在企業附近景色秀麗並有溫泉的地方修建了一座豪華賓館，以及一個國內一流水準的高爾夫球場，專供因修船和洽談購船業務的船長、船員、客戶享用，從而吸引了大批有此需求的對象，使企業的銷售額和營業利潤不斷上升。同時，為了佔有更多的市場，坪內壽夫決定將每艘船的售價降低 20%，以加強競爭力。他將這種降價比喻為撤退。他強調，撤退並不意味失敗，而是為了追求更大的成功。只要企業有一定的潛力可挖，便可以，也應該進行一定程度的撤退。另一方面，為了使企業在降價的情況下仍能獲利，坪內壽夫努力降低生產成本，包括將人員由五十人減少到五人。在重建「佐世保」的初期，他雖然是最大的股東，但卻提出「不領工資，不要股息」，甚至「自己負擔企業的社交費」。他的辦公室是舊教舍改建的，很簡樸，沒有空調，但企業員工宿舍的設施卻很完備。他沒有私人小轎車，上下班坐出租車；他購物自己付帳，絕不記在公司帳下。

正是靠著這種勇氣、精神和智慧，他才贏得了「重建企業之王」的美譽。

以專營土木工程機械的日本「小松製作」「掌門人」為代表的企業家，則是在逆境中前進的另一種典型。1967 年，「小松製作」春風得意，它的產品在日本國內市場的佔有率達

到 60%。但正在這時，一個不可避免的嚴峻挑戰降臨到它的面前：佔有世界市場 50% 的美國一家同類公司準備同三菱公司合資生產推土機。日本通產省認為，這樣做有利於日本企業提高技術水平，因此準備批准這個項目。這一情況意味著「小松製作」將首當其衝，面臨創業以來最大的危機。如何克服這一危機？擺在面前的有兩條路：一條是合資入夥，向美國公司俯首稱臣；另一條是迎接挑戰，拿出更新、更好的產品與其一決雌雄。小松製作的決策者勇敢而明智地選擇了後一條路。因為，他們深深懂得，企業的生存和發展，最終必須依靠自身的力量；只要有一絲獨立生存發展的希望，就不應該後退，不應該「稱臣」。公司領導河合良召集全體幹部，講明了公司面臨的挑戰，立誓在三年內造出優於進口貨的新型推土機。這一關係到公司存亡盛衰的重大決策猶如一道至高無上的命令，促使全體員工同心同德，充分發揮自己的聰明才智。經過奮力拚搏，「小松製作」終於在進口的推土機到來之前，搶先造出了一批新型推土機。從此雄風大振，躋身於世界聞名的大企業行列。

在激烈的市場競爭中，有些企業在發展順當時往往志得意滿，一派樂觀，缺乏憂患意識；而在處境困難時則張皇失措，自暴自棄。這種帶有情緒化色調的精神狀態，無疑是愚蠢的表現。對照這種情況，上述兩例關於逆境中奮起的事蹟，當然屬於智者和勇者的表現。

事實上，在逆境中繼續前進，是許多成功的日本企業家的共識。正如日本田宮商事總經理田宮義雄懸掛於他的辦公室的座右銘上所寫的：「遇到障礙，倍加努力，一往無前。」

也正如松下幸之助在他論述經營哲學的著作中所說的：「無論在多麼惡劣的情況下，唯有面對危險，迎向挑戰，才能化險為夷。」要取得成功，必須有這種膽識。正是這種膽識，

以及許多其他因素的共同作用，日本人才創造出令世人矚目的
「奇蹟」。

攝人心魂的「秋波」

著名的美國經濟學家布里特曾經提出，商品不做廣告，猶如姑娘在暗處向情人送秋波，雖脈脈含情，但卻只有她自己知道。他的這番比喻十分形象、生動地顯示了廣告的作用。

何謂「廣告」？顧名思義，廣告就是「廣而告之」。大致劃分一下，廣告可以分為兩類：經濟廣告和非經濟廣告。日常人們所說的廣告，一般是指經濟廣告。按照《辭海》關於「廣告」一詞的定義，即：「向公眾介紹商品，指導服務內容和文藝節目等的一種宣傳方式。一般通過報刊、電台、電視台、招貼、電影、幻燈、櫥窗布置、商品陳列的形式進行。」

廣告是商品經濟的產物，它的歷史，幾乎和商品生產和交換同樣悠久。

在我國，很早就有了廣告的原始形式：叫賣。如我國古代的偉大詩人屈原在《離騷》中曾經記述：「呂望之鼓刀兮，周文而得舉。」並在《天問》中寫道：「師望在肆，昌何識？鼓刀揚聲，後仍喜？」師望就是呂望，即姜太公。當時屈原記載的，是呂望在朝歌販賣肉食的傳說。所謂鼓刀者，就是屠夫。所謂揚聲，就是叫賣，即口頭廣告。

在當時，除了叫賣這種口頭廣告外，還有「音響廣告」。如《詩經》的《周頌·有瞽》一章中，就有「簫管備舉」的詩句。據漢代鄭玄的釋義：「簫，編小竹管，如今賣餳者吹也。」唐代孔穎達也疏解說：「其時賣餳之人，吹簫以自表

也。」餳是一種糖果，可見西周時，賣糖果的小販已懂得用簫管之聲來招徠生意。

繼「音響廣告」之後，我國古代還出現了「懸幟廣告」，其中最具有代表性的就是酒旗。據《韓非子・外儲說》所記：「宋人有沽酒者，升概甚平，遇客甚謹，為酒甚美，懸幟甚高著。」這是關於酒旗的最初記載。「懸幟甚高」是為了吸引顧客，其本質也是一種廣告形式。《元曲・後庭花》中的「酒店門前三尺布，過來往過往尋主顧。」更是對「懸幟」的作用，作了很好的說明。

「叫賣」這種最原始的廣告形式，國外也早已出現。在奴隸社會初期的古希臘，人們曾為販賣奴隸、牲畜而公開宣傳，並吆喝出有節奏的「廣告」。在古羅馬的大街上，曾充滿了商販的叫賣聲。在古代商業高度發達的迦太基——泛地中海貿易區，更是曾以全城無以計數的叫賣聲而聞名。

在古代日本，由於政府長期實行貿易統治政策和壟斷經營的存在，因此作為介紹商品、激發購買、指導消費、引導生產、溝通供需、加快流通、促進競爭、改善經營之有效手段的真正意義上的廣告，一直沒有得到重視和發展，雖然類似「叫賣」、「懸幟」之類的原始廣告，在日本也「古已有之」。但是，在進入現代社會以後，隨著市場經濟的不斷發展和完善，廣告日益成為日本商品流通中的重要一環。

根據美國《廣告時代》雜誌所提供的 1983 年世界十大廣告公司「收入及營業額」的統計，日本電通廣告公司分別為 4.377 億美元和 32.100 億美元，高居榜首。另據國際廣告協會 1985 年的一份調查統計，日本的廣告費佔國民收入的 1％，在世界各國中名列前茅。

日本廣告業的發達，源於商品的生產和經營者對廣告的高

度重視。1984 年第二十三屆奧運會開幕前夕，在美國洛杉磯爆發的美國柯達公司和日本富士公司的廣告爭奪戰，就是一個很好的例證：當時，柯達公司作為東道主的企業，自恃必定會被指定為奧運會專用膠片的供應者，因此不願出資四百萬美元提供贊助。可是，奧運會組委會主任尤伯羅斯「認錢不認人」，決定另找「施主」。結果，日本富士公司乘虛而入，以出資七百萬美元提供贊助而博得了上述權利。以後，富士公司名聲大振，贏得更廣泛的市場。

廣告是一種十分重要促銷手段，同時也是一門藝術，需要匠心獨運的智慧。日本人在這一領域中，也如同在其他藝術領域中一樣，顯示了他們特有的才華。以下所述，就是從中擷取的幾朵花絮——

廣告的本質是傳遞信息和勸誘消費。但是，幾乎每個消費者都認為，廣告難免「王婆賣瓜，自賣自誇」之嫌。因此，最好的勸誘者莫過於消費者本身。日本雄獅公司的經營者有見於此，便利用消費者這一心理，成功地打了一場廣告宣傳戰。雄獅公司是一家以生產牙膏、洗滌劑和洗髮護髮素為主的著名企業。前些年，該公司為了實施五年內坐上同質行業第一把交椅的計畫，制訂了雄心勃勃的「110 戰略」，並很快研製出一種去污能力比一般洗滌劑強 10%左右的新型洗滌劑——「脫普」洗滌劑。為了使消費者了解並接受這種新型洗滌劑，雄獅公司改變了慣常「自我標榜」的廣告宣傳方式。因為，他們十分清楚，「新產品難免言過其實」已成為消費者的一種陳見。他們決定採取另一種方式：首先向一萬名家庭主婦各免費贈送一份「脫普」洗滌劑，然後不惜重金，製作了一個取名為「一萬個證人」的專題節目在電視中播出，請其中的家庭主婦談使用效果，並發行專刊，廣為散發。通過這場廣告宣傳，人們不由得

認為：既然這麼多人用後都表示滿意，可見它的質量一定很好。頓時，「脫普」洗滌劑的銷售如脫韁之馬，一發而不可收，企業利潤扶搖直上。

日本的商業廣告既有新穎的思路，也有奇特的手段。例如，前些年，西方一座名城的上空突然飄來一朵彩雲，不偏不倚，恰好懸在熱鬧的中心廣場上空。瞬時，彩雲變幻了顏色，並顯現出一行醒目的大字：「精工錶世界銷量第一」。這一奇特的景觀吸引了全城的人，廣告自然收到「廣而告之」的預期效果。

日本是一個注重義理、人情的社會。因此，日本的商業廣告也十分注重民族文化的這一特徵，即注重情感因素，而不是邏輯思維或理智的因素。日本人不相信專家和顧問。所以即使在廣告中加進大量的勸誘、數據和技研成果的顯示，通常也無法打動日本人。打動他們的有效手段是訴諸情感。日本某乳製品公司有一句為人們津津樂道的廣告詞，這句廣告詞的特色就在於它體現了日本式廣告的本質：「您想回味初戀的滋味嗎？請飲用我們的牛奶，它又酸又甜。」短短一句話，足以起到「煽情」的作用，令人垂涎欲滴。

廣告不是一種獨立的存在，不是一種神祕的推銷力量。它必須以整個社會文化和消費者的心理和側值取向為依托，為背景。只有這樣，才能真正起到促銷的目的。如何運用廣告，是一門藝術，也是一種智慧。

在這一領域中，日本人長袖善舞、花樣百出，使廣告真正成了商品的開路先鋒。

選賢任能的「伯樂」

　　曾經在歐洲、乃至整個世界歷史上叱咤風雲的英雄人物拿破崙說過一句流傳千古的名言：「智才能開路。」事實上，拿破崙之所以能夠宏圖大展，在人類社會的進程中留下自己深深的足跡，和他「慧眼識才，唯才是舉」的膽識和賢明是密切相關的。

　　在中國歷史上，關於「智才開路」的事例，也幾乎比比皆是。例如，在漢代，漢文帝由於匈奴為患，大歎沒有將才，以不能得廉頗、李牧那樣的大將而深感遺憾。這時，他的大臣馮唐犯顏直諫，對他說：即使有廉頗、李牧那樣的人才，你也不會重用。漢文帝追問何故？他進而指出：雲中太守魏尚與士卒同甘共苦，有勇有謀，能使上下一心，同仇敵愾，曾多次擊退匈奴來犯，擒敵甚眾，故匈奴對他深以為懼，不敢接近雲中。但是，只因一次計算殺敵數目時，他多報了六個首級，便被削爵處罰。你連魏尚這樣的良將也不能獎其功，諒其過，當然要感到帳中無人才了。漢文帝聽了馮唐的這番進諫，大以為然，重新起用了魏尚，並任他為東騎都尉，使他在戰場上再次屢立戰功。

　　唯才是舉，知人善任。古今中外同理，無人會表示異議。這一原則本身已經難以迸出智慧的火花。但是，如何知人，如何善任，唯什麼「才」是舉，卻是一個永不枯竭的智慧之源，需要人們不斷開掘。「智才能開路」，在各項事業中，均是一條顛撲不破的真理，企業經營，並無例外。按照日本經濟新聞社新近編著的《經營入門》一書關於「經營」一詞的定義：「所謂經營，就是巧妙地使用人、財、物、情報等經營資源以

獲取利益的知性活的。」❻在經營資源中，人，是第一位的。事實上，「當今的市場競爭，總根結柢是人才的競爭。」已成為越來越多的人之共識。

唯才是舉，首先必須識才；知人善任，首先必須知人。按照一般的標準，所謂人才，就是具有進取精神和協作精神，具有敏銳的理解力、判斷力，具有良好的道德品質之人。日本招募中心每年都發表受大學生歡迎的公司名單。名列前五十六企業的排列順序雖然時有些微的變化，但是這些企業選人的標準幾乎恒久、無一例外地採納了上述標準。由於終身雇用、終身培訓和要年功序列是日本企業的三大支柱和形成競爭力的源泉，所以在日本，錄用者和被錄用者都不得不採取極為慎重的態度。

「唯才是舉，知人善任。」需要一種作為智慧之結晶的完備體制，同時也需要不拘一格的方法和思路，而且後者往往更能表現出智慧的本義：獨到、新穎。

在這方面，日本電氣公司董事長永守重信的做法頗有特色，堪稱為獨到、新穎之舉：永守重信雄心勃勃，對人才求之若渴。但是，他感到，通過筆試、面試等傳統的招考方式，未必能選到合適的人才。這常使他感到困惑。一天，永守重信的父親在和他聊天時，漫不經意地說了句：「真奇怪，在軍隊裏，凡是吃飯、洗澡、上廁所快的人，考核成績往往都不錯。」聽了這番話，永守重信頓生靈感：吃飯快的人腸胃功能大多很好，因此體力充沛，能夠承擔高強度、大負荷的緊張工作，工作效率也比較高。這種人正是依靠靈活多變，在「重厚長大」的企業中求生存和發展的日本電氣公司所需要的。於

---

❻　日本經濟新聞社編：《經營入門》。

是，一個史無前例的人才招考設想在他的腦海裏誕生了。

考試在一天中午進行，由永守重信親自主考。待應試者到齊以後，他讓屬下為每個人端上一份午餐，然後宣布：「現在請諸位先用餐，用完後立即到隔壁房間來。」結果，一名應試者只花了三分鐘時間便用餐完畢。當他走進隔壁房間，準備正式參加考試時，永守重信拍拍他的肩膀說：「你被錄取了，好好幹吧！」隨後進來的幾個人也都得到同樣的答覆。這當然使幾位幸運兒既感榮幸，又感迷惑不解：「怎麼，今天的考試內容就是請我們吃一頓飯？」他們當然不知道吃飯本身的「奧妙」之所在。

以後的事實證明，永守重信這種獨特的招考方式確實收到預期的效果。或許永守重信的這種做法未免片面、武斷。但是，對他這種獨闢蹊徑選人才的做法，我們是應該稱讚的。「條條大路通羅馬」，選拔人才，又何必拘泥於一種模式？

所謂「善任」，說到底就正如何用人和培養人。在這方面，日本企業家更是有著許多值得深思、值得借鑑的思路和聰慧之舉。這方面的事例幾乎俯拾皆是——

日本本田公司總裁本田宗一郎不僅十分重視招募自動機械工業界年輕的優秀人才，而且努力讓服務期滿三年的工人工作有所變換，以避免在同一崗位中重複同一操作。這樣做不僅有助於克服單調厭煩的心理，引起新的工作興趣，擴大技術方面的知識，學到廣泛的本領，有助於擴大人際接觸，增進友誼，更正確地評價他或她為之工作的公司這個整體的力量，而且可以及時彌補因意料之外的事變所造成的人員缺損。這種「萬能博士」式的人才，是本田公司成功的一項重要法寶。

日本電氣化學工業公司（簡稱 TDK）總經理、「磁帶總師」素野福次郎具有一種逆傳統的「能力主義」才人觀。他認

為，「人才」一般具有兩類：一類是「Ｔ」型人才。所謂「Ｔ」，一橫表示知識和經驗的廣度，一豎表示專業知識的深度。另一類是「兀」型人才，即不僅有知識和經驗的廣度，且具有相當水平的那種專業知識。他提出這種人才觀的目的，就是提倡和鼓勵職工努力多專多能，創造性地完成自己的工作。與這種人才觀相配套，「TDK」建立了職務評價制度、自我管理制度，以及經營輔佐制度（每年選拔一些有培養前途的員工作為經營輔佐人員）。這三項制度是公司選拔人才的「三大支柱」。另外，他還提出，經營管理能力、開發及生產的技術能力、銷售能力，是企業發展的三大原動力。正是這種人才觀和制度，使「TDK」在世界磁帶市場中如鶴立雞群，成為同行業中最大的生產廠家。

日本住友銀行總裁，曾被美國國際金融學會授與 1982 年度「世界最佳銀行家」榮譽稱號的磯田一郎認為，企業和企業之間的差距就是人的差距，「善於用人」是一個企業興盛的關鍵，並推行了一套獨特的「企業即人」的方針，提拔和重用富有進取心、敢於冒險的人，即使他們工作上有失誤，但只要不影響整個公司的決策和聲譽，便不予追究。相反，對四平八穩、缺乏主見和開拓精神的人，則不予重用。他有一句格言：「我不非難那些前額受傷的人，但要究問那些背後傷人的人。」按他的意見，是否善於用人，不僅關係到經營能否順遂，更關係到為全體員工樹立什麼榜樣，使之朝什麼方向努力。

前東芝公司總經理，被譽為日本「財界總理」的土光敏夫認為，日本是個物質資源貧乏的國家，只有不斷開發智力資源，方能彌補這一缺陷。他提出，即使像愛因斯坦那樣的人，也只使用了 30%的智力。可見在人們的頭腦中，智力是一片極

廣闊、有待開發的沃野。他曾經在「國際企業管理年會」上慷慨陳詞：「指揮大企業的是人，要發揮人的活力。要求企業蒸蒸日上，發展人的活力是唯一的辦法。」❼所謂「活力」，按照他的公式，即「活力＝智力×（毅力＋體力＋速力）」。韓非子在《八經》中曰：「下君盡己之能，中君盡人之力，上君盡人之智。」土光敏夫善於用人之智，無疑屬「上君」之列。

　　用人之道，是永無止境之道，需要不斷作盡心竭智的探索；以上所述，充其量只能說是「概論」中的隻言片語，它的真正的內容、真正的含義，還有待讀者自己續寫。

出新出奇：商業敏感的真諦

　　在大英帝國的全盛時期，英國詩人拉迪亞德·吉卜林曾發表過這樣一通議論：「小日本不應該參加貿易活動，因為日本人缺乏做生意的敏感。」

　　時光流逝。今天，日本人在國際經濟、貿易舞台上的出色表演，不僅使拉迪亞德·吉卜林的這一論點不攻自破，而且迫使人們承認與之完全相反的論點：日本人在做生意方面，具有充分的敏感。姑且不論那些聲名赫赫的跨國公司的輝煌業績，不論「從導彈到方便麵無不經營」，被稱為日本生產者的「頻道和天線」的綜合商社四面出擊，即使那些在國內「小打小鬧」的企業及經營者，其對消費者心理和市場變化洞若觀火的判斷力，也足以「敏感」二字來形容。以下是筆者作為論據，信手拈來的幾個例子。

---

❼　盧業笛：《101 位經營巨頭——競爭成功之道》。

【例一】數年前，日本有一個叫新田二郎的青年發現，偵探和間諜故事中的英雄經常有一個類似的舉動，即在危急關頭，總是要設法銷毀一些機密文件或記錄——或吞咽到肚子裏，或熔化在火苗中，或……使之不落入敵人的手中。憑著一種商業的敏感，他忽發「奇想」：在現實生活中，有這種需要的人當然是極少數；但是，保留隱私卻是人們的共同心理。如果能發明一種「間諜小冊子」，讓人作一些祕密記錄，並在需要的時候能迅速銷毀且不露痕跡，肯定會有銷路。另一方面，偵探、間諜故事中的英雄往往是青少年崇拜的偶像，是他們極想扮演的一種角色。他們對此類小冊子必定歡迎。於是，他立即著手研製。不久，日本《每日新聞》上刊出了這樣一條廣告：「最新發明的奇妙紙張，入水後立即消失。」不用說，這種「奇妙紙張」就是新田二郎以化學方法創製的「間諜小冊子」。這種小冊子在市場上的營銷情況沒有出乎這位商業新手的預料，它為新田三郎引來了滾滾財源。

【例二】日本東京有一家很不起眼的「夫妻老婆店」，專門出售手絹和包袋之類的日用品。多年來，在超級市場和百貨商店的「夾擊」下，一直慘澹經營，每況愈下，令夫妻倆愁腸百結。一天，有個顧客購物後向他們順便詢問了一下去某處的走法。望著顧客手中的手絹，男主人頓生靈感：既然可以在手絹上印各種圖案、花紋，那麼為什麼不可以印具有實用價值的交通略圖，為人們、特別是外地來的人指路呢？於是，他馬上找來當地交通圖，按葫蘆畫瓢，設計出了「手絹交通略圖」，並送廠家定製。這一招果然靈驗，一物二用的「新玩意」頗受歡迎，這家夫婦小店也因此出名，使顧客近悅遠來。

受到這種「手絹交通略圖」的啟發，一個手絹商想，既然手絹可以成為交通略圖，又何嘗不可以成為別的東西呢？針對

日本列島的「卡拉 OK」熱，從酒店到家庭，到處都有演唱會，特別是歲末年初，各個團體、機關、學校都要舉行「忘年會」、「新年會」，而「卡拉 OK」又往往是一項不可缺少的內容這個特點，他設計了一種印有各種歌詞的小絹，使人在需要時「對絹唱歌」，從容大方。這一不大的創舉，同樣使他發了一筆不小的財。

在生意場上，所謂的敏感，最主要的就是不失時機，出新出奇，以新奇制勝。松本順認為：「要使自己的創造力旺盛，就得多方尋求啟示。越是從意想不到的地方去發掘，就越有可能突破框框，產生嶄新的創意。」以上所述事例，正反映了松本順的這一觀點。

出新出奇需要抓住瞬間的靈感和啟示，需要創意。只有富於創意，才能贏得市場。同樣一件東西，如果融入智慧性的創新或改造，那麼其用處或效能就會改變，就會贏得消費者的青睞。毫無疑問，構思奇巧而實用的新產品，對消費者總是有巨大的魅力。也正因為這樣，「新發賣」三個字能夠成為日本廣告中出現頻率最高的術語。

在日本，各種新產品以令人目不瑕接的速度紛紛登場——鍋蓋，每個家庭必備，人們熟視無睹。但是，日本下林葉株式會社硬是「化腐朽為神奇」，開發出一種如魔術道具般能變大變小的活動鍋蓋，使「張冠」可以「李戴」。枕頭，是幫助人入眠的「推進器」，所謂「高枕無憂」，恰好指出枕頭在人們步入夢鄉時的推進器功能。總之，枕頭是睡覺用的，不是「醒覺」用的。但是，日本的三本製作所卻巧妙地將兩者結合起來，開發出一種「鬧鐘枕」，即在枕蕊裏安置一個鬧鐘，使之兼有兩種功能。電視，在普通民眾的日常娛樂生活中已坐上了第一把交椅。尤其在日本，躺著看電視已成為一種極高的享

受。為了滿足人們的這一需求，日本某公司開發了一種用三稜鏡製成的「電視眼睛」。戴上這種眼睛，人們可以做到人躺下，但眼睛不躺下，照樣能夠直視電視畫面。這樣的產品，當然受到歡迎。

所謂「創新」，並不一定局限於開發新產品。在商業活動中，有些違反常規的做法也是一種創新，也能贏得消費者。如果說前一種創新屬於「硬體」開發，那麼後一種創新當屬於「軟體」開發。在爭取消費者以獲利這一經商做買賣的大前提下，在敏感地順應市場變化和消費者心理方面，兩者的意義無疑是等同的。因此，具有商業敏感的日本人不僅注意在「硬體」上創新出奇，而且也注意在「軟體」上標新立異。

有時，這種標新立異雖不起眼，但卻頗有成效——已成為體育用品代名詞的日本美津濃公司，在銷售運動衣時，經常在衣服口袋裏放一張紙條，上面寫著：「這件運動衣在日本是用最優秀的染料染色，以最優秀的技術製成的。但令我們深感遺憾的是，以茶色染成的衣服還沒有達到完全不褪色的程度，還會稍微褪色。」對自己的商品做「反宣傳」，這在生意場上是極為少見的。然而，「誠招天下客」，正是這種毫不隱諱地「自我曝光」，使消費者感到該公司的誠實可信，進而對其產品給予充分的信賴。這種信賴使「美津濃」的年銷售高達四十億日圓，產品遠銷世界各地。

創新出奇是出新東西，出「怪」點子。在當今這個生生不息，永遠青睞變革和新奇的社會，可以說企業家最值得稱道的智慧就是出新出奇，就是做別人所未做，想別人所未想。它是一本永遠念不完的生意經，它是商業敏感的真諦。

創造顧客：商業經營的不二法門

美國經濟學家彼得‧杜拉克有一句名言：「企業目的唯一正確的定義是：創造顧客。」確實，在當前激烈的市場競爭中，最終的裁判是顧客。企業成功的第一要義不是企業家的價值判斷，而是顧客的價值判斷。在不斷變化的市場中，如何把握顧客的喜惡，經常、始終投其所好地提供商品，將顧客的心意當成自己的心意，將滿意賣給顧客，使其對本企業產生信賴和愛護，是企業經營工作的主要課題和企業成功的不二法門。因為，顧客的購買潮流足以左右一家企業的興衰。也正是在這一意義上，「顧客是皇帝」才具有真正的價值。

日本企業家對顧客在商業經營活動中的地位，無疑具有足夠的認識。日本聲寶電器公司創辦者、「電器巨星」斗川德次曾經指出：「顧客能使企業成功，也能使企業失敗。因此，抱定『顧客第一』的宗旨永遠不會吃虧。」松下幸之助也指出：「以社會大眾為考慮前提，才是有靈魂的經營。」以及「大眾的需要，是企業與社會之間一張無形的契約。」

那麼，怎樣樹立企業形象以吸引顧客呢？在這方面，當然蘊含著極大的學問，需要經營者作智慧的操演。概括而言，企業形象是由「外化」和「內在」兩方面的結構組成的。所謂「花有清香月有影」，世間萬物都有自己的形象。同樣，一個企業作為經營實體，也必然具有以企業名稱、商標、品牌等為標識的外部形象，以及這種外部形象賴以依托的內部力量。

為了樹立形象，許多企業往往通過電視、廣播、報刊等各種傳媒，向公眾介紹企業情況和業績，以期在公眾中留下深刻的印象。這種做法當然非常重要。但是，除此之外，日本一些企業的做法似乎更別具一格、更有特色，而特色正是使顧客留

下深刻印象的重要手段。

例如，自六〇年代以來，日本各大企業紛紛興辦各類博物館、科學館，其涵蓋面幾乎遍及所有主要工業部門；其中有豐田汽車公司的「鞍池紀念館」，日立公司的「小平紀念館」，東京都煤氣公司的「煤氣資料館」，王子造紙公司的「紙張博物館」，旭光學公司的「照相機博物館」，松下電氣公司的「技術館」，東芝電氣公司的「東芝科學館」，三得利釀酒公司的「威士忌博物館」、「葡萄酒博物館」等等。這些場館平時向公眾免費開放，成為公眾的休閒娛樂場所，並成為中小學進行科學技術和工業知識教育的重要場所，以及吸引遊客的觀光景點，不僅在社會上留下熱心於社會公益活動「樂善好施」的名聲，而且樹立了企業形象，為「創造」顧客奠定了良好的基礎。

在「創造」顧客方面，那種一擲千金的豪邁舉措固然值得稱道，但一些「雕蟲小技」似乎更表現出獨運的匠心，更令人稱道：日本有一位被稱為「搬家狀元」的女士，叫奪田千代乃，她為了吸引顧客，可謂費盡心機。例如，她發現電話號碼簿對中小企業的排列是以假名為序的，於是便將自己開辦的公司取名為「阿托（アト）搬家中心」，使之在同類企業中「名列首位」，讓顧客在查尋時觸目即是。同時，又在電話局的空白電話號碼中選用「0123」這個號碼，使顧客都過目不忘。在服務項目方面，她更是順應顧客的需求，努力做到盡善盡美，使企業名聲日蜚，利潤日長。

「創造」顧客，很重要的一點是「因人之情」，即順從消費者的心理。因為，商業行為不僅僅是一種簡單的買賣關係，它還包括許多微妙的心理和哲學含義。在這方面，一些日本企業主也頗為得「道」。同樣以搬家為例：日本大阪有一家搬家

公司，它的經理山口弘在經營中發現，一些客戶在要求公司提供服務時，有個特殊的要求，即要求公司為他（她）保密，尤其是不能向任何人透露新址。這些客戶往往要求公司在夜深人靜時作業，力求做到「神不知，鬼不覺」。於是，山口弘便利用這種心理和需要，將自己的搬家公司改為夜間搬家公司，專門以這類人為服務對象。

看起來，山口弘這樣做似乎限制了自己的業務範圍，其實他的這種限制是為了擴大，而事實也證明了這一點。無獨有偶，為了「創造」顧客，日本許多企業均採用了這種「欲擒故縱」的伎倆。例如，日本有家商店，專門以女性顧客為服務對象，對男性顧客一律謝絕，使不少女性至少出於「獵奇」心理而經不起「誘惑」，進門瀏覽一番。還有一家商店，居然只接待戴眼鏡的顧客，雖令人捧腹，但卻發人深思。

形式重要，內容更重要。富有特色的形象，必須靠富有特色的服務提攜，才能真正收到「創造」顧客，使顧客近悅遠來的效果。作為「創造」顧客的內容，日本企業十分信奉的是「誠招天下客」這句格言。如多伊奇所指出的：「西方人認為，具有邏輯性和理性是一個人成功地處理商業事務所必須具備的能力。這種觀點對日本人幾乎是根本行不通的。他們更重於感情和情緒而非理性。」❽在社會行為中，西方人往往注重是與非，注重彼此的責任，而日本人強調的則是每個行為對人際關係的影響。這一差異也反映在商業活動中。不過，正如西方人並不否定「以誠待客」一樣，日本人也並不忽略、偏廢理性的思考。他們實際上是以感情為手段，以感情的紐帶去聯結商業利潤的目的。這正是其高明之處。

---

❽　《怎樣與日本人做生意》。

日本企業主並不是，至少大部分不是慈善家。和幾乎所有的企業主一樣，他們對利潤同樣情有獨鍾。然而，日本企業主卻不乏善言善舉，注意「行善積利」。例如，日本的 YKK 拉鏈（YKK 為「吉田工業株式會社」的羅馬字縮寫）在日本市場的佔有率達 90%，在國外有一百多處辦事機構，在三十七個國家設有三十八家拉鏈廠，共擁有員工約二十三萬人，年產拉鏈四百多個品種，年產量占世界同類產品的 35%，年營業額達二十多億美元。它之所以取得如此輝煌的業績，按公司總經理吉田忠雄的說法：「就是奉行善的循環哲學。」

　　所謂「善的循環」，按他的解釋，即：「不為客戶的利益著想，就不會有自己企業的繁榮。要獲利，首先必須播種善的種子，予人為善。隨後善便會回報於我。這樣周而復始，不斷得到善的回報，企業便會不斷發展。」而他所謂的「善的種子」，簡而言之，就是讓利於客戶。

　　「行善積利」，既是一種經營哲學，也是一種促銷手段或策略。在巧妙地運用這一手段方面，日本著名的衣料店「越後屋」的做法頗為新穎：「越後屋」的主人發現，每逢雨天，總有許多沒有帶傘的路人聚集到店堂裏或屋檐下避雨。於是，他靈機一動，決定每逢雨天便免費借傘給路人。這樣，印有醒目的「越後屋」三個大字的雨傘，也就作為移動的「廣告牌」各自東西，極大地提高企業的知名度。同時，出於感恩圖報心理，這些人日後必定成為「越後屋」的顧客。這種善舉，堪稱「以感情之石，投利潤之鳥」的高著。

　　「浩瀚商海，千變萬化。」但是，「創造」顧客的宗旨是永恒不變的，它是商業經營的不二法門。

Chapter 5
共性與個性交響曲

非暗房技巧的「延遲曝光」

第二次世界大戰以後，日本不斷加速了「國際化」的步伐，特別是在經濟方面將「觸角」伸向各個國家。其中的一個舉措就是在國外投資建造了許多賓館、飯店。例如在上海，日本就投資建造了花園飯店、日航龍柏飯店，等等。

投資國外，利用國外的廉價勞動力，當然是獲取利潤，累積財富的一種重要手段，是一種明智的舉措，許多發達的資本主義國家都採取了這種舉措。對此，似無需贅言論證。尤其是投資「無煙工業」，周期短，收效快，經濟效益更為明顯。但是，日本人投資於國外的「無煙工業」，不僅出於經濟上的考慮，而且還出於文化上的考慮。正是在這一點上，日本人顯示了一種獨特的智慧。

日本是一個土地狹窄、資源貧乏的國家，為了發展經濟，走國際化的道路，是其唯一的選擇。但是，走國際化的道路，加強同各國的交流，和日本人傳統的文化心理存在著一種矛

盾：即是如何調和鄉土意識與身處異鄉、民族文化與異族文化的矛盾。

　　日本人十分戀鄉、愛鄉。雖然這種感情並不是日本人所獨有的，但是其強烈的程度卻是十分罕見的；在外國人看來，它甚至達到了異乎尋常的程度。作為一個日本人，除了個別的例外，一般不會眷戀他鄉。即使在國外取得了巨大成功，日本人一般也會歸心似箭地重返故鄉，不管他的故鄉是風光明媚、物產豐富的平原，還是環境惡劣、交通不便的山村。

　　日本學者堀一郎曾經在《熱愛鄉土之心》中，分析了日本人獨特的鄉土意識和戀鄉情感。他指出，在日本人人格形成的過程中，自然環境、遺傳、社會遺產、集團（社會）四個方面起了決定性的作用，而「故鄉的山河，家鄉的象徵」則無意識地集中體現了這四個方面，它們往往與日本人久已熟悉的生活方式聯繫在一起，使他產生一種溫馨、舒適的感覺。確實，對於日本人來說，「故鄉的山河，家鄉的象徵」不僅僅是一種客觀的存在，它們同時也和勞動、社會交往、同胞親情，以及冠婚葬禮、禮儀準則、「年中行事」、神話傳說聯繫在一起，是日本人難以脫離的生活內容。

　　日本人這種戀鄉愛鄉的心理，是一種歷史的產物。從久遠的時代開始，日本人就成了穩定的、以農耕為主的民族。這一事實，使日本人同鄉土緊密地結合在一起，使他們產生了人與鄉土的親和一體感及不可分隔感。這一點和遊牧民族是迥然有別的。遊牧民族「逐水草而居」，他們往往因自然條件及季節的變化而四處遷徙，居無定所。換言之，遊牧民族可以恰當地地對生活進行調節，而農耕民族則是以占有一定的區域為基本的生活前提，他們只能盡力使自己的生活順應自然環境，順應自然規律，而不是相反。

鑑於日本人這種具有久遠和深刻歷史原因的戀鄉愛鄉心理，日本的一些投資者在國外建造了許多賓館、飯店。在那裡，有著典型日本風格的菜肴、設施和服務規範。他們這樣做的目的，主要不是為了給外國人——比如中國人——製造「異國情調」，並以此來吸引賓客，而是為了給當地的日本人製造「本國情調」，使之較少地受到「文化衝擊」，使他們在品嘗「刺身」（生魚片）時，產生身處富士山下的感覺。而日本人在出外旅行時，所以樂意下榻於這種日式賓館與日式管理的飯店，原因也正在於此。這是一種真正的「賓至如歸」。美國的日本問題專家博耶‧德‧門蒂將這種現象稱作「延遲曝光」，其含義是：即使身處國外，仍盡可能有較多的時間躲藏在日本文化的暗房裡，盡可能延遲到異質社會和文化中去「曝光」。

　　日本人的戀鄉愛鄉心理，和作為日本人人際關係和社會集團關係基本結構的「內部」、「外部」意識是互為表裡的。按照日本學者喜多川忠一的觀點，強調「內部」和「外部」，是顯現於人際關係和社會關係中的日本人最基本的特性。他指出，自古以來，作為日本人之特性的「義理」、「人情」，以及戰後人們所指出的「恥」、「察」、「甘え」等，和被視為日本人基本價值取向的「集團主義」、「集團指向」，都能夠和必須在「內部」和「外部」的關聯中加以理解。❶

　　「延遲曝光」是一種順從，乃至強化日本人「內部」和「外部」意識的手段。這種順從和強化是否明智？要弄清這一點，我們首先有必要明確所謂的「內部」和「外部」是一種什麼樣的結構。

　　在日本，「內部」通過「同化」結構和「序列」結構，構

---

❶　《考察日本人》。

成一種相輔相成的結構。所謂「同化」，即「統一」，它要求「內部」的成員以「和」，即無隔閡的和睦為理想與目標，盡可能排斥自我中心主義，彼此之間以一種「互察」、「互諒」來保持內部的一致和秩序。它是一種自然發生的、極具感情色彩的東西。另一方面，「內部」的一致和秩序不僅是由「同化」結構，而且也是由「序列」結構維持的。在日本的各個時代，男尊女卑、長幼有序的儒教倫理始終具有影響，它是「序列」結構產生的根源。但是，這種「序列」結構由於受到「同化」結構橫向牽扯而極大地化解了它的消極因素。

相對於「內部」結構的是「外部」結構，它是較為冷漠、疏遠的一種結構。不過，「內部」和「外部」並不是凝固、靜止的，它的內涵和外延會隨時間和條件的轉移而變化。日本人區別「內部」和「外部」的心理和邏輯滲入了日本人際關係、社會集團關係的各個角落，成為指導日本人行為的一項原則。

在其他民族的人際關係和社會集團關係中，並不是沒有類似於「內部」和「外部」的區別。但是，對其他民族來說，同「內部」和「外部」相比，更重要的是「私」和「公」的區別。而對日本人來說，前者即「內部」和「外部」，無疑更有意義。「內部」和「私」雖然幾乎是同質的，但「外部」卻迥然不同於「公」。因此，相對於嚴格區別「公」和「私」的民族，日本人的「公私觀」是曖昧和混淆的。這種「公私不分」，對日本今日的成功產生了積極的作用。例如，日本公司裡比較和睦的人際關係，以及視公司為家的工作態度，在相當大的程度上就是由「公私不分」造成的。

日本人的「內部」和「外部」觀，使日本民族作為一個文化群體，具有一種封閉的性質，它在社會現象的層次上導致集團叢生，在社會心理的層次上促成並強化了日本人的群體意

識，形成一種封閉的性質。

關於這種封閉式集團行為規範的二重性，著名的德國社會學家馬克斯‧韋伯曾作過詳當的剖析。按韋伯的觀點，概括而言，這種二重性具有兩種截然不同的心理趨向和行為標準。日本式封閉群體也基本上具有這種特徵，即內外分明，對內聚合，對外排斥。

關於對內聚合的積極意義，可能沒有人會表示異議；但對外排斥，人們一般不會首肯。事實上，對外排斥，也未必是完全消極的。因為在日本，這種排斥並不是盲目排斥，而是促使群體中的個體為了群體在對外競爭中取得優勢而付出巨大的努力。同時，「內外之別」使日本人對外部具有異乎尋常的敏感，使他們善於模仿、樂於吸收和學習外部的各種長處，以便超越。近代以來，日本人「內外有別」的心理特徵和行為模式曾顯示過很大的威力。正是內聚和排他這兩股互為表現、互相促進的力量，使日本人成為一個極具競爭力的民族。由是觀之，順應乃至強化日本人這種特性的「延遲曝光」不啻是明智之舉。因為，它不僅能夠撫慰日本人的鄉情鄉思，而且能夠讓日本人即使身處異鄉他國，也不忘自己的民族屬性。

曾經有人說這樣一句至理名言：「只有民族的，才是世界的。」如果從這一角度考慮，強調日本民族風格的賓館、飯店，似乎又多了一層積極的含義。

盡人事＋待天命＝幸福

一個人的幸福感、幸福觀和追求幸福的方式不僅反映出他的倫理和價值觀，而且也反映出他的智慧。因為，人生的終極

目標和智慧的終極目標都同如何獲得幸福密切相關。

　　和別的民族相比，日本人很少使用「幸福」一詞。特別是在日常生活中，像「我是幸福的」、「我多麼幸福啊」之類的話，在日本人聽起來，就如同在演戲、背台詞，顯得非常不自然。雖然日本人在信中偶爾也寫上「幸甚」、「萬幸之至」等話，但那是一種近乎客套，而不是具有實感的書面語。因此，不少人認為，日本人似乎缺乏一種追求幸福的生活熱情，似乎對「幸福」相當冷漠。

　　事實果真如此嗎？當然不是。日本人並不缺乏幸福觀，也不缺乏追求幸福的方式。為了弄清日本人對幸福的理解，以便進一步認識日本人追求幸福的智慧，我們似乎應從「幸福」一詞的本義出發，作一番追根溯源的探討。

　　日本人對幸福的傳統理解，首先在「幸福」這個辭彙的辭源學意義上顯現出來。今天，日語中的「幸福」（しあわせ），一般以漢字「幸せ」或「倖せ」來表示。但是過去，「しあわせ」（幸福）卻和漢字「仕合せ」相對應。在「仕合せ」中，包含著「天運」、「巧合」的意思。也就是說，所謂人類的幸福，不僅有賴於人與生俱來的天賦，以及非與生俱來的勤奮和努力，而且有賴於某種自己無法把握的天運和巧合。換言之，日本人的幸福觀強調了主觀和客觀兩方面的因素；用今天的話來說，就是強調「能力」和「機遇」的結合。這種對幸福的把握，無疑滲透著辯證的統一，蘊含著理性的智慧。

　　應該注意的是，在這種幸福觀中，包含著日本人「盡人事，待天命」的處世哲學。所謂「盡人事，待天命」，和絕對的宿命論相比，具有重視評價「人的努力」的特徵，例如，在作為日本前近代社會的「精英」──武士的行為準則《武士訓》中，就是這樣寫的：「憂世俗諸事，謂依天道次第，非

也。天道在己不在外。盡人事後方可委於天。」、「雖命為天有，然其成命在己。命在天，亦在己，謂運。天命人運合一也。」日本古代著名學者貝原益軒也在他的《初學訓》中提出：「士仕君以忠，得君寵則祿厚。農務田勤於作，則秋實豐。工商勤其家業，則富。」❷從以上的論述中我們可以看到：「盡人事」比「待天命」更為重要。

「盡人事，待天命」的處世哲學，蘊藏著依靠自力進行生活設計，以通達生活旅程之目標的幸福觀。但另一方面，他們也十分明確，世上的事不會盡如人意，經常會發生始料不及的情況和變化。時運不佳時，不管怎樣「盡人事」也無濟於事。因為「人力」無法完全衝破「天運」的界限。因此，在信奉「盡人事」的同時，日本人也十分強調「天然自然之理」、「自然的法則」。不過，這種看似同理的辭語，實際上隱藏著一些「非合理」的因素，即它和「天命」、「天運」實際上是同義語，是人的智慧所無法駕馭的一種絕對力量。

例如，貝原益軒在強調「盡人事」的同時，也十分強調「待天命」。他在《初學訓》中提出：「從善而無福者有之。此為命分雖好而薄，生來福少之人也。從惡而無禍者亦有之。此為受氣好而厚，生來福於身者也。」但是他強調，善惡必有果報，「一代不報，必報其子孫……善惡必報，自然之天理，不可疑之。生來之禍福，天命也。」❸這種善惡果報論，與「天理」相接，具有一種宿命的思想。

「幸福」一詞具有「巧合」、「天運」的含義，也表明它仍保留著幸福為天賜之物，非人力能及的認識。另外，日本的

---

❷　《日本人的心理》
❸　《日本人的心理》

一些諺語，如「睡覺等待好報」、「坐待風平浪靜」、「天棚上掉下餡餅來」等，也具有這種「幸福從天而降」的認識。

在日本，含有「命運」、「天命」、「命中注定」等字眼的演歌、浪曲比比皆是，顯示出日本人對「宿命」的青睞——

> 我孤獨一人渡海而來。
> 不要拋棄希望，麗露，返回上海的麗露。
> 陰暗的命運，把我倆分開。
>
> 　　　　　　　　　　　　　（《返回上海的麗露》）
>
> 鳥的性格，聽命於歌，
> 愛和淚，聽命於歌。
> 不能鬧彆扭，不能鬧彆扭。
> 啊！因為是命運。
>
> 　　　　　　　　　　　　　（《伊豆的艷歌師》）
>
> 儘管強忍著切也切不斷的泣血斷腸之念，
> 我等也必須活下去，
> 這就是所說的命運！
>
> 　　　　　　　　　　　　　（《赤城搖籃曲》）
>
> 漫長浮世的爭鬥，勝敗在命運；
> 何時時來運轉，還會勝利。
>
> 　　　　　　　　　　　　　（《浪人之街》）

然而，需要強調的是，日本人的這種「待天命」，是和「盡人事」結合在一起的，並且是以「盡人事」為前提的，因此它迥然有別於消極的宿命論。關於這一點，在日本的許多文學作品中，得到了出色的描述。例如，西鶴的作品雖然明顯反映了超越人的智慧和理性的不可抗拒的力量，即所謂「命運」

的存在，認為「一切人之命運在天……死可謂前生所定。」但他同時又強調，「運氣」、「巧合」必須和「才能」結合起來，「身分」因「運氣」和「才能」的結合狀況而定；也就是說，「盡人事」和「待天命」，二者缺一不可。事實上，這樣的命運主義是為大多數日本人所接受的。從本質上說，這是一種合理的命運主義。

「盡人事，待天命」，實際上是一種消除「不幸」的心理免疫法，具有巨大的心理效應，起著淡化、弱化不幸感的作用。如果遭遇不幸，當事人會認為這是不可違抗的、超越自身智慧和力量的「命運」所安排。反之，它又是對人的自身智慧和力量的肯定。如果碰到「幸運的事」，他會認為這是盡了「人事」，是自己的活動帶來了好運。這樣，命運主義色彩頗濃的「盡人事，待天命」就完全相對化了，成了完全不同於消極之「宿命論」的一種使人能處變不亂、受寵不驚，始終安之若素的處世哲學。

在現代激烈競爭的社會中，「盡人事，待天命」這種處世哲學依然發揮著一定的積極作用。例如，日本人十分強調：「在各自的場所全力以赴。」而所謂的「全力以赴」，豈不就是「盡人事」的翻版？另一方面，日本人十分強調遵守既定的規則，強調不應有非分之想和非分索求。這種觀念，豈不具有「待天命」的影子？

按照弗・普羅寧可夫和伊・拉達諾夫的說法：「日本人從學生時代起就懂得了自我克制的道理。他們經常被灌輸說，這種世界觀是生活哲學的基礎。因此日本人往往被勸告奉行這樣一些生活準則……奉行這些規則不能不影響到日本人對客觀現實的特別態度：日本人的性格和世界觀中，鮮明地顯示出宿命

論。」❹這種「宿命論」就是「盡人事，待天命」。

日本人這種獨特的宿命觀念，同日本所處的自然環境具有密切的關係：颱風和地震的頻發，迫使日本人既承認自然界可怕的威懾力量，同時又促使他們以一種堅強的毅力，在災難發生後重振旗鼓，奮發圖強。

「盡人事，待天命」的觀念，體現了日本人追求幸福的智慧，它使日本人以一種始終保持平衡的心理態度，以一種能動地強調主客觀因素相結合的方式，以一種被命運帶著走，而不是被命運牽著走的方式，以一種既承認超然力量，也強調自我奮鬥的方式，去追求精神和物質的幸福。

順應大勢　八面玲瓏

一般來說，智慧是一種與眾不同的思維方式和行為方式的顯現。因此，人云亦云、隨波逐流似無智慧可言。但智慧也可以有另一種表現方式，即在別人並不認為有智慧的言行中表現智慧，在平凡和平庸之中，在人云亦云、隨便逐流之中表現智慧。這是一種智慧的否定之否定。所謂「大智若愚」、「靜水流深」，就是以這種思維和行事方式為其觀照對象的。

日本人堪稱後一種「智者」的楷模，因為，日本人行為處世的智慧，經常是在人云亦云和隨波逐流中表現出來的。例如，在「汽車王國」日本，私人擁有汽車已經相當普遍。在全國一億二千萬人口中，約有一半左右的人持有駕駛執照，大多數家庭均擁有私人小汽車。但是，在這個國土狹窄的島國，私

---

❹　《日本人》

家車的利用率實際上很低。一方面，由於缺乏停車場所，駕車出行十分不便。另一方面，日本的公共交通十分發達，駕車出行，並非必須，有時甚至近乎奢侈。況且日本人有下班後結伴到酒店小酌的習慣，而酒後駕車是交通規則所不允許的。因此日本的工薪階層上下班，大都擠電車或公共汽車。私家車只是在休假日才難得使用。同時，過去購買汽車大抵採用分期付款的形式。因此，為了償還債款，還必須在一段時間內節衣縮食。如果自己的住宅狹小，還要將車停放在停車場，交納保管費。所以，購買私人汽車實際上在經濟上很不合算，可謂得不償失。

那麼，精明的日本人為何明知如此，卻偏要做這種得不償失的「買賣」呢？如果在別的一些國家，我們或許可以認為，人們這樣做的目的是為了據以「炫耀」，但對日本人，我們卻無法這麼認為。因為在日本，擁有私家車是如此普遍，以致它根本無法作為顯示財富和身分的標誌。事實上，日本人紛紛購買私家車的原因，主要還在於他們注重「隨波逐流」的心理習慣，以及注重「類比」的行為方式。

我曾問一位日本朋友：「既然並不怎麼需要汽車，且還要為它付出一大筆開銷，又何必去買呢？」他回答：「因為同事和鄰居都買了私家車，如果自己不買，未免顯得特殊。」確實，對有些民族來說，「特殊」是一種富有個性的顯示，並且唯有通過這種個性，才能顯示自己的智慧和才華；而對日本人來說，「特殊」往往是愚蠢的代名詞，唯有不特殊，才顯得聰明。這種不求特殊的心理，在日本人的服飾中表現突出。尤其在冬季，男士和女士幾乎清一色的黑藏青服裝，使人彷彿走進一座「兵營」。而在別的國家，特別是女士的服裝，應該是五顏六色的。

對「個性」的不敬，也就是對「共性」的尊重。這是日本文化中一個很重要的因素——集團主義——在人們日常行為中的又一種顯示。如前面所述，強調集團主義，影響了日本社會整個的人際關係和集團關係。在日本，一名正在團體比賽中為集體爭取榮譽的選手，顯然比在單項比賽中奪冠的選手更受欣賞，因為，集體主義遠比個人雄心更受歡迎。

　　西方人想方設法強調個人的獨立性和首創性，強調自我發現、自我確認、自我尊重，而日本人卻返其道而行之。

　　對「個性」的不敬，同時也是對「和諧」的尊重，而「和諧」正是日本文化的靈魂。在日本人看來，最重要的美德和處世技巧就是以各種手段和方式去創造和維護「和諧」。因此他們總是想方設法通過微妙的，近乎直覺的相互了解過程來取得和諧。不擁有一輛私家車當然不意味對「和諧」的破壞，但擁有一輛私家車，依那種心理，則無疑是對和諧的尊重。

　　否定「個性」，強調「共性」，就是強調「順應大勢」，這種「順應大勢」的心態是一種避免與他人產生矛盾的八面玲瓏主義表現，而這種八面玲瓏主義，對於日本人的「立身處世」，無疑具有指導作用。

　　在日本，春風得意，倍受賞識的人，往往不是因為他具有特殊、非凡的才能，而是因為他能恰當地協調、處理人與人之間的關係，能維護集體的和諧。事實上，這也是日本人選賢任能的一條重要標準。相反，如果處處顯示自己的「個性」，突出自己的「稜角」，那麼縱然他有出色的才能，也很難得到重用。在日本，有這樣一句歌詞：「世間事，『依高見』；貴人前，答『不知』。」也就是說，不論對誰的話，都說「依您高見」而遵從；在「貴人」面前，盡量顯得謙虛。日本人的巧於令色，就是受這種行為規範指導的。在日本，「將此歌銘於心

隨時付於行動，從而時來運轉發跡的人並非少數。」❺

　　日本人的順應大勢、八面玲瓏心理，同樣與日本的地理、歷史以及文化傳統有密切的關係。作為一個位於遠東的島國，日本自有史以來很少受到外敵入侵。長期以來，日本大和民族單一結構的歷史進程，在很大程度上促成了其內部成員在各個方面差異相對較小的特點，促成了日本民族的發展在文化上趨於均一。除了已近於絕跡的蝦夷人和部分中國和朝鮮「歸化人」的後代外，日本列島上居住的，基本上只有大和民族。這一點既不同於經過民族大融合的中國，也不同於有「人種大熔爐」之稱的美國。

　　民族的單一導致文化的趨同，這種趨同有利於內部的文化交流。在日本，人們在大體相同的經濟條件下生活，在基本一致的文化環境中生息，內部的經濟交流和信息交換始終相當活躍，而這種活躍的交流反過來又導致人們形成順應大勢的心態。歷史上，日本強調群體意識的文化特徵，賦予了群體以極高的權威性，個體行為如果不符合群體規範，往往會受到鄙視，甚至懲處。

　　在日本農村，曾經有一種所謂「村八分」的處罰，即除了喪事、火災等特殊情況之外，人們在生活和慶典中斷絕同受到懲罰的「特殊」個體交往，將他孤立起來。雖然這種習俗今天已經消化，但是它的影響，甚至在現代企業和團體中也依然餘音未消。在那裡，不與他人採取同樣行動不僅難以「發跡」，甚至會被認為患有「精神妄想症」」。即使在強調個性和創新精神的日本學術界，也是派系林立，使個人只能「仰其鼻息」，否則就會遭到排擠而難以安身立命。

---

❺　《日本人的心理》。

總之，懼怕離群而導致的順應大勢、八面玲瓏心理，在現代日本人的生活中依然根深柢固，在各方面規定和制約著人們的行為。人們希望「與別人一樣」接受教育，進入大學，與「別人一樣」就職就業，「與別人一樣」戀愛結婚，生兒育女，等等。

順應大勢，八面玲瓏，以其有形和無形的威力，對日本人的生活發出難以違抗的指令，要求人們在這一前提下施展自己的智慧。這種指令有助於使日本民族成為一個具有向心力，注重「合力」的民族，成為一個穩定向前發展的民族。歷史已經證明並將繼續證明，這種順應大勢、八面玲瓏心理，符合日本民族文化的特徵；它是日本自然環境和歷史遭際的產物，是民族智慧，而不是情性和劣根性的反映。

知足常樂：「比較安慰術」

在日本，有一則題為《會唱歌的烏龜》的民間故事。故事的梗概是這樣的——

很久很久以前，某個地方住著一個四口之家；父親、母親和兄弟倆。後來，父親去世了，貪得無厭的哥哥瓜家裡的財物席捲一空，獨自離家出走，而他那孝順的弟弟則留在家裡和母親相依為命。為了贍養母親，他每天上山揀乾柴，然後挑到街上叫賣，以此換得一些錢，買回米和母親喜歡吃的蔬菜。

有一天，在他撿乾柴的時候，碰到了一隻小烏龜。烏龜告訴弟弟，它會唱很好聽的歌，要求弟弟將它帶到人來人往的大街上表演，以掙得比賣乾柴多得多的錢。第二天，弟弟照它的話做了，果然使人們嘖嘖稱奇，並獲得許多作為謝禮的錢。以

後，弟弟經常帶烏龜一起去賣柴，掙了好多錢，很快成了一個富有的人，讓母親過上舒適的生活。

貪心的哥哥聽說弟弟發了財，便來打聽奧祕。老實的弟弟念兄弟之情，將事情的原委一一告知，使他羨慕不已，並急急忙忙將烏龜帶走了。哥哥將烏龜帶到大街上，也想如法炮製，但烏龜一聲不吭，引起人們訕笑，使他狼狽不堪。一怒之下，他將烏龜殺了。弟弟見烏龜死了，很是傷心。他將小烏龜埋在自己家的附近，並在墳上栽了一棵小樹。第二天，小樹長成了參天大樹，樹上爬滿了烏龜，足有幾百隻，它們的嘴裡全都叼著金塊，弟弟更有錢了。哥哥知道後，又跑來砍下大樹的樹枝，插到自己家的院子裡。第二天，這根樹枝也長成了參天大樹，樹上也爬滿了烏龜，只是它們嘴裡沒叼著金塊。哥哥見了十分生氣，便爬上樹去捉烏龜。但是在他爬得很高時，他用手抓著的樹枝突然折斷了。他掉到地上，受了重傷。

這個日本民間故事體現了日本人「知足不辱，知止不殆」的處世觀念，昭示了日本人十分強調的「不能過於貪求，過猶不及」的道理。這種在哲學上稱作「度」，即「適度」的分寸感，雖然在別的民族中也得到提倡，但其含義卻和日本人有所不同。日本自古以來有不少關於修養的書，但不論哪本書，幾乎都沒有例外地告訴人們：「九分不滿，十分則溢。」即人如果期望十分圓滿，對達到「九分」的程度仍不知足，那麼就會招來不幸。所謂「萬事滿至十分，其上無以復加，憂患之本也。」就是講的這個道理。

「九分不滿，十分則溢」觀念的本質是一種「知足常樂」的思想，這種思想是一種追求精神愉快和生活安定的智慧。因為，人的期望值和滿足程度總是成反比的，期望值越高，就越不容易感到滿足。不明白這一道理，就是一個愚蠢的人：《會

唱歌的烏龜》中貪心的哥哥就是這種蠢人。

　　鞭撻貪婪，提倡對物質利益的適度追求，並不是日本人特有的思想。事實上，「知足不辱，知止不殆」的處世觀就是由中國的老子所積極倡導的。但是在「九分不滿，十分則溢」中蘊藏的對滿足心理的重視，則是日本人的特色。如日本的《處世百科事典》中，就曾這樣寫道：「你有搖錢樹，知道嗎？它就在於你有沒有這種心。它就是知足。不論有多麼多的財產，如不滿足，則與窮人一樣。貧困如果滿足，就與財主一樣。」

　　當然，真正做到在心理上「知足」是不容易的。因為，人本身就生活在慾望的世界之中，在慾望的海洋中沉浮。但是，正如古希臘哲學家蘇格拉底所說的：「在太陽底下捉虱子的乞丐，卻有著國王終身為之奮鬥的安全。」所謂「滿足」，只是相對而言。人可以在滿足中發現不足，也可以在不足中發現滿足。尋求心理的平衡和精神的幸福，需要這種相對的，然而卻是辯證的人生態度。在這方面，日本顯得明智、豁達，表現出相對主義的文化特徵。

　　日本文化是一種處處顯示相對主義的文化。日本人十分明瞭，人會在橫向比較中產生不足感，但也會在橫向比較中獲得滿足感。例如，在日本滋賀縣，曾經有一個叫不彌破三郎的商人，他在自己的帳冊末尾寫有這樣一句話：「人，看下面之人，才為樂事。與其向上看而賺錢，不如盤算將來怎樣賺錢。這樣，才會產生好主意。」很明顯，這是一種進行心理調節的「比較安慰術」，即通過和自己「下面之人」（境遇差於自己的人）相比較，產生一種自我滿足感。這種「比較安慰術」是一種凡人皆應擁有的處世智慧。日本古代武士的修養書《武士訓》更是將這種比較法作為處理「不遇之身」的「心術」之一。按其中的說法：「或思昔之不幸者，或比下之憂苦，以慰

此心。」

在封建社會的日本，這種為「九分不足，十分則溢」的觀念潤色的「比較安慰術」，一方面是統治者要求臣民「知足安分」的理論武器，另一方面也是臣民尋求自我安慰的一種心理療法。「看下不看上」是德川家康的一句格言，是德川時代的人經常重覆的。

在今天，「比較安慰術」是大眾娛樂的一項重要內容，是未必欣賞這種觀念的人從信奉這種觀念的人口袋裡撈錢的一種手法。在日本，「母親的故事」片和「落淚」片之所以歷久不衰，以「不孝」為主題的小說之所以比比皆是，除了「悲劇」本身具有的魅力，編導者懂得「惻隱之心，人皆有之」，在道義上支持弱者，是人的一種基本的心理傾向外，更重要的是，特別在日本社會中，由於「比較安慰術」頗受青睞，所以利用這種心理撈錢，也就勢所必然。這不是一種智慧的較量，而是一種智慧的交融，它使雙方均達到自己的目的。

還是那句話，智慧的終極目標是追求一種幸福，而所謂的幸福，就是一種滿足。人，很難在物質上產生滿足感。既然如此，那麼何不首先在心理上尋求滿足？這雖然是一個很淺顯的道理，但真正做到卻是不容易的。它是一種生活的藝術和處世的態度。

寓意豐富的文化符號

有這樣一則謎語：有一樣東西，它是屬於你的，但卻經常被別人所使用。

謎底是：姓名。

在世界上，日本人的姓名大概是最多、最複雜的。在姓名這一文化符號中，透示著日本人特有的智慧。

在日本古代，姓和刀一樣，是一種身分和權利的標誌。因此，只有貴族有姓，平民百姓是不能享有這項權利的。今天日本人擁有形形色色，林林總總的姓，是經歷了漫長的歷史演化過程才形成的。公元四世紀末，日本的大和國將西起九州、東到中部地方的許多分散的小國統一成了一個國家。作為政治組織的基礎，大和朝廷的統治者建立了所謂的氏姓制度。「氏」，就是以家庭為基礎的血緣集團，一個「氏」就是一個貴族世家。氏的稱呼有的取自官職，有的取自居住、管轄的地方，有的取自神名，還有的取自技藝。例如，從事祭祀的叫「忌部氏」，居住在出雲國的叫「出雲氏」，等等。每一個氏都以最有勢力的人為「氏上」，掌管本血緣集團的財產，主持氏神的祭祀，統帥本集團的成員（氏人）。掌握大和朝廷最高權力的大王家（即後來的皇室）是當時最強大的氏族。

後來，大王家又根據各「氏」同自己的親疏關係，以及功績和勢力的大小，分別賜姓。不過，和中國關於「姓」的概念略有不同，這種「姓」是地位、門第、職務的象徵，即是各「氏」在政治上的地位之標誌，類似世襲的爵位。氏分為臣、君、連、直、造、首、史、吉士、村主等三十種左右，其中臣、君、連、直等多賜予皇族及統治階級的上層，是最有勢力的姓。如蘇我氏、平群氏都是臣姓，大伴氏、物部氏是連姓，久米氏為直姓。對從朝鮮移居日本的家族，原則上賜以吉士、史、村主等姓。

作為一個血緣集團，一個大的氏族除了「本家」以外，還有分散各地的許多分枝。這些分枝以「苗字」稱呼，以示和本家的聯繫和區別（所謂「苗」，即嫩芽、分枝的意思）。如日

本歷史上著名的藤原氏是個大族，它居住在近江、伊勢、遠江、加賀的分支便分別稱為近藤、伊藤、遠藤、加藤等，即由地名的頭一個字和本家氏名的頭一個字綴成。隨著年代的變遷和權勢的更迭，氏姓制逐漸混亂。在五世紀中葉，大王濟曾對此進行過一次整頓，採用所謂「明神探湯」的刑法，判明氏姓的真偽。可見當時的氏姓，與其說是一種文化符號，毋寧說是一種政治權利的象徵。

在七世紀中葉大化革新以後，具有世襲爵位性質的「姓」被廢除，同時由於各家族的分支日益增多，因此氏、姓開始合二為一。至鎌倉時代（十二至十四世紀），新的「苗字」不斷增加，並具有了一般概念的「姓」的意義。「姓」（苗字）開始從政治權利的象徵，轉變為非政治意義的文化符號。不過，即使在這時，日本的一般平民也只是有名無姓。這種狀況直到明治維新以後才得到根本改變。

作為文化符號，姓名往往是顯示人的意識、觀念的螢屏。它是人類特有的智慧。那麼，日本人是怎樣借助於這個螢屏來顯示自己的觀念和意識呢？

關於這問題，日本學者栗田寬在他的《古人名稱號》中，將古代日本人的姓名分為十六種，即日本人是通過以下十六種方式來制定姓名的：(1)倫理名；(2)住處名；(3)禽獸魚蟲名；(4)染色及方位名；(5)四季風雷雨雪名；(6)官職名的引伸；(7)日用器具名；(8)國郡鄉里山川名；(9)形體性質類名；(10)大小類名(11)寬窄類名(12)長短類名(13)上中下類名；(14)儒佛類名；(15)工匠類名；(16)氏類名。

以後，日本學者渡邊三男又修正了以上的分類，將日本人的姓名分為二十種，補充了關於人際關係、礦物、歲時、動作、存在等內容。

不管哪種分類更接近實際，總之，日本人的姓名中包含了天地事物、世象百態極豐富的內容，既體現了日本人崇拜和熱愛自然的文化特徵，也體現了日本人的社會倫理價值觀；既體現了日本人就地取材命名的智慧，也體現了日本人借助於歷史命名的智慧；既具有作為符號的象徵意義，又具有符號的具體內涵。可以說，它作為一種文化符號的姓名之作用，被日本人發揮得淋漓盡致，在世界上獨樹一幟。

　　不僅如此，姓名在日本人不僅是人的代表符號，同時也是人的存在象徵符號，是人的一個具體的組成部分。這種「名」「實」一體觀，在日本頗為絕對。因此自古以來，日本人對姓名的使用頗為謹慎，不習慣對別人直呼其名，而以場所、宅邸、方位、官職作為真名的代稱。本來，「真名敬避」習俗並非日本所特有，如中國也有這種習俗。但是在中國，一般只是為尊者諱，其涉及面並不廣泛；而在日本，即使在民間，避諱真名的習俗也曾十分普遍，其程度遠甚於中國。

　　概括而言，日本的真名敬避習俗可分為三種，即：(1)祕名俗；(2)避諱稱呼俗；(3)避諱書寫俗。

　　祕名俗，一般只用於帝王。在古代，由於日本帝王的姓名是對人民保密的，所以特設尊號取代名字。今天，人們在稱呼天皇時不直呼其名，而是稱其尊號，就是歷史上祕名俗的延伸。避稱俗則是敘述人不得直呼有身分者的姓名之規定。以後，隨著文字運用的普及，這種避諱又延及書信和文章，形成了避諱書寫俗。避諱書寫俗以各種獨特的書寫形式，如缺字、缺劃等，對人的姓名加以避諱。直至今天，按日本正規的書信格式，起首處一般也只是寫上「拜啟」、「拜覆」，而不寫對方的姓名。這實際上是傳統習俗在現代社會中的投影。

　　更有甚者，在日本古代，由於姓名被視為身體的一個組成

部分，指名道姓不僅有褻瀆尊嚴之嫌，而且有接觸身體之義。因此，稱呼女性的姓名無異於接觸女性的身體。反過來，女子如將自己的姓名告訴男人，也就在一定意義上等於將自己的身體交給了對方。雖然這種名物一體的原始心境在今天已經消失，但是，女子出嫁後須改姓夫家姓的習俗，豈不就是這種習俗的殘跡？

綜上所述，日本人的姓名作為一種文化符號，是日本獨特文化的一個重要組成部分。姓名的沿革過程是一種文化密碼的顯影過程，姓名的豐富意蘊是智慧的產物和象徵。

「和利」與「合力」

在我曾經就讀的日本京都大學，有一個專門的組織，它的職責就是為留學生和日本的普通家庭牽線搭橋（這種日本家庭被稱為「Host Family」），以便增進留學生與日本人民的感情，同時使留學生更熟悉和了解日本社會及日本家庭的日常生活。承蒙該組織的介紹，我同一戶居住在京都府向日市的家庭建立了聯繫。這戶家庭的男主人名叫稻本智，在一所專科學校任副校長，是一位社會學者。他博學多識，從相撲、棒球到日本政黨的各個派系無所不知。和他交往，使我受益匪淺·很快，我們就成了莫逆之交。

一天，稻本智先生邀我去一家叫「和利館」的居酒屋小酌。入座甫定，稻本智先生便向我提出這樣一個問題：「小馮，你可知道『和利館』是什麼意思？」如果是中國的酒館名稱，諸如「燕雲樓」、「新雅粵菜館」、「老正興」、「王寶和」之類，我還能略知一二，即它們或是表明飲食文化的某個

分支，或是得名於某位創業者（當然也屬某個分枝或者菜系），但對日本酒店的名稱，我卻素無關注，自然無以作答。於是，稻本智先生便向我作了如下一番解釋：「『和利館』這一名稱實際上巧妙地表現了日本人如何認識個體和群體關係的特徵。『和利館』三字實際上是雙關語，它具有顯在和潛在兩層含義。就前者而言，『和利館』強調了團結、和諧的重要，即所謂「和則兩利」；就後者而言，『和利館』實際是日語『割勘』（わりかん，均攤付款、各掏腰包之意）的諧音，即強調在『和利』的同時，不可忽略個人的義務和責任。」真不愧是一位社會學專家，居然能從一家酒館的名稱中，以小見大地剖析日本文化！他的一番高論，自然又給我上了一課。

在日本，「和利館」或許只此一家（在日本，企業重名的現象極少），但是，作為一種文化特徵的「和利館」現象，卻發生於日本的每一家酒館。在那裡，三五成群的日本人雖然在吃喝時絕不是「蜻蜓吃尾巴──自己吃自己」，但是在結帳的時候，卻往往約定俗成地各人付自己該付的一份。有時為圖省力，他們乾脆叫店家在遞交帳單時先做一下「除法」，免得「自我核算」，堂而皇之，以為理所當然。如果說每人一份和「Go Dutch」（自掏腰包）體現了西方人對個體的強調，一人「買單」體現了中國人對整體的尊重，那麼，「和利館」現象無疑結合了兩者的長處，克服了偏頗一方的弊端，不啻是一種聰明的做法。

毫無疑問，「和利館」現象顯示了日本人處世的智慧，它將日本社會傳統的人情世故，同資本主有「銀貨兩訖」的商業行為結合起來，既強調「和」，也不忽略「利」。應該說，這是一種處理個體與群體關係的合理方式。

在日本，「和利館」不僅是一種現象，而且是一種精神，

它滲透於社會的各個領域。正是這種精神，推動著日本社會的發展和進步。確實，人類社會是複雜的，無法用數學上的一些基本定理，諸如「大數之和必然大」的定理加以推論。但是，它在許多方面卻頗符合系統論的原理，即一個系統的整體能力不等於組成該系統的各種元素能力的簡單疊加。經過系統組合的各種元素，根據其組合的優劣和支配其工作的原理，可以釋放出全然不等於各種元素能力簡單疊加所具有的能力，這就是「合力」的作用。

例如，將世界上最優秀的足球明星組織在一起的「全明星隊」，未必是一支超一流的球隊；而一支個人技術嫺熟，整體配合默契的球隊，完全可能是一支所向披靡的球隊。也就是說，作為一個整體，它的效率和能力主要取決於各個個體的自覺，以及個體與個體間的配合關係。如果一個集團的每個成員個人才能並不差，但它的整體能力卻比較差，那麼，它的配置結構肯定有不合理之處。結構不合理，將會產生「內耗」，將會像一台結構不合理的發電機那樣，使相當一部分能量消耗在發電機內部，使它的輸出功率大大減少。反之，如果配置合理，則會釋出超常的能量。

日本社會，特別是既強調個體資源，又強調整體協調的日本企業，如同一架配置合理的發電機。雖然就個人才能而言，無論魄力、耐力、胸懷等氣質性才能，還是邏輯思維、形象思維等智力性才能，日本人在世界上並沒有超常之處；但是就整體而言，日本人卻在許多領域領先。究其原因，就是由於日本人有效地發揮了「和利館」精神，從而產生一種「乘積效應」，釋放出超常的、由「合力」推動的能量。

日本人十分強調「和利」，因而在行動上表現上酷愛成群集隊。雖然這種現象非日本人所獨有，但是像日本人那樣成為

一種普遍的社會現象，成為人們的一種心理習慣，卻是極少見的。「有一個刻薄的評論家把日本人比作一群小魚，他們秩序井然地沿著一個方向游進，直到有一塊石頭掉入水中，打亂了這支隊伍，使之突然間調頭朝反方向游動，但隊伍依然是秩序井然。」❻

　　「和」確實給日本人帶來了「利」。雖然日本作為一個實行市場經濟的資本主義國家，充滿著激烈的競爭，但是，這種競爭往往是和協調的方式交織在一起的；它構成了現代日本社會的一個重要特徵。正如筆者在緒言中所述，「和諧」是日本人一種基本的社會價值觀念，是絕大多數人認同的行為方式。即使是唯利是圖的資本家，也十分注重協調和兼顧各方面的利益。事實上，強調協調是許多企業的經營原則，競爭，在日本只是一個「無名的現實」。協調和競爭在重視「和諧」的日本傳統文化沃土上的均衡，促進了日本社會經濟的發展，是日本能夠在戰後迅速崛起的重要動力。

　　以家用電器為例，在日本東京的秋葉原電器街，有三千多家同類商品；這種配置現象本身就是對日本的企業經營者多麼注重「和」，在「和」中獲利的很好說明。同樣，在開闢國外市場方面，日本的松下、索尼、東芝、日立、夏普、三洋等公司以一種鼴鼠集體行動的方式，同時打入集國市場，並以一種雷射的方式，迅速超越乃至摧毀當地同類產業的現象，也從一個側面反映了日本人對「和利館」精神的尊重。

　　日本的企業，特別是大中型企業，普遍實行終身雇傭制和年功工資制。在別的一些國家的人，比如中國人看來，這似乎有吃「大鍋飯」的弊端。但是，按照美國著名的日本問題專家

---

❻　《當代日本人──傳統與變革》

沃格爾在《日本第一》中的分析，這兩項制度卻是日本企業成功的法寶，是使「日本名列第一」的重要因素。

之所以如此，依筆者愚見，就因為「和利館」精神發揮了作用。這種精神融合了東西方文化各自的優勢，既避免了「大鍋飯」的弊端，也避免了過分明顯的個人競爭導致的人際關係緊張（人們一致認為，日本集團內的人際關係比西方國家和睦得多），無疑是日本人善於協調個體和整體關係的一種智慧的體現。它使「和利」＝「合力」。

庭訓往來和智慧之源

今天，日本國民的識字率差不多接近百分之百。這麼高的識字率，遠遠超出了作為文明古國的中國（大陸）和現代科學技術極其發達的美國，反映了作為一個民族的日本人整體的文化素質和受教育水準。

日本人這種高度的教育普及率並不是在短時期內形成的，也不是現代甚至近代的產物。如果仔細觀察一下日本著名畫家安藤廣重描繪的，以「日本橋」為主題的畫，那麼觀者將不難發現，在日本橋橋頭左側有一個告示區，在這個告示區內豎立著許多告示牌，上面用文字寫著禁止做什麼事，提倡做什麼事，做了什麼事將受到何種獎勵或懲罰，等等。值得注意的是，在告示區裡站著看告示的，有賣魚的小販，有稚嫩的孩童，有農村的老嫗、老翁，也有持一技之長的工匠。總之，全都是普通的平民百姓。這幅畫告訴人們，早在十七世紀，日本就已經有了相當高的識字率或教育普及率。在英國學者 R·P·多爾的《江戶時代的教育》（該書也是他的博士論文）

中，對當時的教育狀況更有著詳盡的考察論證。❼

　　教育，是培養人格和能力的重要手段，是文化的繼承和再生產的必由之路，是促使文化成熟發達的有力因素。一句話，教育是智慧之源。所謂「學而為智，不學而為愚」，正說明了這個道理。那麼，日本是以什麼方式發展教育，開發這一智慧之源呢？雖然這是一個足以寫一本專著的話題，作一番窺斑見豹的探析卻是可能的。

　　事實上，那些告示牌就是一種獨特的方式，這種方式既顯示了日本人對教育的重視，也顯示了日本人在普及和提高全民教育水平方面的智慧。那些告示，有些是所謂的「庭訓往來」，它是日本政府或藩主向臣下下達命令，傳遞信息的工具。但是，它的作用還不止於此。

　　按照樋口清之的說法：「為了使江戶時代的人們提高識字率的教科書，就是以什麼什麼『往來』命名的，具有書信體裁的教科書。其中最具有代表性的就是所謂的「庭訓往來」。」❽也就是說，「庭訓往來」之類的告示具有一石二鳥的作用：它既是鞏固統治基礎，維持社會秩序的工具；也是普及教育的手段。尤其重要的是，與「民可使有之，不可使知之」的信奉者相反，在日本統治者看來，這種普及教育的手段是為鞏固統治的目的服務的。

　　本來，發布「安民告示」是各國統治者從古至今慣用的方式，但是，將「安民告示」視為一種教育工具，在世界上恐怕是絕無僅有的。它體現了日本統治者通過這種種途徑開發「智慧之源」的觀念，而這，按照許多日本學者的意見，正是日本

---

❼　參閱 Ｒ・Ｐ・多爾：《江戶時代的教育》，松居弘道譯，沿波書店。
❽　《不消亡的日本人》

在近代以後得以迅速發展的一個重要原因。

　　日本有著重視教育的傳統。至江戶時代，日本已經建立起了遠勝於中國和朝鮮的文化教育機構。江戶時代的日本，政局比較穩定，經濟有所發展，教育也因此而日趨發達。當時不僅幕府設立了武士子弟學校，各藩設立了藩校，而且還有大量主要設在廟宇院落中，意為「廟宇陋屋」的民間教育機構——寺子屋。據粗略統計，至江戶時代末，日本各地的寺子屋，總數不會少於一萬所。進入十九世紀以後，其數量更是飛快增長。在十九世紀三〇年代，日本全國平均每年增加一四〇所學校。四〇年代，平均每年增加二四〇所。至五〇年代，這一數量更是增加到超過三百所。據英國學者 R・P・多爾在《江戶時代的教育》中的調查統計，在江戶時代，日本人中有 60% 已經基本上具有讀寫和計算能力。這一數字，同當時最先進的西方國家相比，也毫不遜色。

　　在明治維新以後，新政府更是竭盡全力，注重全民教育水準的提高，積極貫徹「邑無不學之戶，戶無不學之人」的政策。著名的維新志士木戶孝允在考察了歐洲各國之後深切地感到：改革教育制度，培養人才，是富國的關鍵。他在考察日記中寫道：「為急務者，無較學校為先者。」事實上，這也是明治維新指導者的共識。

　　眾所周知，日本的明治維新是在「殖產興業，文明開化，富國強兵」三大方針的指導下展開的。所謂「文明開化」一辭，雖然典出《書經・舜典》的「濬哲文明」和《易・上經・乾》的「見龍在田，天下文明」，以及顧愷之《命定論》中的「夫建極開化，樹聲貽則」等中國古籍，但其內涵卻是全新的。實際上，作為一種政策的「文明開化」的核心，就是以西方教育制度和體系為楷模進行的一場教育改革（按：「文明開

化」可以作四種解釋：(1)作為一個時代範疇，即文明開化期；(2)作為一種思想範疇；(3)作為一種世態風俗；(4)作為一種政策方針）。它既在本質上和與之並行的殖產興業政策一樣，是達到富國強兵目的的一項文化政策，同時也是殖產興業的前提。因為，殖產興業必須以知識作為基本條件，它對文明開化政策的依賴是顯而易見的。

在貫徹「文明開化」政策方面，日本政府以普及和提高為目標，在不同層次上主要做了兩件事：一是實行義務教育。在1872 年制定學制，規定適齡兒童必須入學，從根辭上保證近代化所需的勞動力。二是興辦高等教育，培養科技人才。先後創辦了東京大學、京都大學、東北大學、九州大學、北海道大學等高等教育機構，在日本普及西方科學文化知識。這場改革不僅培養了大批有文化的工人、農民、士兵和中等技術人才，而且通過入學考試，為年輕人打開了通往上層的道路，具有極其深遠的社會和歷史意義。

賴肖爾指出：「1808 年時，日本社會遠遠落後於英國，存在著顯著的階級界線和強烈的權力世襲。但是，日本只用了一個世紀多一點的時間，就掃蕩了這些落後性而遙遙領先於英國。這的確是一項令人驚異的成就。雖然在一定程度上，這應歸因於日本社會特殊的集團歸屬意識，但更中肯的解釋只能是，這是因為教育而自覺產生的結果。」❾

當時，日本政府為了發展教育，開發智力資源，嚴令各地方長官籌集教育經費，否則將受到懲罰。為此，有不少官員因籌集不到足夠的經費而自殺。因此人稱明治教育史是一部「血的歷史」。可見日本人對開發智力之源的高度重視和令人折服

---

❾　《當代日本人──傳統與變革》

的決心。

　　第二次世界大戰以後，戰敗的日本一片廢墟，滿目瘡痍。但是，它卻很快恢復了元氣，並迅速重新崛起，在世界上創造了一項「奇蹟」。為探索產生這一「奇蹟」的原因，學者和有關人士進行了廣泛深入的研討。其中，日本已故前首相吉田茂的觀點頗具有代表性：「高超的教育程度成了戰後復興的巨大力量。日本人由於戰爭而損失了許多財產，可是最為重要的能力──人的能力──沒有喪失。」❿

　　綜觀歷史，從江戶時代「庭訓往來」的兩重目的和作為一種教育改革的文明開化，到戰後日本的重新崛起，從江戶時代的武士子弟學校、藩校、寺子屋，到明治時代的高等教育機構，日本人始終重視教育，重視開發智慧之源的做法，是值得稱道的。日本人之所以能生生不息，奮進不已，從一定的意義上說，就是因為他們有效地開發並利用了這一智慧之源。

溫泉和「沐浴文化」

　　日本是一個火山頗多的國家，因此在那裡，火山的產物──溫泉隨處可見，總數達一萬處以上。在日本的神話中，最古老的就是關於伊予的道後溫泉的神話。根據這個神話，少彥名神和大國主命一起，在開拓了國土以後，從阿波之國（今天的德島縣）登上了穀穗。他正欲採穀，卻不料一下子掉入伊予之國（今愛媛縣）的一個池中。在那裡，他看到了一隻白色的鷺鶯將腳伸入池中治傷的情景。於是，他也縱身躍入池中，

---

❿　吉田茂：《激盪的百年史》

並治好了傷。這一神話，在只留下斷簡殘篇的《伊予風土記》中也有記載。大國主命、少彦名神是日本的國土開拓之神，少彦名神在日本還作為醫藥之神而著名。

醫藥之神發現道後溫泉，並在溫泉中治傷的神話是否屬實自然難以查考，但這個神話的內容至少有一點是真實可信的，即生活在火山之國、溫泉之國且善於觀察自己的日本人，洗溫泉浴的歷史十分悠久。在溫泉周圍發現的許多石器時代的遺跡，就是很好的證明。並且，早在遠古時代，日本人就已經懂得溫泉能夠治病的道理。在日本古籍《出雲風土記》中，關於溫泉的效用，就有「一洗容貌端正，二洗萬病皆除」的記載。雖然這種說法未免誇張，但溫泉能夠養顏護膚、治療疾病，卻是現代醫學的結論。事實上，日本人對祖先這一充滿智慧的發現十分感恩戴德。因此，他們不僅對醫藥之神發現道後溫泉的神話津津樂道，而且還在各地的溫泉建造了許多祭祀少彦名神的場所。在日本，除了熊野的湯峰溫泉祭祀熊野的本宮外，其餘的溫泉幾乎都祭祀少彦名神。

在日本，比較著名、歷史悠久的溫泉，除了道後溫泉外，還有攝津的有馬溫泉、和歌山的白濱溫泉、下野的那須溫泉、陸奧的五造溫泉、因幡的巨濃溫泉、出雲的意宇溫泉，以及箱根溫泉、熱海溫泉等等。由於日本人很早就懂得了溫泉能夠治病的道理，因此，溫泉的醫療價值很早就得到重視和研究。據說在江戶時代初期，日本醫學家後藤艮山和他的弟子香川修庵能夠根據溫泉的熱度、色味，以及入浴後是否會生瘡，判斷溫泉的效用。

在日本，由於火山活動的逐漸靜止，溫泉的數量已有所減少。但是，現在沒有溫泉，卻仍以「湯」字命名的地方很多。這說明，日本人早已注意到溫泉的開發和利用。就這個意義來

說，溫泉是日本人「沐浴文化」的支點和出發點，是日本文化一個很重要的方面。

必須申明的是，「沐浴文化」絕不是筆者的杜撰，而是獨特的日本文化中一個獨特的方面，它「具有培養日本人習性的功能」，並反映了日本人的宗教和社會觀念。對日本人來說，沐浴不僅能治療生理上的疾病，而且能治療心理上的疾病；不僅能洗去身上的污垢，而且能洗去精神上的苦悶；不僅能使人返璞歸真，坦誠相見，而且能交流各種信息。使沐浴成為一種文化，無疑是日本民族智慧的體現。

日本人喜歡沐浴，喜歡到公共浴池去。在日本，公共浴池的歷史可以追溯到古代寺院內的浴堂和大湯屋。這種浴堂和大湯屋不僅僅是僧侶們齋戒沐浴時所用的清潔設施，而且也是一種施善和救濟設施。當時，一些流離失所的難民被寺院收留後，為清除他們身上的污垢，寺院經常進行所謂的「施浴」，並為他們提供食物。這種「施浴」是日本宗教追求純潔的觀念和倫理觀念的結合。一些學者認為，這種結合可能是日本人酷愛潔淨和喜歡洗澡的重要原因。從日本南北朝時代到室町時代，被稱為「町風呂」或「町湯」的城市公共浴池有了很大的發展，而村民們在「鄉風呂」、「庄湯」、「潘湯」的公共浴池入浴。至江戶時代和明治時代，公共浴池更是不斷增加，成為日本人社會生活的一項重要內容。

進入現代社會以後，日本的家庭衛生設施雖然不斷普及，但是，公共浴池「錢湯」依然歷久不衰。在日本，很難設想一座城市裡會沒有公共浴池。因為，它是一種使身體、頭腦、精神得以鬆弛乃至淨化的場所。經歷了一天緊張工作的人們，在那裡進行著各種交談，有抱怨和規勸，有牢騷和建議。經過這種宣洩和安慰，失意者、憤憤不平者的不滿和苦悶，和身上的

污垢一起得到清除，使他們感而神清氣爽。

另外，如同中國的茶館一樣，日本的公共浴池還是個信息交流場所，人們在那裡交流著各種訊息，從相撲比賽到新產品廣告，從議員競選到國際局勢，幾乎無所不包。在日本，人們時而可以聽到一些關於「浴池新聞」的議論。浴池的這種社會功能，是日本「沐浴文化」的一個重要組成部分，如同茶館在中國茶文化中所占的地位一樣。

許多研究日本問題的專家一致認為，分析日本社會的一個比較恰當的出發點，就是分析日本社會中個人與群體的關係。按照這種觀點：「公共浴池」無疑是一個很好的視角。

在這裏，我可以我的朋友小王曾經跟我講過的一件事作為例證。有一次，小王到一處溫泉去洗澡。在那裡，他發現一個池子裡擠滿了人，而另一個池子裡卻空無一人。於是他便好奇地向一個日本人詢問：「為什麼要擠在一個池子裡？」不料，對方卻反問了他一句：「既然一個池子裡擠得下，為什麼要到別的池子裡？」

這個例子雖然有點極端，但卻反映了日本人的合群心理，反映了在「沐浴文化」中隱藏著的一種處世的智慧。因為，按照心理學原理，人在放鬆的時候是比較容易坦誠相見的，而浴池當然是一個使人放鬆的理想場所。尤其重要的是，浴池在一定程度上消滅了人的性格差異，使日本人從有意識的穩重變得無意識的坦然。如前面所述，日本人通常十分循規蹈矩，以禮儀掩蓋真實的內心；他們是用「四十層衣裳」包裹著的人。在日本，即使是炎熱的夏天，西裝革履者也比比皆是。然而在浴池裡，彼此都一絲不掛，於是，生理上的返璞歸真導致了心田上的返璞歸真，日本人變得坦誠了，他們的禮儀和他們的衣服

一起，全都留在更衣室裡。

「據說，解決複雜問題、哲學上的爭論和政治問題辯論的最佳場所，就是浴池；更準確地說，就是熱水浴池。」[11]這種將浴池當成研究會會場和講壇的做法，是一種獨特的現象，它是對日本社會處理人際關係特定要求的一種補充，這種補充對於使日本社會免於沉寂，免於一團和氣所產生的弊端，是完全必要的。

認識到洗溫泉能治療生理疾病是一種智慧，使溫泉成為「沐浴文化」的支點和出發點，並在其中蘊含豐富的社會內容更是一種智慧。並且唯有後一種智慧，才使沐浴從一種日常生活的基本需求，變成一種文化。

天皇制：民族認同的傑作

在德國柏林市凱旋路的一個終點，有一座幾十丈高的凱旋塔，塔上有一座金光燦爛的女神像。這位德國人虛構的、被稱為「日耳曼尼亞」的女神，是德意志國家的代表。在英國，人們也以同樣的方式創造了一個虛構的人物，並稱之為「不列顛尼亞」。而在法國，人們則虛構了一個「高盧尼亞」作為國家的象徵。這些國家的人們之所以要虛構這樣的人物，是因為那裡屢屢改朝換代，變革政體，所以有必要通過這種子虛烏有的人物，使人民思念過去的歷史，培養國家觀念。

但是在日本，這種「日耳曼尼亞」、「不列顛尼亞」和

---

[11]　弗·普羅寧可夫等：《日本人》

[12]　《東方民族的思維方法》

「高盧尼亞」之類的角色卻是由天皇扮演的，是通過「萬世一系」的天皇制來體現的。正如日本著名學者中忖元所指出的：「不管是把天皇與國家當作一回事，還是把天皇解釋為國民團結的象徵，天皇制是日本所特有的制度，我們必須注意這種制度是不見於其他民族之中的。」❷這種獨特的「萬世一系」的天皇制，既是日本人尊重社會地位的等級差別，趨向於對某個特定的活人給予最高敬意的思想傾向的表現，也是一種智慧的表現。

在 1945 年日本戰敗以前，「天皇崇拜」一直是日本最強有力的信仰形式。甚至在這以後，天皇作為日本國民統一的象徵，仍然有其特殊的地位。1988 年，日本昭和天皇病危的消息傳出後，日本各家商店黑色呢絨和黑色西服的銷售量急遽上升，甚至出現「斷檔」。這一現象說明了天皇在日本民族大家庭中、在日本人心目中的地位。

天皇崇拜的思想在日本有著悠久的歷史淵源。翻看一下《古事記》和《日本書記》中的神話故事，我們將不難發現，這些神話故事所著力宣揚的不是古人所信仰的神之偉大，而是天皇的神聖性。當然，在其他民族中也不乏人的神格化現象，但是，這和日本天皇的神格化是不同的。

例如，在西方社會，人們也曾經把亞歷山大大帝和羅馬諸帝視為「神」，但這只是將他們個人加以神化而已，植根於一個民族原始信仰之中的民族神話與此並沒有關聯。近代歐洲的「君權神授」說是以基督教的上帝觀作為前提的，是以上帝的意志作為君主權力的依據，君主本身並不是神。

而在日本的原始宗教裡，皇祖神及其傳統的神聖權威，本身就象徵地體現了民族的整體性，表明了促進統一的意圖。對民族的整體性認同與否，對皇祖神的權威服從與否，對這種權

威的具體體現者即統治者服從與否，是一致的。在日本漫長的歷史上，並非絕對沒有反叛皇室的人，但是，甚至這種人也並不試圖取皇帝而代之，他們也仍然不得不承認皇帝的權威，哪怕只是在名義上。

在日本歷史上，天皇權威不是出自於君權神授說之類的抽象原理，而是天皇自己的「神格」所固有的。在其他各國，如西方各國，君主之上還有上帝，敕命之上還有上帝的旨意；但是在日本，天皇就是「上帝」，敕命就是「上帝的旨意」。天皇不是承天命的天子，他本身就是授予天命的天帝。日本一直由「萬世一系」的天皇所統治，是一種歷史悠久的政治傳統。

在日本，流傳著這樣一個故事：曾經有一條船帶了一本《孟子》，想將它傳入日本。但是，這條船在海上碰到風暴遇難了。這條船之所以遇難，就是因為日本自太陽女神《天照大神》創建與治理以來，皇室的世系始終沒有斷絕過，而《孟子》則宣揚禪讓和放逐、討伐暴君是正義的；如果讓這種觀點傳入日本，那麼就有可能出現奪取眾神後裔的皇位還宣稱自己有功無罪的敵人。所以眾神刮起了一股神風，掀翻了帶著《孟子》的船。

從這個傳說故事中，我們可以看到日本人是以多麼玄妙的想像力來維護這一政治傳統的。確實，中國的儒教在傳入日本時，幾乎沒有引起重大摩擦，但是禪讓與放逐、討伐暴君有理的儒教學說卻遭到了抵制。例如，日本文戶學派的儒家學者藤田東湖就曾明確指出，在儒教的學說中，有兩條「絕不適用於日本」。這兩條，一條是禪讓，一條是放逐、討伐君主。「在我們日本的赫赫神州之內，自從天祖將統治日本的使命授予天子、天孫以來，皇統綿延不絕，傳之無窮，天位之尊猶如日月之不可逾越。萬世之下，即使有人道德可以與舜、禹媲美，智

慧可以與湯、武比肩，他能做的唯一的事，仍是一心一意侍奉天皇，協助皇上完成大業。萬一有人倡導禪讓學說，凡八大州（日本）的臣民皆可鳴鼓而攻之。」[13]

當佛教在日本廣泛傳播時，佛教徒一般也都承認天皇崇拜是一種常識。兼好法師甚至在《徒然草》中宣稱：「天皇的偉大地位確實令人敬畏。即使竹園裡生長的最後的竹葉（意為所有的皇族成員，直至最後出生者）也都非凡人之輩，他們是尊貴的！」[14]正是天皇崇拜思想，使日本佛教關於「十善」之德與帝王之關係的觀念發生了變化。原始佛教認為，帝王應身體力行「十善」，並且依此治理國家。但是，日本佛教則認為，身為天皇本身就意味著實現了「十善」；也就是說，「應該做到」的未來式，變成了「已經做到」的過去式。

雖然在九世紀左右天皇就失去了政治實權，而且在後醍醐天皇於 1333 年試圖重建天皇領導權的努力失敗之後和明治維新之前，歷代天皇幾乎沒有過恢復天皇實際統治的努力，但是，人們對天皇家系的高度尊敬卻始終不變。按賴肖爾的說法，在現代社會之前，「沒有一個人對於一切合法的政治權威歸根到底來自天皇家系這一觀念進行過挑戰。」[15]

日本人不僅在著力維護「萬世一系」的天皇制這一政治傳統方面表現出一種獨特的思路，而且在天皇崇拜與神國觀念或國家主義的結合方面，也表現出一種不凡的智慧。在這方面，最突出的例子就是日本國歌。無須贅言，國歌是喚起民族精神，激發民族認同感的重要手段，而從和歌《古今集》中選

---

[13]　《弘道館記述義》，京都大學圖書館藏。
[14]　《東方民族的思維方法》
[15]　《日本人》

詞，1880 年由宮內省雅樂課的林廣守作曲、由外籍教師埃克特配以和聲並日以修改作成的日本國歌《君之代》，一開始就以「吾皇聖明，澤被萬載」的歌詞和莊嚴肅穆的旋律，使日本國民在「天皇崇拜」觀的指導下，自然而然地產生一種民族認同感。

天皇崇拜和國家主義的結合，在日本歷史上曾經具有十分重大的意義。眾所週知，十九紀紀日本邁向近代化的第一個步驟就是「尊王攘夷」。所謂「尊王」，就是通過對天皇的尊崇，形成一種整合國民意志的向心力；所謂「攘夷」，就是保衛國家。日本人正是在這一口號中，尋找到一種精神的統一。可以肯定，在使天皇制成為民族認同的有效象徵這一點上，明治體制的創造者們完全取得了成功，儘管這種成功以後被引向極端而給日本人民釀成災難。第二次世界大戰以後，美國占領當局幾乎對日本政治進行了胎脫換骨的改造，但是並未罷黜天皇，因為美國人十分清楚，天皇對日本國民意味著什麼。今天，日本已基本建成了民主政治，但是，作為一種民族認同的象徵、政治穩定的標誌，及連接歷史、安慰人心的感情紐帶，天皇制度依然存在。

天皇制的根本意義是尋求一種民族的認同，這種認同對於日本歷史的遭遇和今日的成功都有一定的積極作用。正是在這一點上，我們不無理由認為，殊別於一般君主制的天皇制，是日本尋求民族認同的傑作。

尊崇和睦的大「和」民族

在對日本社會文化的全部考察中，我們不難發現，日本人

絕大部分嚴格的行為準則都是為了一個主要目標：保持和諧。這些行為準則，這個主要目標，經過近兩千年的磨洗，迄今仍未褪色。在「太陽升起的土地」上（日本的含義），至少在表面上，日本整個社會所顯示的是黎明所象徵的平和、寧靜，日本社會生活的主要氣氛是一種和睦的氣氛。儘管今日的日本是個充滿競爭的社會，但是「競爭」在日語中不是個褒義詞。由於日本的文化傳統貫徹延續至今，因此日本的競爭只是一種「無名的現實」。事實上，講求合作，講求「協商性相互依靠」，今天依然得到人們的尊重。

日本大部分人際關係表面上的禮節均體現了日本人對保持和睦的關心。這也是日本人注重禮節的一個重要原因。禮節不等於和睦，但它卻是保持和睦、避免摩擦的一種潤滑劑。為了保持和睦，日本人會費盡心機；為了避免使別人感到窘迫，日本人會表現出少有的機智。從下面這件軼事中，我們或許可以看到禮儀、機智及和睦的關係——

某日，一個日本人去拜訪一對夫婦。但是，當他走近這家人家的家門時，發現夫婦倆正在摔盆子打碗，爭吵得不可開交。顯然，這不是登門造訪的時機。怎麼辦？正在他進退兩難之際，只見門開了，一只盤子「嗖」的一聲向他的頭頂飛來。面對這種情勢，他靈機一動，順勢向隨後走出的主人深深地鞠了一躬（實際上是為了躲避飛來的盤子），說道：「哦！真不湊巧，原來你們在打掃房間。確實，那些沒有用的東西是該扔掉一些。不然，堆在屋子裏既不整潔，又礙手礙腳。你們忙吧！我不打擾了，改日再來拜訪。」

注重和睦，是日本文化的一種顯示特徵。而追求和睦，注重設身處地為他人著想，需要具備一定的自控能力。自控能力或自我修養的磨練，恰是日本人所努力追求的。在日本，自從

中世紀以來，「坐禪」一直很流行。但是，日本人坐禪的目的通常是為了培養個我約束力，而不是為了「超凡悟道」這個本義。日本人喜愛柔道、劍術、箭術等運動，過去和現在仍然主要是為了鍛鍊韌性和意志，而不是為了鍛鍊身體。甚至皈依基督教，也有人是為了培養「鎮靜和控制自如的心境」。英國的佛學研究權威查理・艾略特爵士在他的《日本佛教》一書中，講述過這樣一個故事——

有個女學生向東京一位著名的傳教士提出申請，說她想成為一個基督教徒。傳教士問她：「為何要皈依基督？」她回答說，有人告訴她，在她乘飛機上天之前，必須具備一種非常鎮靜和控制自如的心境。這種心境只有經過宗教修行才能獲得。她認為在各種宗教中，基督教可能是最好的，因此前來請求入教，以了卻平生的夙願——乘飛機上天。

按照日本人的觀念，幼兒生來幸福，但並無「品味人生」的能力。這種能力只有經過自我修養才能獲得。具有合作精神和合群傾向的日本人並不是被社會環境首社會文化磨掉了個性稜角的平庸之輩，而是在群體的和睦中展示個性和個人才智的「凡夫俗子」。為了達到善於自我控制的境界，他們幾乎「無孔不入」。這種行為本身就表現出一種非凡的智慧。

值得注意的是，日本人強調律己，尋求和睦，並不排斥對個人慾望的追求。事實上，在日本，律己與和睦的背後所隱藏的是互相履行義務，即要求付出和收穫的等同。日本人總是特別反對基督教傳教士關於自我犧牲的說教。在日本這個以複雜詳盡的相互義務作為生活中心的民族，自我犧牲幾乎是無稽之談。正是相互履行義務的強制力，以及日本人對自我修養與己有利的確信，才使許多外人看來難以忍受或不可理解的行為，被日本人視為理所當然。

當日本的企業發生困難時，職工之所以能夠節衣縮食，共渡難關，並且較少發生勞資衝突，除了所謂「新教的道德觀念」在日本人身上表現得比較突出，以及日本用人體制方面的原因外，這種作為歷史文化積澱的傳統心理作用當是不能忽略的。也正因為這樣，日本的「春鬥」（每年春天的「例行」罷工），今天已幾乎是一種形式。

　　強調堅韌和自我修養以追求和睦，表現出一種日本人所崇尚的，將隨機應變、隨遇而安，既不自高自大，又不自輕自賤的品格完美地融為一體的蒲公英精神：小小蒲公英，種子輕又輕，乘著微風吹，落地處處生。瓦隙石縫間，鐵路口子中，沙礫荒灘上，到處是歸終。生根開花易，生命力無窮，群草不可比，佼佼爾根性。見縫即紮根，不計啥環境，生命付大地，開花不求榮。不懼沙地旱，敢傲雨霜風，平凡一根草，默默無怨聲。炎炎驕陽下，生命力更增，花開金黃色，竟與日光同。花店不見你，你卻不自輕，飄飛憑命運，隨處落地生。平凡你為最，堅韌蘊內中，人不識你貴，我讚你超眾。

　　在日本，這種「隨遇而安」的能力和精神，被視為受過錘煉的內在力量的象徵。然而，在和睦的群體中，有時也難免「豆萁相煎」、「同室操戈」。矛盾總是難免的。有了矛盾怎麼辦？在這方面，日本也頗有新穎的解決辦法。例如，松下幸之助懂得，雖然他比較注意關心和體恤員工，但員工難免會對他有怨恨情緒。於是，他便在員工的休息室裡安放了以他本人為模特兒的「橡皮人」，供員工抽打出氣。他這種為員工設置排遣和宣洩怨氣的渠道的做法，無疑有助於緩和勞資矛盾。與不讓人在背後說自己一句壞話，以免損害自己形象的領導者相比，這種做法無疑高明得多。

　　至於如何緩和員工之間的矛盾，日本人的有些做法更

「絕」。例如，日本有一家企業是這樣處理員工之間的矛盾的：先將矛盾雙方請進一間裝有「哈哈鏡」的屋子，讓他們照一下自己的「尊容」，以至忍俊不禁。然後讓他們進入一間安放著一個斜眼看人，一臉輕蔑的橡皮人的房間，並讓他們拿橡皮榔頭去打它。此種安排的目的是為了告訴他們，待人不可傲慢，傲慢者挨打是很正常的。讓他們進入的第三個房間叫「彈球室」。在這個房間的牆上，有個用橡皮筋繫著的球。矛盾雙方均須使勁打這個球，然後放開。這時，球會立刻彈回來，打在他們身上，令他們瞬時一陣疼痛。

於是，工作人員便告訴他們，這是牛頓三大定律之一：作用力與反作用力。意在告訴他們，矛盾總是雙方造成的，雙方應多作自我檢討和自我反省。第四個房間是本企業勞資、勞工關係展覽室。通過參觀展覽，讓他們懂得團結和睦是本企業的優良傳統。最後一個房間是思想座談室，由經理主持座談。如果矛盾雙方檢討深刻，經理會表示讚許，並發給他們每人一個信封，裡面裝著錢。這種漫畫式的化解矛盾，尋求和睦的方法，令人捧腹，但卻發人深思，實在是一種匠心獨運的創造。

古人云：「天時不如地利，地利不如人和。聖人所貴、人事而已。」（《尉繚子·戰威第四》）尊崇和睦的大「和」民族，無疑深諳此理。

Chapter 6
文化博覽會隨想曲

貨幣的「第六種職能」

　　政治經濟學的常識告訴我們，貨幣是人類社會發展到一定歷史階段的產物；在以物易物的時代，貨幣是不存在的。將貨幣作為一般「等價物」，是文明進步的表現，體現了人類特有的智慧。

　　貨幣是一種歷史的衍化物。在日本，貨幣的應用和普及也經歷了漫長的歷史時期。在鎌倉時代，通過日中貿易，錢幣不斷流入日本，並逐漸取代米、布而開始成為日本人商品交換的一般等價物。在室町時代，由於日中貿易的發展，錢幣作為通貨的地位更加明顯。在室町幕府末期，各大各領國運用金銀貨幣已相當普遍。在桃山時代，統一幣制得以確立，經「大判」、「小判」、「極印銀」，至江戶時代，產生了「寬永通寶」。簡而言之，在日本，貨幣制度是經過三個幕府時代而逐步確立的。

　　在歷史上，貨幣僅作用於人們的經濟生活，或者說僅具有

經濟學意義。人們主要將它作為一種價值尺度和流通手段。後來，人們通過收藏貨幣，使之變成了文物，使貨幣兼有了非經濟含義。不僅如此，即使是流通中的貨幣，也早已跨越了經濟學的範疇而具有不能為貨幣的五種職能所涵蓋的「第六種職能」——即可以用來表達國家和民族的某種觀念和文化特徵。如為了紀念某些偉人，並通過這種紀念，表現出民族的價值取向和價值觀念，或通過某種國家的標誌來顯示一種歷史悠久的傳統文化……貨幣的「第六種職能」，使之成為發行量最大、分布面最廣的宣傳品。尤其值得注意的是，貨幣「第六種職能」的內容實際上是不確定的，並且正是這種不確定性，使貨幣除了作為一般等價物這一人類智慧的結晶之外，還是一塊表現智慧的畫布，需要人們以匠心獨運的方式加以描繪，從而使貨幣的圖案設計成為一項創造性的勞動。

根據上述認識，我對世界各國的主要貨幣，諸如英國的英鎊、法國的法郎、德國的馬克、美國的美元、意大利的里拉、加拿大的加元等，逐一作了觀察、研究。結果發現，和這些貨幣相比，日本的日元更具特色：它顯示了日本多元文化的特徵，表明了日本人樂於吸收、借鑑外來文化的態度；而這正是日本文化最本質的特徵和日本人在其「文化的生活進程」中所採取的一貫態度。

日本的紙幣總共只有三種，即一萬元、五千元和一千元。在它們上面分別印有福澤諭吉、新渡戶稻造、夏目漱石的胸像。耐人尋味的是，這三個人均不是立國的元勳、偉大的政治家或科學家（這是其他貨幣選擇偉人像的標準），而只是日本偉大的思想家和文學家。然而，正是這種獨特的選擇，顯示了日本人獨具的慧眼，以及對貨幣這一「宣傳品」的妙用。

首先，讓我們先了解一下一萬元紙幣上的福澤諭吉。福澤

諭吉有「國民教師」之譽。他最初接受傳統的漢學，後熱中於「蘭學」和「英學」，曾三次隨幕府遣外使節遠赴歐美，與西方近代文明有親身接觸。他的《西洋事情》三編十冊，就是根據親身見聞及有關資料撰成的。另外，他還撰有《勸學篇》、《文明論概略》等名著。福澤諭吉積極倡導「脫亞」論，主張向西方文明學習，力陳先進的學問不是傳統「儒學者」、「國學者」的空談理論，而是實用和實證的「實學」，西方的學問正是這種「實學」。

福澤諭吉分析、比較了日本文明和西洋文明的差異，並在此基礎上提出了學習西方的主張。按照他的說法：「我們西方文化學學者的目的只不過是想通過西方的生動事實來促使日本國民變通，並早日進入文明開化的大門而已。」（《福澤諭吉全集・緒言》）雖然福澤諭吉竭力鼓吹「脫亞入歐」論，但是，正如日本著名政治思想史家丸真男所指出的：「福澤一方面是歐洲文明的熱烈傳道者，另一方面他又始終關心於使歐洲文明的價值相對化，並對具體的社會狀況作出相對的反應。例如，在人們盲目醉心於文明開化的時候，毋寧說他是作為批判者出現的。相反，在復古的反動風潮居社會支配地位時，他又毅然決然地站在歐洲＝近代文明一邊。」❶

其次，讓我們認識一下面值五千日元貨幣上的新渡戶稻造。在中國，和福澤諭吉、夏目漱石相比，人們對新渡戶稻造的名字要陌生得多，但他在日本歷史上卻是一個不可等閑視之的人物。新渡戶稻造 1862 年出生於日本 1933 年客死於加拿大，一生中的三分之一時間是在國外度過的。他曾在日本和西方的各個大學授課，並撰寫了十六卷著作，其中十一卷是用日

---

❶　宇野重昭：【日本的社會文化史・5・近代化的展開】，講談社。

語寫的，五卷是用英語和德語寫的。他還曾擔任位於日內瓦的國際聯盟副秘書長職務，是一個優秀的教育工作者和富有經驗的國際公務員。不過，新渡戶稻造的突出貢獻並不在以上的幾個方面，他的突出貢獻主要在於他畢生為增進日本和西方各國的了解所作出的努力。將新渡戶稻造選為三偉人之一，顯示了日本對「一方面立足於東洋，另一方面立足於西洋的人」的尊重。❷

最後，讓我們關照一下面值一千元紙幣上的夏目漱石。夏目漱石生於 1864 年，逝於 1916 年，是日本最負盛名的作家之一。夏目漱石的文學作品幾乎全都被譯成了英語和其他語言，並受到高度評價。夏目漱石是在東京大學最早學習英文的學生之一，並於 1900 年至 1902 年留學英國。歸國之後，作為一個日本人，他第一次在東京大學開設了英國文學課程。但是另一方面，夏目漱石對日本的文化傳統極為珍惜。他作為俳句詩人也很有名。對作為日本政治和民族認同象徵的天皇制，夏目漱石也相當尊重。

近代以後的日本，一方面是一個吸收了起源於西方的近代文明而迅速進步的國家，另一方面又是一個堅持維護包括中國文化在內的日本傳統文化的國家。正如日本學者宮崎道生所指出的：綜觀日本整個近代乃至現代的歷史，我們可以發現，日本意識形態的基本動向始終是以「歐化主義」和「本國中心主義」為軸心運作的，並以「歐化主義」和「本國中心主義」作為兩極的軸心，形成了近現代日本的文化。❸

上述三位偉人是站在兩極的中間，對日本的多元文化作出

---

❷　井上靖等：《日本人與日本文化》
❸　宮崎道生：《近世・近代的思想和文化》

出色貢獻的一代宗師。因此，選擇他們來顯示「貨幣的第六種職能」，無疑獨具匠心──它表明了日本人的價值標準和價值取向。

今天，無論我們將日本文化稱為「複合文化」、「混血文化」、「同化混成複合文化」，還是「雜種文化」、「合金文化」、「飛地文化」，本質上都是為了揭示日本文化多元的特徵。和那些長篇累牘的論述相比，貨幣上的這種揭示可謂別具一格：它將貨幣的「第六種職能」發揮得淋漓盡致。

無骨骼的軟體動物

日本著名文化人類學家、社會學家中根千枝曾經指出：「日本文化不存在完全獨自的框子、形體和骨架。」和中國、印度相比，「日本像是一個軟體動物，而中國和印度則類似於哺乳類動物，和馬、獅子很相像，有骨骼而且很清楚。可以說日本接近於沒有骨骼、類似於海參那樣的生物，原則上不表現出一個明顯的形體，經常變化形體。」❹事實上，「不存在完全獨自的框子、形體和骨架」不僅是日本文化的一種特徵，同時也是日本人的一種思維定勢：不強調原則。這是一種隨時準備適應新情況和新變化的智慧，是一種「隨機應變」的智慧。從以下的這個例子中，我們可以略見一斑──

在近代初期，中國的清朝統治當局為了「移風易俗」，明令剪髮，規定「留頭不留髮，留髮不留頭。」然而在日本，當局者類似的法令則溫柔得多。1872 年九月，明政治政府頒布

---

❹ 《日本人與日本文化》

法令，要求人們不要拘泥於髮髻形式，應隨意剪去髮髻，蓄留短髮。這一法令以後在各地陸續施行。在各個地方，如大阪府制定法令，凡梳髮髻的理髮店均將被課以重稅，而剪除髮髻的理髮店則可免繳地方稅。福島、滋賀等地的做法稍異，規定男子凡蓄髮髻者必須繳納髮髻稅，並且頒布「斷髮令」，規定：「凡士民老少，男子均不得蓄髮髻，應予斷髮……徒刑罪人應結半髮，以明其為罪人……罪刑完畢，應斷髮如初。」❺

總之，均主要採取「導」，而不是「禁」的方式來解決這一問題。在髮式曾是身分之標誌、祖宗之法度的年代，剪髮髻、留短髮不僅僅是人之外觀的變化，而且是人之觀念的重大變革和人之信仰的重大變革，直接觸及人的靈魂。因此在中國，曾經有許多人寧願「留髮」而「不留頭」，釀成一幕幕悲劇。可是，與中國的情況相比，在日本，不僅「斷髮令」很快得以推行，而且當時還曾流行過這樣一首歌謠：「拍拍蓄著半髮之腦瓜，發出因循姑德之聲音；拍拍蓄著髻髮之腦瓜，發出王政復古之聲音；拍拍剪著短髮之腦瓜，發出文明開化之聲音。」❻從這首歌謠中，我們不難發現日本人對推行「斷髮令」的態度。

今天，在整個世界範圍內，人類社會基本上已從曾經作為偉大文明的亡靈，諸如思想體系、本位主義等一類「絕對原則主義」的學校畢業了。然而，日本人則早在近代初期就已經畢業了，並且是作為高材生畢業的。

不強調原則是一種明智的思維方式，因為它可以避免原則之間的對立、征服，避免一個生死攸關的鬥爭，以及因吸收外

---

❺　具島兼三郎：《走向文明的脫皮》，九州大學出版社。
❻　高坂正顯編：《明治文化史・4・思想言論》，原書房。

來文化而引起的「文化衝擊」。總之，它是一個緩衝墊層，是避免排斥外來文化，實現文化交流的濾器。事實上，追求思維方式的柔軟性，要求認識不僵硬、不凝固，緊貼複雜的現實，這種思維方式有其獨到的優點。

在這裡，我們可以作個比喻：如果將複雜的現實比作形狀特別的容器，那麼軟柔的思維方式就好比是一塊海棉，它可以貼住容器不規則的邊緣，在裡面隨遇而安。相反，僵硬的思維方式則好比一塊石頭，它無法改變自己的形態，面對結構複雜的容器——現實，它必然要與之發生矛盾、衝突；或破壞容器，或毀壞自身，二者必居其一。

就思維方式而言，日本人當屬於前者，而中國人則在相當長的歷史時期內囿於後者的圈子。因為，就文化傳統而言，日本和中國雖同屬「儒教文化圈」，但是二者的傳統思維方式卻有著重大差別。從理論上說，後者屬於「經學的思想規範」的範疇，而前者則屬於「科學的思想規範」的範疇，因為它不追求以籠統的斷然原則去指導複雜的現實，避免以既定的概念去取代不斷從實踐中獲得的新的知識和經驗，儘管這種「科學的思想規範」最初是有限和不自覺的。

「在人類的中世紀文明中，中國可能是世界上經學性文化最發達的國家之一。可以說中國的傳統思想基本上是按照經學思想規範，以儒教經典為最高教義建立起來的。中國的經學思想規範發展得最成熟，因而延續力量也最強。」❼所謂的「經學思想規範」，就是以某種既定的原則或教義為出發點和依據，要求人的思想、理論符合這種原則和教義。例如，中國自從漢武帝「罷黜百家，獨尊儒術」以來，儒教經典一直占據經

---

❼　梁策：《日本之謎》。

學思想規範中最高教義的地位。在經學思想規範的框架中形成的文化體系，當然具有保守性。

中國人曾長期認為，自身的文化是最先進的文化，是人類文化的中心，處於這一中心周圍的都是「夷狄蠻貊」。中國人甚至不屑於使用「外國」一詞，就是明證。對外國文化，則更是至多視為「奇技淫巧」。

明治初年，作為清朝公使館書記官抵日的黃遵憲，在他的著作《日本雜事詩》的跋中曾經感慨地寫道：「在日本，有關中國的書可謂汗牛充棟；而在中國，有關日本的書，無論在質還是在量上，都水平甚低。」另外，那個時候，西洋人用漢文為中國人寫的書很多，雖然中國人對這些書不甚關心，但日本人卻熱情地閱讀了那些天文、數學、地理等學科的書籍。這些狀況，說明了二者對外來文化的態度。

相反，日本人的思想傳統卻具有「科學的思想規範」的特點。按照科學的思想規範，紛繁多變的事實是一切認識的出發點，思想、理論、觀念都應根據新的事實，及時作出修正。事實是最有權威的，原則只是人們通過事實認識世界的結果，它的意義只在顧能普遍地說明事實，幫助人們更深刻地認識事實。因此，科學的思想規範是一種開放的思想規範，以這種思想規範為基礎而形成的文化必然具有開放性。日本人柔軟的思維方式具有科學的思想規範的特點。

因此，日本的文化也就「經常變化形體」，具有一種開放性。對於日本文化的開放性，一位法國籍的天主赴神父曾發表過如下一段感想：「日本人似乎大都樂於接受和學習任何東西。中國人則不是這樣，將儒教、佛教，再加上道教，非常小心地摻和在一起的奇妙的生活體系，他們怎麼也不願放

棄。」❽

　確實，天性好學、生而好學，是日本人的一種特性。不管怎麼說，好學精神同日本人是分不開的，而這種好學精神又根源於他們思維方式的柔軟性。「柔軟」導致開放，開放導致好學，好學產生智慧。這就是沒有骨骼、在「原則上不表現出一個明顯的形體」的日本走向進步、文明的重要原因。

神話與「中空均衡構造」

　日本古典傑作《古事記》開頭部分有一則類似於「伊甸園」的神話，其梗概是——

　　　二神降到島上（指伊邪那岐和伊邪那美兄妹二神從天而降，前來創造日本）。伊邪那岐問他的妹妹伊邪那美：「你的身體是怎麼長成的？」伊邪那美回答說：「我的身體已經完全長成了，只有一處沒有合在一起。」伊邪那岐又問：「我的身體也都長成了，但有一處多餘。我想把我的多餘處塞進你的未合處，產生國土，你看怎麼樣？」伊邪那美回答說：「好！」於是，伊邪那岐便說：「你往右邊，我往左邊，繞著柱子轉一下。」當繞著柱子走時，妹妹說：「哎呀，真是好男子！」哥哥說：「哎呀，真是好女子！」

　　　在交合之後生了個孩子，但卻是個怪胎畸形兒。後來，伊邪那美又生出了日本各島和眾多的神。

---

❽　見《日本人與中國人》

可是在生火神時慘遭磨難，連生殖器也被燒壞了。

最後，她從自己的嘔吐物、糞便和尿液中分別「生出」了金神、土神和水神，隨即溘然去世，消失在冥府中。

悲痛欲絕的哥哥兼丈夫為了讓因難產而死去的妹妹兼妻子起死回生，冒著風險到陰間找尋她。伊邪那美要求他不要看她可怕的樣子，但他忍不住瞥了她一眼。當她看見伊邪那美腐爛的身體上爬滿了蛆時，不由得驚叫道：「啊，我闖進了一個多麼醜惡、骯髒的世界！」

前蘇聯日本問題專家尼·伊·康拉德寫道：「《古事記》是一本使每一個日本人都感到親切的、自己的書。構成日本民族精神的真正內涵，而完全沒有任何摻雜成分的一切東西都溯源於此。《古事記》是……了解日本、了解日本人民的一把鑰匙。通過《古事記》，我們可以認為『眾神時代』……通過這本書，我們才能最好地接近當代日本社會中『地道的日本事物』。」❾這番話確實頗有道理。因為。《古事記》中有大量神話，而神話具有為民族、國家向更深、更廣的層次發展「奠定基礎」的功能。神話和民族要國民的意識形態密切相關，怎麼創造神話，往往折射出該民族的文化傳統和精神世界的特徵。那麼，從這則神話中所反映或折射出的日本民族文化傳統和精神世界究竟具有什麼樣的特徵呢？要回答這一問題，我們不妨先來看一下流傳於我國的關於伏羲和女媧的神話——

大雨不斷，洪水泛濫，人類滅亡，僅剩下伏羲、女媧

---

❾　弗·普羅寧可夫等：《日本人》

兄妹二人……不久長大成人，兄伏羲欲以妹為妻，妹固拒之，然兄追求不斷。妹無奈，便說：「你追我跑，如果抓到我，就結婚吧！」於是，妹妹繞大樹轉圈。兄追趕不及，心生一計，反巡迎上，終獲妹子身，遂成夫婦。不久即產一子，為一肉球。

這兩則神話的兄妹婚姻，成婚前左巡右繞，以及婚後產畸形兒等情節幾乎如出一轍，但某些情節卻又不盡相同。

另一方面，根據近年比較神話學的研究結果，日本的這則神話和古希臘的神話也有相似之處，如伊邪那岐為救伊邪那美而赴陰間，以及違反不能看她屍體的禁忌等情節，和希臘神話中的奧菲斯在妻子歐律狄克死後追到陰間，並求得冥后普西塔妮的同意，欲將妻子帶回人間，條件是一路上不能回顧，但因他違反禁忌，遂使歐律狄克又墜入陰間的情節也沒什麼不同。無獨有偶，其他一些日本神話和南太平洋上的印度尼西亞、紐西蘭的神話也有類似之處。如日本和上述國家均有一則關於植物起源的神話：一位女神被害後，屍體的各個部位長出了一些奇妙的東西，這些東西就是世界上最早的植物。所不同的是，在南太平洋諸民族的神話中，女神屍體上長出的植物是椰子和香蕉樹，而在日本的神話中，女神屍體上長出的則是稻、黍、豆、麥。

通過上述比較，我們可以看到日本文化的一個重要特色：模仿而不照搬，借鑑而非剽竊。正如日本著名學者井上靖所指出的：「如果說我們日本人與日本民對有智慧才能的話，也許是指能把外國傳入的東西以不明顯的形式變成自己的協

西。」**❿**

　　今天的日本文化容納了東西方各種文化，中國、美國、法國、德國、意大利的文化全都在日本為自己找到了一席之地，但它們又全都被改變成具有日本特色的東西，都在不同程度上日本化了。日本文化所具有的這種吸納能力，如上面所述，始於「神話時代」。

　　日本神話之所以能「廣採博納」，同日本文化「中空均衡構造」的特徵具有密切的內在聯繫。這種「中空均衡構造」在整體的力的平衡保持得很緊密的時候，即使中心是空的，但只要整體的力量不鬆散，那麼外部力量就很難侵入中心，它只能在周圍「安營紮寨」。但是，只要整體的力量稍不均衡，那麼外部力量就能侵入中心。不過，這種力量不能脫離「中空均衡構造」，即不能超出它的範圍。這種用眼睛看不到的構造，包容了日本的思想、宗教、文化各個領域。例如，自古以來，日本就具有吸收外來文化的傳統，那些外來文化有時似乎完全處於中心位置。如朱子學在日本江戶時代的地位。但即便如此，它也是日本的「朱子學」。有時，外來文化只能游弋於周邊，並不斷向中心滲透自己的影響，如日本的「西學」就屬於這種情況。日本文化之所以往往顯得比較「矛盾」，日本人之所以往往兼有既好勇鬥狠又恭儉溫順，既放蕩不羈又彬彬有禮，既頑固又隨和，既忠實又狡猾，既堅強又懦弱，既保守又開放等「兩面性」，同這種「中空均衡構造」的文化具有很大的關係。而這正是日本民族智慧的一種標誌。日本人從不強調自己能在多大程度上影響外界，他們所強調的是能夠在多大程度上接受外界而又不放棄自己的存在；他們從不強調實施自己的主

---

❿　　《日本人與日本文化》。

張，他們所強調的是在實施的過程中努力摻入自己的主張。

　　日本的神話是日本文化「中空均衡構造」的一個重要側面。雖然日本的神話吸納了諸多外來因素，但它是「地道的日本事物」，是「把外國傳入的東西以不明顯的形式變成自己的東西」的智慧和才能的體現。

絕妙的「宗教改革」

　　日本學者桑島通夫在《日本為什麼「成功」》一書中，將儒教在日本的嬗變比作是「宗教改革」。這一比喻，堪稱精妙絕倫。

　　許多人經常指責日本人缺乏文化創造性，理由是在日本的過去，從未產生偉大、富有創造性的文化名人。「日本相對缺乏文化上的創造性，西方人經常把這看作是日本低劣的一個標誌。」[11]認為日本缺乏文化上的創造性，本身就是一個錯誤（關於這一錯誤，本書在前面已經論及，在此不贅述）；把這看作是日本低劣的一個標誌，更是顯然的謬見。

　　事實上，不同的民族文化有其不同的價值和機制，日本文化的價值和機制的根本特點就是善於進行「第二次創造」。這種「第二次創造」並不完全等同於改革，但又具有改革的色彩。日本人對在中國傳統文化中占首席地位的儒教的改革，就是一次具有「第二次創造」性質的改革。這種獨特的創造性改革是日本民族智慧的突出象徵。

　　眾所周知，儒教是二千五百年前在中國誕生的一種哲學思

---

[11]　《當代日本人——傳統與變革》。

想體系。當這一體系誕生和傳播時，中國的漢語中還沒有一個單獨的亂彙用以表示「宗教」這一概念。因此，儒教的「教」，實際上是指一種學說，故又被稱作「儒學」。但是，儒學又確實具有宗教的倫理教化功能，所以，儒學也好，儒教也罷，它實際上兼有兩方面的含義。

　　一般認為，中國的儒教是在四世紀末，因百濟博士王仁攜帶《論語》十卷和《千字文》一卷東渡日本，並將它獻給日本應神天皇，作為皇子菟道雅郎子的課本而傳入日本的。另據《日本書記》的記載，繼王仁東渡以後，在六世紀中葉，百濟又先後派「五經」博士段揚子、漢安茂、王柳貴等人攜帶儒教經典《書》、《禮》、《樂》等東渡日本，使儒教思想對日本的影響不斷加強。

　　中國的儒教將仁、義、禮、智、信視為人類最崇高的美德，特別是仁，被認為是一種最本質的本德，是孔子的思想體系中的核心概念。在《論語》的五十八章中，孔中使用「仁」字達一〇九次之多，可見其對仁的重視。何謂仁？根據《說文解字》的詮釋：「仁，親也，從人二。」即仁是人字的重文，是「人人」二字的合寫。按照孔子的學說：仁即愛人，即以人之道對人。孔子認為，人生而具有仁愛的感情，這種感情表現在他同另一個人的交往中。仁是人與人相互關係各種原則之總和：仁慈、克制、謙遜、善良、同情、愛人、利他。毫無疑問，仁是儒家學說的核心，而義和禮則是體現仁的方式。

　　但是，日本人卻對儒教進行了一番改造，使之變成一種日本的文化因素。江戶時代，儒教，特別是朱子學，成了日本政治理念的基礎。由於幕府對儒教的採用和強化，儒教在日本社

⓬　《日本人》。

會的各個階層中傳播日廣，深入人心。

　　直至今天，許多日本人仍對儒教思想大力推崇，將它視為道德觀念和價值標準的重要組成部分。按照賴肖爾的說法：「今天，幾乎沒有一個人認為自己是孔教徒；但是在某種意義上來說，幾乎所有的日本人都是孔教徒。」[12]可是，在我們理解日本的儒教時，「至少應該嚴肅地說明兩個問題：第一，什麼是幕府實際上採用的儒家思想；第二，日本人今天所理解的儒家思想的本身是什麼。」必須明確，「日本儒教和原來的儒家學說確有天壤之別。」[13]

　　概括而言，中日兩國儒教的根本差別在於：中國的儒教或原始的儒教，如前面所述，是以「仁」為核心的。然而，日本的儒教卻以「忠」為要義。在日本接受儒教的同時，東亞還有一些國家也將儒教當作政治理念的基礎。但是，只要將日本同這些國家作一比較，我們就會很快發現，忽略「仁」而強調「忠」，是日本儒教獨具的特徵，表現出日本人獨有的文化改造能力或「第二次創造」能力。

　　當然，在中國的儒教中，並非不存在忠誠的因素，但在中國，忠誠首先意味著對自我良心的真誠。例如，孔子提出：「臣事君以忠。」其含義就是不敢欺君犯上，即：「臣子必須以一種不違反自己良心的真誠去侍奉君主。」但在日本，這句話卻被解釋為：「家臣必須為自己的君主奉獻出整個生命。」在日本，忠誠構成了一個等級模式：普通武士和平民忠於他們的直接領主——大名，大名忠於幕府將軍，而將軍則忠於天皇（儘管事實上經常並非如此）。從這個忠誠的等級模式來看，全體國民都直接或間接地忠於天皇，這是與日本的社會結構相

---

[13]　《七十七把鑰匙——開啟日本文化的奧祕》。

一致的。而將仁視為最重要的美德，則是和以家族為核心的中國社會結構相一致的。社會結構不同，意識形態也應有所不同，這是日本人的聰明之所在。

　　同時，日本對儒教進行的這場「改革」，還有深厚的歷史依托。在中國儒教東傳時，日本各氏族同室操戈，相煎何急，天皇位尊而權輕，「挾天子而令諸候」成為大族專橫的手段。公元 593 年，推古天皇即位，聖德太子攝政。聖德太子對日本政治社會的弊端明察秋毫，決意改革，並以儒教為指導思想，綜合法家、神道和佛學思想，於 604 年制定了「十七條憲法」。但是，在「十七條憲法」中，「仁」卻未占有重要地位。這種有意的忽略，顯然是另有他圖。在這以後，「忠」的思想更膨脹。公元 749 年，詩人大伴家持這樣寫道：在海洋裡，我的軀體在水中沐浴。在陸地上，我的軀體與叢生的青草為伴。讓我死後在我的君主身旁，我永遠不會感到遺憾。公元 753 年，一位戍邊的戰士也寫道：從今以後，我將不再把家回，我要成為陛下恭順的盾牌。在《萬葉集》中，這樣的詩歌還有很多，表現出日本人淵源流長的忠誠觀念。

　　應該特別指出的是，作為一個有著柔軟的思維方式和「中空均衡構造」文化模式的民族，日本人不僅很善於吸收外來文化，而且很善於改造外來文化。「從一開始，日本國民就或多或少以他們自己的方式接受儒教準則，並且對這些準則作出不同的解釋。」❹這種「不同的解釋」最根本的一點就是以「忠」取代「仁」所具有的核心地位。由於這種改革完全符合日本的歷史文化特點和社會多層次結構，因而取得了極大的成功，並最終使儒教成為導致日本躋身於世界強國，創造經濟奇蹟的一個重要因素。

　　今天，當我們對日本社會的迅速發展和進步加以分析、研

究和評價時，是否要對這場從未寫入世界宗教史的「宗教改革」，以及日本人在這場改革中所表現出的智慧，給予應有的關注？事實上，「效忠精神」在日本歷史上和現實生活中，曾經發揮過和正在發揮著極其重要的作用。雖然斗轉星移，日月變遷，「效忠」的對象時有不同，但它的精神卻永存著——它是日本的一種民族精神。日本「成功」的奧祕或許就在這裡。

道亦有盜　盜亦有道

　　如果詢問日本人：你信仰什麼宗教？那麼，回答信仰神道教的人一定微乎其微。然而，與其形成鮮明對比的是：日本有著難以計數的神社，前往那裡參詣參拜的人非常之多。據有關方面的一項統計，在新年伊始，前往神社敬神燒香的人，約有八千萬左右。毫無疑問，在日本人的日常生活中，神道占有重要地位。無論是修橋築路、建房造屋，還是升學就業、經商生產，幾乎都要祈求神明的保佑。敬神，幾乎是日本人一項必修的功課。因此，雖然日本很少有神道教徒，但神道教確實是一種民族宗教。

　　神道教是一種泛神論宗教。按照神道教的觀念，神無所不在。動物、植物，甚至無生命的石頭、流水等，都受到神靈的操縱。神道教並不貫徹至高無上的主神握有「生殺予奪之權」這種宗教精神，它主要宣揚祖先崇拜和自然崇拜。除了愛清潔，遵循事物的自然規律這些普遍的生活準則外，神道教基本

⓮　森島通夫：《日本為什麼「成功」》。

上沒有特別的戒律。神道教最初是一種原始宗教，在長期的發展中，它逐漸形兼一種思想體系和特有的結構，並不斷致力於清除自身的原始宗教成分，最終與其他宗教並駕齊驅，並曾以國家神道的形式占有近乎國教的地位。

神道教通常被認為是真正在日本土生土長的宗教。但是，要找到它純粹和初始的形式卻極端困難。因為，在神道教形成的時代，根本就不存在任何文字記錄，而且，日本人並不著意於發掘神道教的起源。在他們看來，神道教既是歷史傳統，也是宗教，更是生活本身。神道教的實際目的和意義是肯定日本自身的歷史，肯定日本民族的祖先是神，天皇是天神的後裔，每一個日本人都是神的子民。但是，在前些年，這種認識開始發生轉變。

在當代日本的歷史學家和哲學家中，已有越來越多的人認為，神道教是深受中國道教思想的影響而逐漸形成的。如森島通夫就在他的那本名著中指出，與儒教相比，道教雖然在日本列島上沒有能夠形成一種獨立的宗教，而是由神道教代替了它，但實際上，道教在日本是以神道教的形式表現出來的。「我們可以把神道教看作是道教的一種經過偽裝了的翻版。」也就是說，神道教並非完全土生土長——「道」亦有「盜」。

訴諸歷史，認為神道教受到道教的影響似乎不無理由。因為，徐福東渡日本，意在尋覓長生不老丹。這種煉丹求仙的做法，純然是中國道教的特色，道教思想很可能就在此時傳入日本。其次，作為「神道的一本聖書」的《古事記》，顯然是在道教的影響下寫成的。

例如《古事記》中寫道：日本列島形成之前，宇宙處在一種混沌的狀態整中。這種論述與道教關於宇宙原始狀態的看法極為相似。再次，日本神道教關於自然崇拜和生殖崇拜，特

別是崇拜女性神的觀念，與道教這方面的思想也幾乎如出一轍。像是，道教的創立者老子曾經指出：「谷神不死，是謂玄牝。是謂天地根。綿綿若存，用之不動。」據任繼愈先生考證，「玄牝」是象徵深遠的、看不見的生產萬物的女性生殖器官。「谷神」即養神、生育之神、虛無之神，亦即「道」的本義。❺

另外，神道教的一些魔術因素，諸如求神問卜、占星算命，以及一些民間的典禮，也都留有受道教影響的痕跡。尤為重要的是，在日本古代，政治決定曾經是按照黃老學說，而不是根據儒教的王道思想和禮治原則作出的。如《古事記》的作者在序言中寫道：「天武天皇因其卓越的能力而博得的尊敬和熱愛，超過了黃帝和周文王所獲得的尊敬和熱愛，而元明女皇則比禹更為有名。」這說明當時日本所奉行的政治原則是以老莊思想為藍本的。

在德川時代後期，日本的國學者為了倡導強烈和極端的民族主義精神，竭立割斷和否認神道教與道教的聯繫。同時，由於道教的許多儀式和典禮已經和日本皇室的神道教典禮和鄉村的節日慶典化為一體，日本土生土長的宗教信念和源於中國的道教思想在大約六世紀時就已結合了起來，因此，儘管「原始神道教很可能對這種結合的貢獻微不足道」，但是，認為神道教是日本純粹的土生土長之宗教的觀點最終還是得以建立。

吸取外來宗教的一些思想和儀式，將它們和本國「土著」宗教結合起來以促進「土著」宗教的成熟和發展，這種現象在世界宗教史上已司空見慣，並非日本人所獨創。例如，基督教和伊斯蘭教就曾吸收猶太教教義和禮儀。然而，與之不同的

---

❺　見程偉禮：《全盤西化的外衣與東方文明的軀體》。

是，日本人能夠像改造儒教那樣，根據本國的歷史背景、社會結構、意識形態、文化傳統，全面地對道教進行為我所用的吸收、改造，使之成為日本民族精神的一個重要組成部分和一種政治工具。

一般來說，世界上的宗教，就其性質而言，大致可以分為三種類型：第一種類型是作為國家統治勢力辯護者和衛道士而存在的宗教，它的主要作用是證明占統治地位的階級的神聖性與合法性。第二種類型則著重於幫助非統治階級建立一種信念，並對現存政權持理性批判的態度和立場，經常以政治反對派的面目形成一些神聖的運動；它的最終目標是為個人提供精神依托，而不是證明權力的合法性。第三種類型也以救助非統治者為目標，但它是一種非理性的、具有巫術和神祕色彩的宗教，它不是對政權持理性的批判態度，而是提倡脫離政治、現實，過一種離群索居的隱士生活。

毫無疑問，中國的道教屬於第三種類型。但是，「道教的日本變種──神道教，不再能夠被稱作是第三種類型的宗教，而是變成了作為皇帝這個統治家族的宗教。」❶也就是說，經過在日本的改造，它變成強烈支持現政權的宗教。

事實上，不僅道教如此，其他各種進入日本和影響日本的宗教，不管其最初屬於哪種類型，幾乎全都不同程度地變成「第一種類型」的宗教。這是日本宗教史的一個顯著特點，表現出日本人「移花接木」的智慧。在民族主義情緒日益高漲的明治維新時期，由於神道教和日本的建國神話和皇室祖先崇拜有直接聯繫。因而得到了高度重視，尤其是它的「主力」──國家神道，更是獲得前所未有的地位，對日本的歷史發展產生

---

❶　《日本為什麼「成功」》。

了重大影響。

　　應該承認，在歷史上，對於具有「萬世一系」的天皇制傳統的日本人來說，僅具有第一種類型的宗教而沒有第二種類型的宗教並非不利。因為，雖然第一種類型的宗教具有壓抑個人主義成長的消極性，但這種消極性在崇尚集團主義和國家主義的日本，並沒有極大地阻礙社會發展；相反，在具有民族認同感的日本，它在某種意義上構成了一種凝聚力。

　　總之，「道」亦有「盜」，「盜」亦有「道」。對於這種「移花接木」的智慧所具有的作用，我們不應低估。

巧用偶像：形式和內容的分離

　　1948 年，日本曾經上映過一部由著名導演溝口健二執導的影片，叫《夜女郎》，說的是在第二次世界大戰後，有一位婦女因遭到家庭的遺棄和朋友的欺騙，最終窮困潦倒，成為一個徘徊街頭，專為美國占領軍官兵「服務」的妓女的故事。在影片的結尾部分，有這樣一組鏡頭：這位婦女在街上發現她的姐姐捲入一場與另外一些妓女爭奪「地盤」的糾紛，於是便上前相助，結果被對方拳打腳踢，傷痕累累。她和姐姐擁抱在一起，痛苦地哭喊。那聲音催人淚下。這時，電影的畫面慢慢上升，最終「定格」在一堵破裂的牆壁上，那上面有一幅聖母瑪莉亞懷抱耶穌的「聖母子」畫像。

　　從電影藝術的表現手法看，這種視覺語言並不值得特別重視。因為，自從「蒙太奇」問世以來，這種表現手法人們已屢見不鮮。值得重視的是在這部影片中的「外國的偶像」（基督教的偶像）被有意識地用來表達日本人的情感這一事實。正是

在這方面，日本人表達出一種獨特的智慧。

追溯歷史，這種以「外國的偶像」來表達日本人情感的手法，早在幾個世紀以前，即在基督教（天主教）[17]剛剛傳入日本時，就已經得到運用。

據史書記載，1549 年八月十五日，耶穌會士聖‧佛朗希斯‧沙勿略在科斯草‧德‧托爾雷斯等人的隨從下，從印度的果阿搭乘一艘中國船隻到達日本環州的鹿兒島，開始將基督教傳入日本。沙勿略等在到達日本以後，即受到當地鄰主島津貴久的接待，並獲得了布教許可。試圖為基督教贏得日本的計畫一開始就顯現了成功的跡象，這使耶穌會士感到極大的振奮。之後，雖然長期的政治混亂使天皇形同虛設，使沙勿略希望曾經得到天皇的恩准，以便在日本全國合法布教的計畫遭到破滅，但是，在西部各地的逗留，卻使沙勿略和他的同事學到有價值的一課——他們發現，在日本，領主的「惠顧」幾乎能創造奇蹟。於是，沙勿略等便利用各地大名渴望將對葡萄牙的貿易引入自己領域的心理積極開展工作，取得了相當大的成果。一些地方的大名，如大村純忠、大友義鎮、有馬晴信、高山右近等紛紛受洗入教，成為「吉利支丹大名」（意為基督教徒大名）。

1570 年，大村純忠將長崎列為對葡貿易港，1580 年又將它出讓給耶穌會作為傳教基地，使之實際上淪為由外國人掌管的「殖民地」。至 1605 年，日本的基督徒從 1549 年傳教初期的一百五十人增加到七十萬人；他們遍及社會各個階層，從事各種職業；剛且，從地域上說，完全不受其影響的，只有極少部分。

---

[17] 日本一般將當時傳入的天主教，也通稱為基督教。

基督教在日本的迅速傳遞，固然有相當複雜的社會歷史原因。但是，日本人善於借用「外國的偶像」來表達自身情感這一因素，似乎不可忽略。

　　綜觀整個日本文化史，我們可以發現一點不爭的事實：使外來文化和本土文化進行有機的結合，兩者在同一塊土地上共存，並努力使前者「日本化」，是日本文化發展的一種特徵。對這種特徵，通過基督教在世界各地傳播情況的比較，我們可以得到更明確的認識。

　　例如，在基督教傳入歐洲之前，當地各民族均有其獨自的信仰，如北歐有北歐的神話，南歐有南歐的神話，等等。但是，隨著羅馬帝國的擴張，皈依基督教的歐洲各民族紛紛拋棄原先的神話，皈依於基督教的神話；有關天地起源的神話，全都一元化為《聖經·舊約》中的「創世紀」神話；而有關人類起源的傳說，也轉而將亞當和夏娃視為人類共同的祖先。正是由於這種以基督教為核心的共通理解，才使歐洲文化基本上得以統一，形成所謂的「西方文化」。即使是存在北歐神話和南歐神話的地方，人們一般也是將新傳入的基督教學說視為「正宗」，而將原先的信仰當作邪教異說給予以拋棄。

　　但是，就日本人來說，「他們信奉的並不是基督教，而可以說是變形了的基督教。他們信奉的基督教是民俗的、土著的宗教；在那裡混雜著各種各樣的成分，如佛教、神道一類的東西，簡直如同大雜燴一樣，統統被加在一起。」❽

　　他們所接受的基督教「靈魂不滅」的說教，實際上是在盂蘭盆節等場合中表現出來的一種作為民間信仰的靈魂觀。他們所接受的基督蒙難於十字架的傳說，實際上也無異於民眾中有關「苦難之神」、「死後復活之神」的信仰，這種信仰是《熊野的土地》、《三島》等有關神社起源之故事的主題，具有廣

泛的影響。他們所認識的基督教的福音主義，實際上也是以驅除災厄、增進福利為主旨的民間信仰的翻版。同樣，他們所理解的基督教對聖具、聖物的崇拜，如考察一下日本原有的咒術信仰，也很容易判斷。

日本學者岡田章雄在《南蠻宗俗考》中寫道，皈依基督教的武士奔赴戰場時，總要在旗印和甲冑等器物上描上十字架，刻上耶穌的名字，或縫上《聖經》中的語句。他們在戰鬥中如遇到危難，總要祈禱，念誦耶穌和瑪利亞的名字。但是，這些行為在「異教徒」的武士中也得到模仿，他們也同樣企盼基督的照拂。這種現象乍一看來似乎對可思議，然細加思索，卻並不使人感到意外。

實際上，絕大多數日本人對基督教的教義了解甚少，他們實用主義的思維方式也不喜歡探究抽象而神祕的基督教學說。他們在大名領主的率領下成批地受洗入教本來就主要是為了獲取實利。無論是基督教徒或「異教徒」武士，在戰場上的表現大都是在本質不變的情況下，以基督教的神聖取代八幡大菩薩、摩利支天。耶穌和瑪利亞只不過是被借用來表達傳統宗教情感的「外國的偶像」，其實質性內容早已被「偷樑換柱」。

當然，在日本歷史上，並非沒有較為虔誠的基督教徒。但是，即使在他們中間，形式和內容的分離也同樣存在，所不同的僅是這種分離採取了另外一種方式。應該看到，在和奉行「商教分離」原則的新教國家荷蘭、英國發生外交和商業往來後，日本當權者逐漸走出既想壓制有礙於統一及鞏固政權的基督教，又不想趕跑與之關係密切、如影隨形的葡萄牙商人那種「投鼠忌器」的兩難境地，並進一步洞察了西方殖民勢力的

⓮ 《日本人與日本文化》。

「先派傳教士入該地傳教，收服人心，以為內應，後以大軍臨之，其地唾手可得」的伎倆。

於是，德川幕府決心在國家利益的祭壇上犧牲基督教會和受過洗禮的「羔羊」，開始嚴厲貫徹原先有名無實的「禁教」。因此之故，不少日本的基督教徒在監禁、流放和殺戮的威脅下被迫轉入地下。他們沒有放棄自己的信仰；相反，他們採用巧妙的辦法依附於自己的宗教。他們不僅在晚上偷偷地舉行共同禮拜，在屋檐下藏有十字架、念珠和律法書，並通過口傳讚美詩和教義，使之保留下來，而且，「在採取這種不英勇行為的基督教中，有的用佛教的觀音菩薩代表基督的母親。」[19]在別的民族中，這樣的宗教虔誠幾乎不可思議，但它卻恰恰表現出日本人巧用偶像，使內容和形式分離的智慧。

事實上，即使一些「祕密的基督教徒」，也並不是因為真正理解基督教才成為它的信徒。正如有些學者所指出的，為了避人耳目，那些口口聲聲念著「阿彌陀佛」，雙手合十，一心膜拜著的人心目中，最為信奉的其實也不是上帝和耶穌，而是聖母瑪利亞。不過，這位聖母瑪利亞並非名實相符，而是具有一種新的形象。什麼形象？回顧本文的開頭部分，我們似乎可以用日本評論家佐騰忠男的話作為答案。他說：在溝口健二執導的影片中，他看到了「太陽女神的形象。這位太陽女神自古以來作為一種女性崇拜的形式影響了日本人的思想。」[20]

---

[19]　L·L·艾哈邁德：《遠東通史》。
[20]　《日本文化中的性角色》。

借蔭納涼　引水澆田

在司馬遷的不朽名著《史記》中，有一則關於日本民族來源的美妙神奇的傳說——徐福東渡的傳說。根據這個傳說，在東海海面，有一座幽遠飄渺的「海市蜃樓」。關於這個海市蜃樓，人們構想出了奇妙的故事：海上有蓬萊仙閣和萬丈瀛州，那兒有座神山，山上居住著神仙，生長者能延年益、長生不老的仙藥。這一關於「蓬萊仙閣」的美妙故事，使一心希冀萬壽無疆的秦始皇信以為真。於是，他便派遣山東人徐福（市）率領三千童男童女及五穀種子，各類工匠，入海求仙。三座神山確實神奇，只要船一接近，風就會將船吹走，使徐福難以覓得仙藥。由於怕徒勞往返，回去有殺頭之罪，徐福只得率眾在紀伊熊野浦（今天的日本和歌山縣新宮市）登陸。在那裡，他輔導當地人耕耘播種，撒網捕魚，幫助他們發展生產，安居樂業。徐福壽終正寢之後，當地人為了紀念他，專門為他修建了墓地和石碑，後又為他立祠（即今日的徐福神社），專門祭祀，並規定每年十一月二十八日為徐福的祭日。

這一傳說確切與否，須留待歷史學家繼續考證。我們需要強調的是，對徐福的祭祀崇拜不僅反映了中日兩國人民的友誼和悠久的文化聯繫，以及日本人民對外來的文化使者的高度尊重，而且反映了日本人善於借蔭納涼、引水澆田，推動日本文化成熟發展的智慧。

我的導師山室信一教授在他榮獲日本「每日出版文化獎」的傑作《法制官僚的時代》一書中指出：「日本的文化和制度並不是自古創造，而是由歸化人和留學生總結歸納越海帶來的知識和技術形成的。這種文化是將同時代最新的東西用船載入

日本，在日本加以改編的文化。」**㉑**

　　確實，歷史民經證明，所謂的「歸化人」（即移民），對日本文化的發展作出了重大貢獻。正如一位日本歷史學家所說的，現代的每一個日本人都繼承著一千數百年前生活著的全部日本人的血液。所以必須承認，不論誰的血液中，都含有 10% 或 20% 古代歸化人的血液。

　　歸化人是早期向日本傳播外國文化的使者，而來自中國大陸的歸化人則更是歸化人中的「先頭部隊」。在公元四世紀末、五世紀初，中國發生了「八王之亂」，對社會經濟造成了極大破壞。一些黃河流域的居民不堪戰亂和飢餓之苦，紛紛遷徙，以謀生路，其中有一部分人輾轉渡海，登上了東瀛島國日本，構成歸化人進入日本列島的第一次高潮。五世紀末，在西晉政權被推翻之後的五胡十六國時期，一些居民為逃避戰亂而逃亡他鄉，從而構成歸化人進入日本的第二次高潮。他們在當地傳播了優秀的中國文化，使日本人對外來的文化傳播者更加重視，使中日之間的文化交流不斷增加。

　　據《日本書記》記載，倭王曾經直接要求中國的南宋皇帝派遣工匠前往日本，同時還通過百濟，招聘中國工匠。在這些能工巧匠應招赴日後，倭王建立起陶部、鞍部、畫部、錦部、翻譯部等各種工匠部，充分利用和發揮他們的才能。

　　為了和以往在遷徙的浪潮中進入日本的歸化人相區別，日本史書將前者稱為「秦漢歸化人」而將後者稱為「新漢人」。無論是秦漢歸化還是新漢人，都受到日本朝野人士的歡迎。他們給日本人民帶去了經典古籍、農耕、養蠶、絲襪、土木工程、冶鐵鍛鐵，以及雕刻、繪畫、織物、刺繡等各種生產技

㉑　山室信一：《法制官僚的時代》。

術。毫無疑問，秦漢歸化人和新漢人在日本文化史上的作用是不能低估的。

在很長一段歷史時期裡，日本一直在中國這棵文化大樹下納涼。之後，日本人又從歐美引進肥水，澆灌自己的田園。「在逐漸向西方尋求新的文化模式方面，提供了從早先的文化權威中解放出來的真正的證明。」[22]日本走出「鎖國時代」以後，日本一些有識之士感到：「今憂世愛之國人，必須是內圖協和庶民，外求揚威四方，以使（日本）永不遭受萬國屈辱。」他們明確地看到：「以我邦今日之形勢和歐美諸邦相比，平心而論，不僅器械工藝之末，且政治教育之大本亦有遠為不及之處。」[23]按照他們的觀點，要盡快縮短這種差距，必須「引水澆田」。

「引水澆田」，可以採取兩種方式——派遣留學生和聘請外國專家。確實，向海外派遣留學生以「求知識於世界」，是一項極好的措施。但是，這種方式較難收到「立竿見影」的效果。因為，從留學生出國到回國獨立承擔某方面的工作，需要相當長的時間。為了不失時機地迅速達到近代化的目的，明治政府在派遣留學生的同時，採取了聘用能夠「以一種同時提供歐美知識」的外籍專家的方式，取得了事半功倍的效果。

明治時代，以受聘的外國專家為中心的在日歐美人的活動領域，遍及政治、外文、經濟、宗教、教育、文藝、科學、技術、軍事、產業等一切部門。上至中央政府，下至地方府縣，均有外國專家受聘。

據《日本帝國統計年鑑》的統計數字，在 1871 年至 1885

---

[22] A・M・克雷格：《日本：一個廣泛的考察》，普林斯頓大學出版社。
[23] 松木三之介、山室信一編：《日本近代思想大系・10・學問和知識人》。

年，僅東京各政府部門聘用的外國專家就有二百至三百人左右（年平均數），在高峰時期的 1873、74、75 年，更是分別達到五〇七人、五二四人和五二七人。

在各個領域開展活動的外國專家，出於種種動機和原因，幫助日本人進行了近代化建設，客觀上推動了日本社會的迅速發展。由於聘用外國專家的政府部門大都擁有附屬的技術學校，因此，受聘的外國專家不僅是技術指導，同時也是職工教育和技術基礎教育的教師。在這方面，1873 年由首任工部卿伊藤博文和工部大丞山尾庸三規劃設置的，作為正規高等技術教育機構的工學寮（東京工業大學前身）是一個範例。

為了盡早培養出日本自己的技術人員，以便盡早脫離對外國專家的依賴，在擔任教務長的工學博士亨利·狄爾領導下，該校採取了將法國、德國式的理論和英國式的實踐相結合的先進教育方式進行教學，取得了顯著效果。該校（以後改為工部大學校）的畢業生和東京大學理學部工學科的畢業生一起，形成了日本的技術官僚和權威階層；在聘請外人的時代結束以後，擔當了發展日本近代技術的重要角色。

外國專家的活動，實際上涉及了關係日本近代化建設之大局的「殖產興業、文明開化、富國強兵」三個方面。按照日本學者金井圓的觀點：「海外留學生和受聘的外國人是近代化的主角和配角。」[24]

日本的近代化過程是一個不斷攝取西方文化的過程、一次廣泛融合東西方文化的實驗。在日本這塊實驗田裡，有識之士不斷「引水澆田」，表現出一種具有悠久歷史傳統的智慧。

---

[24] 金井圓：《對外交涉史的研究——開國期的東西文化交流》。

網開一面：巧用兩刃之劍

　　日本從十七世紀三〇年代至十九世紀中葉，曾經經歷了相當漫長的「鎖國時代」。許多人認為，在這個時代，日本幾乎處於一種與世隔絕的狀態，它與世界各國的文化交流受到嚴格的限制。按近年由大陸學者撰寫的第一本《日本通史》中提出的觀點：「從 1639 年頒布最後一次鎖國令，到 1853 年，美國叩開鎖國大門的二百多年時間裡，日本在國際環境中完全處於孤立狀態。」「鎖國政府的實施，堵塞了日本人了解世界、學習世界先進科學技術的途徑。」❷然而，值得注意的是，日本在結束「鎖國」狀態以後，卻馬上展開以廣泛吸收西方科學文化為主要內容的近代化，其規模和速度，令世人矚目。

　　日本為什麼能從「鎖國」一變而為開國，並進而迅速邁向近代化的路途？要認清這一問題，我們首先必須明確：所謂的「鎖國」，並不是在近世的二百多年裡，日本對外關係的一種方式，以及政治、思想、經濟、文化閉鎖的特徵。因為，如直接按照字面解釋，那麼「鎖國」的含義就是阻斷一切外交、貿易關係，使日本處於一種孤立化的狀態。然而，真正的「鎖國」絕不是顯示這種狀態的「鎖國」。

　　事實上，在整個「鎖國時代」，西方文化仍源源不斷地流入日本。之所以存在這種狀況，並不是「鎖國」政策實施不力，而是日本統治者採取了一種「網開一面」的做法——即在長崎設立了一個接觸西方文化的「窗口」，並通過這種接觸，巧妙地利用西方文化這柄「兩刃之劍」。這種做法，就當時的歷史條件來說，是一種政治智慧的表現。中國大陸日本史專家

---

❷　趙建民、劉予葦主編：《日本通史》

呂萬和先生曾經指出：「為了求得對中、日兩國近代歷史發展的差異這一問題的深刻認識，必須精通兩國的歷史，特別是被迫開國以前兩、三百年的歷史，並作多方面的比較研究。他認為：「自 1720 年以後至鴉片戰爭以前，西洋的學問在兩國傳播狀況的差異，是造成近代兩國歷史發展差異的一大原因。」❻

　　日本在長崎設立對外交流的「窗口」這種網開一面的做法，對於日本吸收西方文化，具有極大的作用。在歷史上，日本文化的發展離不開中國為其提供的營養；這在江戶時代不僅沒有例外，而且加入了新的內容。在江戶「鎖國時代」，由於日本沒有斷絕同中國的交往，因此每個月仍有許多中國商船駛進長崎，載入大量物品，其中包括書籍。根據當時的幾種舶來書籍目錄的記載，由中國輸入日本的書籍，數量頗為可觀，且其種類不是限於儒學書籍，而是涉及各個方面。日本人的海外知識，有許多就是通過從上海、香港、澳門等地輸入長崎的漢澤西洋書籍獲得的。另一方面，在長崎，通過和唯一獲准進出日本的西方荷蘭人的直接接觸和交流，西方先進的科學文化知識也不斷傳入日本。所謂的「蘭學」之所以能夠在「鎖國時代」形成，這無疑是一個先決條件。而且，更值得注意的是，「蘭學」未必就荷蘭的學問。實質上，它是經由荷蘭輸送的西洋的文化乃至學問。在「蘭學」中，包含著許多實際上並非僅僅是荷蘭文化的內容。

　　就通過蘭學而吸收的德意志文化而言，最顯明的例子莫過於作為蘭學誕生之標誌的《解體新書》。因為，由前野良澤、

---

❻　呂萬和：《西學與明治維新》，載永井道雄、Ｍ・烏魯蒂阿編《明治維新》。

杉田玄白等人翻譯的這本書，是德國教授的約翰・亞當・庫爾姆斯的著作《剖解圖譜》的荷蘭文譯本。它是作為解剖學入門書，在 1743 年被譯成荷蘭文的。另外，當時流傳日本的外科實技解說書《外科治術》，也是德國外科學、生理學教授諾倫茨・海因斯坦的著作，傳入日本的是刊行於 1755 荷蘭文譯本。至少在醫學方面，摻雜於蘭學中的德國科技文化還遠不止此。按日本西學史著名學者沼田次郎的說法，在當時，「所謂的荷蘭醫學，實際上幾乎就是德國醫學。」❷

同樣，由於荷蘭語在「鎖國時代」是獲准運用的外國語，因此，和德國的科技文化一樣，優秀的法國科學也經荷蘭語的譯作而為日本人所了解，對日本的科學文化發展產生積極的影響。在醫學方面，法國醫學家安布魯茲・帕雷的著作的荷蘭文譯本，於 1687 年傳入日本。日本的「阿蘭陀通詞」（意為荷蘭語翻譯）兼醫學家猶林榮休及其弟子通過這些著作，掌握了以前不為日本外科學界所了解的穿顱術、下肢截肢術、血管結紮術等。在天文學方面，法國天文學家德拉朗德的著作的荷蘭文譯本於 1807 年傳入日本；日本天文學家高橋作左衛門將它譯成了日文，取名《德拉朗德曆學管見》。這本譯作對以後日本曆法的進一步精確產生了重要作用。

尤其值得一提的是，法國僧侶阿貝・諾埃・蕭梅爾的《家庭實用百科辭典》的荷蘭文版也作為荷蘭商館長提沁贈送給蘭學家栖林重兵衛的禮物，於 1787 年傳入日本。這套書就嚴格的意義來說，是一套通俗百科全書，即使在法國也十分珍貴。深知此書價值的高僑作左衛門主動向幕府請求承擔翻譯此書的任務並獲得批准。他和馬場佐十郎、十槻玄澤等蘭學家努力不

---

❷　沼田次郎：《洋學》，吉川弘文館。

懈，譯成了長達六十九卷的《家庭實用百科辭典》日譯本，取名《厚生新編》，使涉及範圍極為廣泛的法國實用科學進入日本社會。橋本雲齋 1803 年出版的《蕭梅爾奇方拾遺》，宇田川榕庵 1828 年出版的《昆蟲通論》等，實際上都是從這一宏篇巨著中截取的片段。另外，涉江長伯還根據該書的「玻璃製造法」，造出在當時的日本頗為珍貴的玻璃，並將它奉獻給幕府將軍德川家齊。總之，這套書的問世，在當時「具有非常重大的意義」。

同樣，英國文化也在「鎖國時代」對日本文化的發展起了推動作用。1600 年，荷蘭船隻「利弗特號」因受氣候影響，漂入日本豐後海濱。該船國籍航海長威廉・亞當此後一直留居日本，向日本人傳授了幾何學、數學、地理、貿易、航海、造船等方面的知識，並充當德川家康的海事顧問和往返於英王和德川家康之間書信的翻譯，揭開了英國和日本文化交流的序幕。「鎖國」以後，雖然日本和英國的直接交往陷於中斷，但是，日本人對英國文化的興趣並未消退。因為他們認識到「構成荷蘭文化之內容的，是英法德的文明。」1811 年，隨荷蘭商館員布朗霍夫學習英本木正榮等編輯了《諳厄利亞興學小筌》。1814 年又編輯了《諳厄利亞語林大成》，為大量吸收英國的科學文化奠定了必要的基礎。

總之，由於日本統治者在「鎖國時代」網開一面，從而使大量西方先進的科學文化進入了日本。根據 1852 年日本的穗亭主人編輯的《西洋學家譯述目錄》，「自延享時至今（按：1744 年至 1852 年），名家每年翻譯出版的著述達數百部。天

文、地理、算術、醫學之書，悉記載之。」❷不難設想，在漫長的「鎖國時代」，如果日本沒有大量吸收西方的科學文化，沒有因此積澱而成的「西學」的質和量作為基礎，那麼開國以後「求知識於世界」，未必能迅速取得如此豐碩的成果。

那麼，日本統法者在「鎖國時代」網開一面的目的是什麼呢？毫無疑問，其根本目的就是為了有效地利用西方文化這柄「兩刃之劍」。他們清楚地意識到：一方面，西方文化中先進的科學技術，對日本來說，是一種有用的「實學」，是日本社會的進步和發展所必須擁有的「寶物」另一方面西方文化中又包含著應予以警戒的思想要素，具有破壞原有的傳統文化既存的均衡，導致原有的文化體系和意識形態出現混亂，造成急遽的動盪的危險。網開一面的目的就是為了區別西方文化的這種兩重性。

例如，在「鎖國令」頒布以後，幕府於 1641 年十月專門頒布後了例外規定，允許輸入有關醫藥、外科和航海的書籍，說明統治者對西方文化並非一概排斥，而是懂得這柄「兩刃之劍」可以利用。在日本寬政時期執掌幕府權柄的老中松平定信，曾十分明確地指出這一點。事實上，當時的日本僅吸收自然科學，「冷落」人文、社會科學的「西學」實態也反映了這一點。

在當時，日本並不是唯一推行「鎖國」政策的國家，東亞的其他一些國家，包括中國，也在不同程度上實施了這種政策。但是，網開一面，巧用兩刃之劍的做法，卻是日本獨具的政治特色。它是一種濾器而非閘門，是在特定的歷史時期對

---

❷　山田安榮等校：《西洋學家譯述目錄》，載《文明源流叢書》第 3 卷，國書刊行會。

「選擇主義」的活用，是一種值得重視的統治方式。

「理性的顧客」

在日本九州的大分縣，有一家大百貨公司——常磐百貨公司。這家公司的經理有一個奇怪的「嗜好」：撿顧客丟棄在百貨店廢紙簍裡的紙條。這是為什麼？原來，這位經理發現，許多顧客來店購物時，為了合理消費，往往事先準備好一份購物清單，在購物後將它丟棄在百貨公司的廢紙簍裡。通過對這些廢紙條——購物清單的分析和研究，能夠及時掌握市場的動態和消費者的心理，了解顧客對哪幾類商品感興趣，尤其青睞哪幾種牌號；在哪些季節，哪幾類商品的需要較為集中，顧客在挑選商品時是如何進行合理搭配的，等等。

由此可見，這位經理令人費解的「嗜好」，是一種相當精明的舉措。因為，這種對顧客需求的及時了解，有利於店方制定合理的進貨計劃，開展有針對性的營業服務。另一方面，那些帶著購物單上百貨店的顧客，在購物時有的放矢，既不作無謂的消費，也不遺漏所需物品的做法，豈不也是一種精明的做法？

從日本顧客攜帶購物清單上百貨店這種日常行為，我們可以聯想到日本人在吸收外來文化時的一種特色。一般來說，按照文化傳播理論和規律，任何文化都依附於一定的載體，二者是很難割捨的。但是，日本人硬是以拿著清單購物的方式，成功地進行了文化內容的選擇。這種做法和能力，令人欽佩。

訴諸歷史，在明治維新開展以後，日本的當權者明確意識到，為了貫徹「殖產興業、文明開化、富國強兵」三大方針，

必須廣泛地吸收和借鑒西方文化的優秀成果，必須「求知識於世界」。為此，他們採取了兩項重要措施，即以「走出去」和「請進來」的方式，派遣留學生出國和聘請外國專家學者赴日。

一國向他國派遣留學生，是一種文化方面的國際交流，具有人文、社會科學和自然科學的廣泛意義。這種交流體現了對異國文化的尊敬，有助於創造具有更高層次、個性更加豐富的文化。因為，留學生能夠長期深地他民族文化的母體之內，所以有可能相當廣泛和深入地理解和把握該民族文化的本質。

但是，對許多國家來說，派遣留學生學習和借鑑外國文化往往是一個緩慢或無意識的，甚至是沒有明確目的和控制的過程。然而，日本人卻不是這樣，他們不僅有周密的計畫，而且使學習、借鑒外國文化成為一樁重要的歷史課題。因此，日本人既給自己，同時也給其他人樹立了一種形象——他們是獨特的文化借鑑者。

在日本，具有上述意義的國際文化交流可以追溯到七世紀前後的遣隋使和遣唐使時代。因此，「留學」對日本人來說並不陌生，它具有悠久的歷史。即使是為了「西學東漸」的留學，按照日本研究留學生史的權威渡邊實的意見，也早在十七世紀六〇年代的寬文時代就已開始。不過，作為一種智慧的表現，我們所要注意的並不是日本人淵遠流長的留學生史，而是他們派遣留學生，引進異國文化時，總是顧及歷史發展具體階段的不同要求，如同人們在生活的不同時期需要購進不同的物品那樣，有目的、有選擇地加以吸收、引進。

明治維新開始以後，日本由國家統一進行的吸收西方文化的工作全面展開。順應這一大潮，同時也作為這項工作一個重要方面的海外留學日趨活躍。1869 年，明治政府通過向志願

者頒發許可證的方式，承認了海外留學的合法性，並對此進行控制和引導。1870 年，明治政府公布了《海外留學規則》，明文規定：「留學生無尊卑之別，上至皇族，下至庶人均可。」並「大興派遣學生赴歐之舉，使之通達其國體、政治、風俗、人情，研究制度、文物學術技藝及其他百科，鼓舞日新之民，贊助開化之運，以助國家之隆盛，期皇謨之遠被。」❷❾ 1875 年，日本文部省公布了《文部省貸款留學生規劃》，作出了選拔、貸款、留學期限、研究學科、歸國考試等五方面的規定，使這項工作進一步納入政府的統制。

以「求知識於世界」為目的的留學生派遣，是日本根據本國實際和民族特點，結合派往國的特點，採取截長補短、兼容並蓄的方式進行的。也就是說，明治政府的當權者對派遣留學生赴哪些國家，專攻哪些科目，有明確的考慮。當時由大隈重信提出的「可以說概括了明治以後日本將參照的學科理論的目錄」，即反映了這一情況❸❶——

英國——商法、清貧恤窮學、器械學。
法國——法律（稅法、民法、刑律、訴訟法）、交際學（萬國公法）、國際學、利用厚生學。
德國——政治學、經濟學、諸學校之法、醫學。
荷蘭——政治學、經濟學（國債學）、水利學。
美國——商法、農學、礦山學、畜牧學。

不僅在派遣留學生時有這種明確的目的，在別的方面，明

---

❷❾　《大隈文書》A 四二五一《選舉遣歐學生之議》，早稻田大學藏。
❸❶　《大隈文書》A 四二五一《選舉遣歐學生之議》，早稻田大學藏。

治政府也是有的放矢地吸收外國的文化成果。日本 1872 年頒布的教育制度，是以法國的學校區劃制度為樣板的；日本帝國海軍是以英國皇家海軍為楷模的；而陸軍則極大地仿效了法國陸軍；日本的明治憲法和民法以德國的相應法律為原型，而刑法則以法國的刑法為參照本。

明治初期的日本，既有德國類型主張中央集權和經濟統制的思想，也有按照美國和英國的方向經營商業的做法。因此，一些研究社會變遷的西方學者將近代日本的決策者稱為「理性的顧客」，認為他們像制定購物清單一樣，制定自己喜好和欲求的文化產品目錄，然後逐一移植。總之，「日本的模仿，真正是具有高度選擇性的模仿。」**❸❶**

其實，日本人不僅在明治維新前後「選購」西方文化時表現出是「理性的顧客」，就是在當初受到中國文化的強大影響，並大量吸收中國文化時，他們那種富有選擇主義的「理性」同樣表現得十分明顯。例如，日本在七世紀至八世紀，和中國周圍的亞洲各國一樣，從中國引進了律令制度，極力想創造一個律令制國家。但是，所不同的是，日本人在引進律令制時，「忽略」了兩個與之配套的相當重要的制度；宦官制度和科舉制度。

按照律令制度的規定，皇帝必須有與他有血緣關係的繼承人。因此，為了使皇帝無斷嗣之虞（同時也為了一種荒淫生活的需要），必須選擇大批淑女進宮。這種做法，在以天皇為中心的日令制中也得到了採用。正如我們在《源氏物語》中所讀到的，在日本的帝室宮廷中，有許多優秀浪漫的愛情故事。可是，按照中國的律令制原則，管理後宮的工作須由被「閹割」

---

❸❶ 松原正毅、梅棹忠夫編：《統治機構的文明學》，中央公論社。

過的男性宦官，即「太監」負責，而日本卻既未引進管理後宮的制度，也沒有宦官。

　　之所以如此，一種解釋是，日本從未產生能夠建築巨大宮殿的政權，因而也就不需要宦官這種管理人員。所以在日本，只有由家族內精明能幹的婦女一人統管的規模很小的「大奧」（後宮），沒有中國那種藏嬌數千上萬的後宮。另一種解釋是，當時的日本。沒有專門從事畜牧業的人，不習慣在動物身上動刀子，更何況在人身上動那種「手術」。還有一種解釋是，「閹割」這種鮮血淋漓的做法，與日本人崇尚適度與中庸的觀念不相符合。不管出於何種，總之，宦官制度雖然和律令制具有密切關係，但它卻沒有在日本建立起來，這是一個既成的歷史事實。關於這一事實的解釋或許可以簡略一下：它不符合日本國情。

　　那麼，日本為什麼沒有採用「科舉制度」呢？這一制度不同於宦官制度，它僅要求作文賦詩，屬於優雅的制度，絲毫沒有血腥味，為什麼也被「忽略」了呢？其實，這一問題的答案很簡單：科舉制度沒有被日本統治者所採納，正顯示了他們在政治上的「理性」。因為，日本的官僚主要是世襲的武士階段，他們以血緣為紐帶，以勇武為安身立命之本。雖然他們也學習儒學，但儒學對他們來只不過是一種教養，而不是像在中國那樣，成為進入統治者階層的必然需要。不採用科舉制度，無法形成由文士支配的官僚組織，從而使日本傳統的由血緣決定的身分制度不致被破壞，使日本的政治基礎不致被動搖。

　　綜上所述，日本人——主要是日本統治者——在吸收外國的文化、制度時，確實像「理性的顧客」那樣，擇其所需，棄其所不需。這種選擇主義的做法當然是相當明智的。

探隱發微的「福爾摩斯」

前不久，日本經濟新聞社就「對二十一世紀的企業經營給予最強有力之影響的要素是什麼？」這一問題向企業經營者進行了問卷調查。結果，回答「高度信息化社會的到來」的企業占了絕大多數。

當今社會被稱為「信息社會」，充滿乃至泛濫著種類繁多的信息。一個企業、一項事業能否成功，一個很重要的方面就是看其能否廣泛獲取各種各樣的信息，並從中選出能為我所用的信息。因此，日本的許多著名企業在全世界建立了廣泛的信息情報網路，隨時了解和掌握國際市場和競爭對手的動態，未雨綢繆，及時制定對策，以穩操勝券。

一些日本的跨國企業為了達到上述目的，不惜耗費巨資，建立這種網路，使之覆蓋面幾乎遍及全球。例如日本四大綜合商社之一的伊藤忠商事株式會社，其情報網延伸至世界七十多個國家，一二〇多個城市，派駐國外的情報人員達九百多人，另外還雇用當地人員共兩千多人。會社本部的情報部一天二十四小時運作，不斷收到來自世界各地的大量經濟情報，以及與經濟有關的政治、軍事、文化等各類情報。

尤其值得注意的是，日本人十分明確，選擇情報的標準和重點並不在於情報的量，而在於質。但是，在蒐集情報時，如果將情報網絡緊縮在僅僅與本身業務直接相關的業界情報的狹小範圍內，就可能忽略業界周邊所發生的重要變化及對自身發展有影響的情報，變成「井底對蛙」。因此，高明的情報蒐集者不僅重視與自己有直接關聯的情報，而且也有系統地蒐集與政治、一般社會有關的情報加以剖析，從中獲取有效成分。

日本企業對蒐集情報一向十分重視，建立廣泛的情報譬息

網路絕非始於今日。二次大戰期間，日本外部部獲得許多重要情報，有些就是由企業，如三菱財團的情報機構提供的。當然，這並不意味著日本官方對這項工作不重視。實際上，日本官方對情報的重視，和企業相比，毫不遜色。在當時的美國遠征軍總部所在地——菲律賓的馬尼拉，從理髮店到麥克阿瑟司令部，幾乎到處都有日本間諜，他們像嗅覺靈敏的「獵犬」，時時注意捕獲「獵物」。

　　一般認為，有價值的情報，是所謂的「內部資料」，而諸如報章雜誌之類的傳播媒介所發表的東西，是任何人都能廉價獲得的，因此不會有很大的價值。也就是說，情報的價值和了解、掌握它的人數是成反比的。但是，在日本人看來，即使是眾所周知的信息、情報，也完全可以因為對它的解釋和分析的不同而使石頭變成鑽石或相反；並且唯其如此，才能表現出在這方面的聰慧或愚蠢。以下這個事例，就是反映日本人使「石頭」變成「鑽石」那種探隱發微的智慧之證明——

　　1964 年四月二十日，中共《人民日報》發表了一篇文章，其中出現了「大慶精神大慶人」的字眼。中國大陸權威傳媒的這一報導，使日本人雖有所聞，卻不詳究竟的關於「大慶油田」的傳說得到了證實。但是，「大慶油田」究竟在什麼地方呢？或許，中共的傳媒還會透露。於是，日本人便繼續密切關注中國大陸方面「大慶」的一切報導；透過種種「蛛絲馬跡」，獵取他們亟盼的、極有價值的情報。線索終於再次出現：1966 年七月的一份中國大陸刊物上，刊登了一幅大慶人艱苦創業的照片。根據照片上的人的衣著，日本人，大慶油田必定在冬季氣溫達零下三十度（攝氏）左右的中國東北地區，大致在哈爾濱和齊齊哈爾之間。但是，具體在這一地區的哪個部位呢？

功夫不負苦心人。1966 年十月，日本人從《人民中國》雜誌上讀到了一則關於「鐵人」王進喜事蹟的報導。報導中提到，王進喜到了馬家窰興奮地說：「好大的油田呀！我們要把中國石油落後的帽子甩到太平洋裡去！」「馬家窰」這就是大慶油田的所在地！於是，日本人馬上找來偽滿時期的舊地圖，了解到馬家窰是黑龍江省海倫縣東南的一個村莊，位於北安鐵路一個火車站以東十多公里處。這樣，他們就把大慶油田的具體地理位置完全摸清楚了。另外，他們還從報導中了解到，王進喜原來在玉門油田工作，1955 年到北京參加國慶觀禮後，自願參加了大慶油田的開發。依此斷定，大慶油田的勘探應不遲於 1959 年。1966 年，王進喜出席了中共全國人民代表大會。日本人獲悉後馬上斷定，大慶油田出油了，不然王進喜當不了全國人大代表。

　　對大慶油田的地理位置、大致勘探時間和出油時間摸清以後，接下來更重要的情報就是了解該油田的生產規模和產油量。線索很快又被日本人捕獲：在中國大陸的報刊上，他們發現了一幅大慶煉油廠反應塔的照片。根據反應塔上扶手攔杆的粗細與反應塔的直徑比，日本人判定反應塔的內徑為五米。同時，他們將當年中共國務院的政府工作報告公布的石油產量減去上一年的石油產量，推算出大慶油田的生產規模以及年產油量。這樣，日本人通過中國大陸的公開報導，探隱發微，詳細分析，比較全面地掌握了有關大慶油田的各項情報。

　　對於目的明確，感覺和判斷敏銳，在情報蒐集方面下細功夫的日來說，不僅公開的報導和圖片可以成為有價值的情報源，甚至對方漫不經意的一句話，他們也可以從中發現「天機」。以撰寫有關談判藝術的書著名的美國學者赫布·科恩曾在他的書中談到第一次到日本談生意的經歷，他的經歷恰好反

映了日本人是如何在這方面「獨具匠心」的——

　　初到日本，赫布・科恩的心裡略感忐忑不安。但是，不多一會兒，他的不安即刻煙消雲散。在機場裡，他受到日方公司代表的熱情歡迎，並被請進專程前來迎接的豪華轎車。在驅車前往賓館的途中，日本人衷心希望他在東京過得愉快，並詢問他何時返回美國，以便為他備車。

　　赫布・科恩心想：「他們考慮得真周到啊！」於是，便毫不猶豫地出示了他返程的機票，告知他們自己的歸國日期。但是，他萬萬沒有想到，這樣做實際上犯了一個大忌——將談生意的期限暴露給了對方。日本人獲知這一「底細」，非常高興，因為他們十分清楚，作為專程趕赴日本的美方公司代表赫布・科恩，肯定不願意徒勞往返，空手而歸。而要使他作出讓步，最好的辦法就是將他逼到「牆角」，使他面臨那種「徒勞」的危險。

　　因此，日本人對具體事項的議決一拖再拖，拉著他又是觀光，又是赴宴，又是打高爾夫球。直到他乘車去機場準備歸國時，買賣才最後成交。赫布・科恩這樣寫道：「我們已擠進轎車，可還在反覆研討那些條款。就在車閘拉到底的那一刻，我們才終於達成協議。」

　　回到美國後，赫布・科恩的上司對那些被弄得一團糟，簡直「慘不忍睹」的談判條款是這樣形容的——儘管這一形容具有美國式的幽默和誇張：「這是自珍珠港事件以來，日本人所取得的又一個偉大勝利。」

　　《孫子兵法・用間篇》云：「明君賢將，所以動而勝人，成功出於眾者，先知也。先知者不可取於鬼神，不可象於事，不可驗於度，必取於人，知敵之情者也。」

　　古時用兵作戰如此，今日各種競爭也同樣如此。美國前總

統卡特曾經指出：「情報像我們呼吸的空氣一樣，是國家資源。精確而又有用的情報對國家和個人來說，如同氧氣對於我們的健康和幸福那樣必要。」在跨入信息革命時代的今天，能否及早獲得各種有價值的信息，已成為事業成敗的關鍵。有價值的情報經常是一些人們熟視無睹，不加注意的東西；但正是這些東西，可以成為進行決策不可或缺的助手。

聞名世界的大偵探福爾摩斯最傑出的本領就是善於探隱發微。如是觀之，日本人在搜尋情報時對「蛛絲馬跡」的把握，豈不具有福爾摩斯的風範？儘管那種做法有時不可稱道，但它作為一種智慧的表現，我們卻絕對不可等閑視之。

Chapter 7
人生與自然協奏曲

生活「自然主義」

　　對於日本人來說，「自然」究竟意味著什麼？日本人是怎樣認識自然的？和自然具有什麼樣的關係？

　　在日本，「自然」這個詞的寫法和中國一樣，它最初取自於中國的經典《老子》。老子崇尚虛靜無為，並以「自然」這個詞來表述。因此，所謂「自然」，本來是顯示人類生活實踐態度的一個詞彙，而不是指天地山川、森林曠野。總之，在日常的行為和態度方面，討厭矯揉造作，喜歡樸實自然，是「自然」最原始的含義。

　　以後——具體什麼時候尚不清楚，日本人開始將人類以外的事物，即那些未經人類的行為修飾的「狀態」也稱作「自然」，使「自然」的含義得以擴大。不過，對於古代日本人來說，天是天，地是地，山是山，川是川，它們均是個別的存在，並不籠統地構成「自然」。在他們看來，所謂「自然」，並不意味著天地山川那些「對象性的事物」，而是意味著未經

人工造作的「狀態」和天地山川的「原有的方式」。只是到了明治維新以後，由於西方「nature」（自然）概念的引進，「自然」的含義才發生了顯著的變化。

今天，人們雖然仍將未經過人為加工的狀態和對象物稱為「自然」，但是，所謂的「未經人為加工」，歸根結柢只能比較和相對而言。嚴格地說，「未經人為加工」的「自然」幾乎已蕩然無存，甚至於人本身，在作為科學研究的對象，在作為「人為加工」的對象時，也歸入自然科學的範疇；更何況，我們在採用「人類和自然」、「文化和自然」、「社會和自然」等對比性提法時，不僅揭示了它們的對立性，同時也揭示了它們的連續性和一體性。

明確地說，人類也是自然的一部分，文化是第二自然。因為，文化——人類的作為——就是在和自然的交往中產生的，如果否定人類的作為，那麼文化也將無法成立。人類和自然、文化和自然，具有一種難以割捨的對立和統一關係。但是反過來，如果「加工」過分，則會損害自然。所謂文化主義和自然主義的對立這一當代文明的重大問題，就是由此而產生的。由此可見，今天我們在日常生活中雖然十分頻繁地使用「自然」這個詞，什麼人類和自然、文化和自然、社會和自然，自然的、自然地，等等。但是，如果仔細探究一下，我們將不難發現，「自然」的含義是非常複雜和微妙的，並非那麼明快。

那麼，日本人怎麼認識「自然」呢？在日本人的自然觀裡，具有什麼文化學的奧祕？或者說，在日本人的自然裡，包含了什麼樣的智慧？為了認識這一問題，我們仍有必要先了解一下日本人自然觀的特徵。

日本處在一種獨特的自然環境中：四面環海，海岸線綿延之處有著絕景佳勝；境內火山縱橫交錯，山中有許多湖沼、溪

谷、河流、瀑布；在南北狹長的地形上，從亞熱帶景觀到亞寒帶風土特徵兼收並蓄，四季變遷非常鮮明；許多高山，經常山頂是皚皚白雪，山腰是片片紅葉，而山腳則是鬱鬱蔥蔥。日本的風景，就是如此多姿多彩。生活在這種得天獨厚的自然環境中的日本人，深深地熱愛自然，對自然具有十分纖細敏銳的感受性。確實，日語是唯一可以自誇連賞花、賞月也有專門詞彙的語言。日本人寫信時，總要先提一下節令，如「餘寒襲人時節，立春徒有虛名。」、「早春之際，嚴寒終於緩解，油菜花盛開之時。」、「春意盎然，山花爛漫，田野迎春，陽春時節。」、「薰風習習的五月，日來新綠醒目，惜春之際。」否則，須冠以「前略」，然後直接進入正文。這已經成了日本書信的一種標準格式。

日本人這種纖細敏銳的自然觀，在短歌、俳句、繪畫、工藝等文學藝術領域中有著明確的顯示。「熱愛自然」通常被視為日本美學的基礎。茶道等種種在簡單之中蘊含著深刻思想的藝術，都和自然有著極深刻的聯繫。插花、庭園設計、建築等，都力圖在有限的空間裡，通過和自然的關係而顯示深刻的哲理。在日本人的衣、食、住等日常生活中，以及在農耕、漁撈等生產活動中，也處處有著敏感於自然、熱愛自然的痕跡。例如，在日本戰敗後的被占領時期，一些美軍部隊借用了日本的民宅作為宿舍。他們將原來的白坯房屋木柱刷上油漆，用刷子將石燈籠上的青苔刷去。但是，即使在今天，日本人也是不會幹這種事的。因為，熱愛自然是日本人最重要的特點之一，是日本的文化傳統。

日本人同自然具有一種親和一體，這種一體感和西方人將自然視為一種對象性的存在，形成了鮮明的對比。這種對比主要表現在是「和自然對抗」，還是「順從自然」。無需贅言，

以農耕生活為基礎，身處豐富的自然環境之中，經常滿懷深情地觀察四季變化狀況的日本人，蒙澤於自然的恩惠，對自然產生親和一體感是合乎情理的。

但是，日本的「自然」又存在颱風和地震，存在令人恐懼的一面。因此，日本人對自然的親和一體感並不是一種單純的感情，而是混雜著種種複雜的感情。概括地說，日本人天和地具有一種敬畏的恐怖感，對動物和植物具有一種同胞和兄弟般的感情，對小鳥、花草等比人類弱小的生物，具有一種如對待弟妹和子女般的感情。

也就是說，日本人對待自然的感情，交錯著敬畏、恐怖、感激、親愛、可憐、嬌寵。這是一種母性的，而不是父性的感情。日本人的這種感情，和他們的最高神天照大神是女性神不無關係。總之，養育萬物，賜予人類恩惠的天地自然，被日本人視為生活的母胎和根源，這是日本人的根本感情。正是這種感情，使日本人善於利用自然，而不是違抗自然，形成一種「不求征服求調和」的自然哲學觀。

在西方，從古希臘時代起，「自然」一直被視為人類的對立物，處於人類的「彼方」，分析自然，征服自然，成了科學思想的起源和科學存在的動力和意義。與此相反，在日本，人們並不這麼認為；在日本人看來，科學的意義在於如何利用自然，使人生與自然調和。征服與調和，其構想的基礎是全然不同的。試圖征服自然，必然會遭遇失敗；而力求調和，雖然也會失敗，但因不破壞自然規律，不會遭到自然的懲罰性報復，從而有助於創造一種安寧的生活。這種「不求征服求調和」的自然觀有著顯然的合理性，是一種智慧的選擇。

按照猶太教和基督教的教義，神創造了天地，然後創造了動物和植物，最後以自己為「模特兒」創造了人類。因此，除

了人類和自然以外，還有一個創造了人類和自然的唯一、絕對、人格神，必須對「他」頂禮膜拜。

但是，按照日本人的觀念，自然既不是神創造的，也不是人創造的，而是以其自己的力量然而然「生成」的。明治初期，達爾文的進化論之所以在幾乎沒有受到抵抗的情況下為日本人所接受，這種「自然生成觀」無疑起了很大的作用。因為，日本人始終認為，日月星辰、天象運行、動植物的生育和繁殖，一切從根本上說：都是「生成」的。

如上所述，在日本人看來，自然是「生成」的，具有生成力；為那種生成力提供幫助，使之更好地「生成」，就是人類的工作，就是文化。人類不是自然的支配者，而是幫助自然進行工作的自然的同伴乃至同類。例如，種子原來就有生成力，人類播種、育秧、除草、施肥，就是一種幫助自然「生成」的工作。如果種子原來沒有這種生成力，那麼人類的工作將是徒勞的。

總之，日本人的自然觀具有一種辯證合理的思想，顯示出一種獨到且富有智慧的見解；它是大和民族一種徹底的生活「自然主義」。

永不褪色的「和」服

眾所周知，在廣義的「動物」中，唯有人類才穿衣服。服裝是人獨有的文化。但是，如果探究一下人類為什麼要穿著服裝，我們將即刻發現，這其實是一個饒有興味的問題，值得議論一番。

一般認為，人類之所以要穿衣，首先是出於禦寒保暖的考

慮。然而，奇怪的是，處於世界最熱地帶的阿拉伯人，終年將身體裹得嚴嚴實實，而靠近南極、十分寒冷的阿根廷菲果島上的居民卻喜歡終年赤身裸體。由此可見，穿衣作為一種文化現象，未必是首先出於禦寒保暖的考慮。

歷史上，有一位叫布思托的德國學者，曾經就服裝的起源問題作過一番較深入的研究，並發表了自己的見解。他認為，服裝的起源，首先同性有關，即服裝具有一種性的含義。芬蘭學者威斯特馬克也曾表示了同樣的觀點。然而，德國學者拉策爾則對這種觀點表示異議。按照他的看法，服裝首先產生於巫術信仰。人類之所以要穿衣服，是試圖用衣服來隱蔽、保護身體內最重要、最神聖的部分，以防止惡魔對身體的侵害。

關於服裝的起源，還有其他各種各樣的說法，但概括一下，則主要有以下幾點：(1)為了表現男女性別，以及出於一種性意識本能的對性的保護；(2)出於禦寒保暖的實用目的；(3)為了表現某種特徵，如身分、年齡、階級；(4)表現某種信仰，或遵守某種宗教上的戒律，以求得神明的保護；等等。但是實際上，服裝是由於上述因素的交互作用才得以產生的，並因此而在不同的地域呈現不同的樣式和歷史性的變化，呈現出各民族不同的智慧。

最初的日本服裝，是被稱為「貫頭衣」的女裝和被稱為「橫幅」的男裝。所謂的「貫頭衣」，就是在布上挖一個洞，從頭上套下來，然後用帶子繫住垂在兩腋下的布，再配上類似於裙子的下裝；其做法相當原始，但相當實用。所謂的「橫幅」，就是將未經剪裁的布圍在身上，露出右肩，如同和尚披的袈裟。日本的和服就是以此為基礎，逐漸演化而成的。在日本出土的公元三至七世紀古墓中的人偶埴輪上，已經有了各種和服的形象資料。公元八世紀，中國唐代服裝傳入日本，對日

本的和服產生了很大的影響；當時和服的名稱，如「唐草」、「唐花」、「唐錦」等，均顯示了這一點。今天日本人穿的和服，大致是在六百年以前基本定形的。

　　「貫頭衣」、「橫幅」以及後來的「和服」，受到東南亞和中國唐代服裝的影響。但是，在裁剪和製作上，和服卻有其獨到之處：和服屬於平面裁剪，幾乎全部由直線構成，即以直線創造和服的美感。和服剪裁幾乎沒有曲線，只是在領窩處開有一個二十公分的口子，上領時，將多餘顯分疊在一起。如將和服拆開，人們可以看到，用以製作和服的面料仍然是一個完整的長方形。由於和服的剪裁製作具有上述特點，所以在量體裁衣方面比較自由。在製作和服時，較少為人的體型所左右，高矮胖瘦不同的人，即使穿著同一尺寸的和服，也很少給人衣不合體的印象。因為，它可以因人而異，在腰間調節尺寸。

　　和服雖然基本上由直線構成，穿在身上呈直筒形，缺乏對人體曲線的顯示，但它卻能顯示莊重、安穩、寧靜，符合日本人的氣質。不僅如此，和服同時也順應日本的自然：日本絕大部分地區溫暖濕潤，因此，服裝的通氣性十分重要。由於和服比較寬鬆，衣服上的「透氣孔」有八個之多，且和服的袖、襟、裾均能自由開合，所以十分適合日本的風土氣候。

　　各種和服在款式和穿著方式上有「大同」也有「小異」。正是這些「小異」，具有服裝的一項重要功能：顯示身分、年齡、所屬的社會階層。以女性的和服為例，這種「小異」主要表現在袖子上。和服的袖子大致分為「黑留袖」、「色留袖」、「本振袖」、「中振袖」，等等。所謂「留袖」，即袖子相對較短。「黑留袖」和服往往點綴有精緻的花紋，它是中年婦女的禮服，一般在比較隆重、莊嚴的場合，如婚禮、宴會時穿著。「色留袖」是有各種顏色的和服，穿著者比「黑留

袖」的人年輕，也是隆重場合時穿著的禮物。「振袖」是未婚的日本青年婦女的傳統服裝，比較豪華，一般只在慶賀典禮、畢業，以及新年時穿著（今天，即使在這種時候，也很少有人穿著這種和服）。所謂「振袖」，也就是長袖，往往長達一公尺左右，垂至腳踝。另外，還有一種被稱為「色無地」的和服，在平時穿著。「色無地」沒有花紋圖案，但有顏色。

通氣，是和服的一大優點和特徵，因此和服的袖口、衣襟、衣裾均能自由開合。不過，這種開口，尤其是衣襟的開合，有許多講究。不同的開口，具有不同的含義，顯示穿著者不同的身分。例如，藝人在穿著和服時，衣襟是始終敞開的，僅在衣襟的「Ｖ」字型交叉處繫上帶子。這種穿著方式不僅給人以一種和服似脫而未脫的感覺，顯示一種含蓄之美，而且能顯示從事該職業的婦女之身分。反之，如果不是從事該職業的婦女在穿著和服時，則須將衣襟合攏。但即使是合攏衣襟，其程度也有講究，並以此顯示穿著者的婚姻狀況：如果是已婚的婦女，那麼衣襟不必全部合攏，可以將靠頸部的地方敞開；但如果是未婚的姑娘，則須將衣襟全部合攏。事實上，和服的穿著有著如此之多的講究，以致在日本有著專門教人如何穿著和服的「教室」（教學機構）。連如何穿衣都要經過專門學習，可見其複雜性和技巧性，以及「智」的含量。

今天，雖然日本人的穿著因日益受到歐美的影響而呈西化的趨勢；但是，在一些慶典的場合，以及體現日本傳統文化的場合，如婚禮、節日、花道、茶道儀式等，日本人，尤其是婦女，仍然愛穿和服；即使在平時，很多日本人在上班時西裝革履，但回到家以後，他們仍即刻換上和服。這一現象本身似乎足以說明，和服為民族智慧的結晶所具有的巨大魅力。

功能不菲的家徽

在日本，曾經上映過一部是為《長七郎》的系列片，其中有一集說的是十八世紀時，長七郎——一位賢明的武士如何替人伸冤報仇，揚善懲惡的故事。大致梗概是——

有一位日本婦女，她的丈夫整日花錢酗酒，女兒久病不癒。為了給女兒治病，為了養家糊口，她只得隻身到江戶去做梳子生意。日復一日，月復一月，她的生意終於日趨興隆。於是，她決定重歸故里去尋找女兒。經過長久、艱難的尋找，她終於發現失散的女兒的下落，並找到了女兒。但是，她的女兒卻不能、甚至不願認她，使她異常痛苦。這時，她的主要雇員、一個功於心計的壞傢伙想將她的店占為己有。這個壞傢伙勾結一個墮落的衙役和其他幾個人誘拐了她的女兒，迫使她交出擁有店舖的契約憑證，以換回她的女兒。然而，卑鄙的傢伙是不講信用的。一旦這樁交易完成以後，他們為了滅口，決定將這對母女一起殺掉。就在這時，故事的主人公長七郎「從天而降」，前來相救。最初，那兩個歹徒不知他是何人，不肯就範。但是，當長七郎不慌不忙開和服，現出輝煌的家徽，明白無誤地顯示了他作為幕府將軍親戚的身分後，他們頓時跪倒在地，在塵土中叩頭如搗蒜。當然，賢明英勇的武士是不會寬恕狼狽為奸的惡人的，他將兩個歹徒逐一送上了西天。

在這個故事中，我們看到了一件頗具日本特色的文化產物——家徽。這種家徽是富於智慧的日本人的一項創意。按照樋口清之的說法：「實際上，就在將這種紋章（即家徽）附於和服的瞬間，和服已不再僅僅是衣服，而是成為表現所謂血統

集團、即家族的名譽，以及炫耀這種名譽的標誌。」❶

　　迄今為止，日本的家徽已有九百多年的歷史。它最初產生於平安時代。當時，一些達官顯貴為了顯示自己的身分及家世，常從流行的孔雀、蝴蝶、牡丹、團扇、烏龜等圖案中，挑選自己喜愛的圖案裝飾在車、輿、服裝、家具上。後來，由於某一家族反覆使用一種圖案，世代相傳，從而使這圖案逐漸成了該家族的標誌。這就是家徽的起源。

　　正如日本的建築和其他藝術均以順從自然為原則一樣，日本的家徽也顯示了這種傾向。和歐洲崇尚獅子、鷹、鷲等威嚴的動物，喜歡以這類動物的圖案製作徽章不同，在日本，家徽的圖案大都比較典雅。例如，日本皇室的家徽以菊為圖案，德川家族的家徽以葵花為圖案。選用這些植物為圖案，顯然不是為了顯示權力與威嚴，而是出於對大自然的熱愛。

　　據說，選擇菊為皇室家徽圖案的是後鳥羽天皇。他之所以作出這種選擇，完全是因為他格外喜愛菊花。

　　至江戶時代，印製家徽成為一種社會風氣；甚至一些不准佩刀、不准擁有自己姓名的尋常百姓，也可以擁有自己的家徽，可以自由地設計各種家徽，從而使家徽的圖案種類、數量大增。在當時，家徽不僅是家族的標誌，它同時還有以下的一些功能——

　　一些婦女出嫁以後，雖然改姓夫家姓，但在和服的背面仍然綴著自己娘家的家徽，並穿著這種和服終其一生。這種自報家門的做法既是對家世的尊重，也是對歷史的懷念——在以女性為中心的母系家族時代，所謂結婚，是男的入贅女家，即採取「招婿婚」的形式。現在，儘管陰陽倒轉，女子屈居於從屬

---

❶　《不消亡的日本人——其文化和歷史的祕密》

地位，但是，她們似乎對此耿耿於懷，對過去的好時光念念不忘。按照樋口清之的說法，女子在結婚以後仍背負娘家的家徽，是「為了留存男子曾入贅女家的痕跡。」❷

另外，在當時還有這樣一種風氣，即彼此相愛的兩個人在結婚後，可以將兩人的家徽併合成一個新的家徽，以象徵他們的結合。這種新的家徽有一個富有詩意和浪漫情調的名稱——「比翼徽」，象徵一種「在天願作比翼鳥，在地願為連理枝」的愛情。

由於家徽是家族的標誌，是家族門第的顯示，因此家徽的「命運」往往和家族的盛衰密切關聯。在這方面，最具代表性的就是曾經顯赫一時的德川家族的葵紋家徽，以及皇室的菊紋家徽。在「尊皇倒幕」明治維新時期，幕府將軍德川家族的葵紋家徽隨之黯然失色。在店鋪裡，飾有葵紋的鏡子堆積如山，售價暴跌；而已經淪為藥房廣告的菊紋，則由於皇室權力的恢復而陡然神聖起來。

明治維新以後，由於歐洲的民主思想日益在日本傳播，家徽作為一種顯示家族名譽的標誌，被一些所謂的進步人士視為封建產物而予以蔑視。第二次世界大戰以後，經過社會改革和經濟民主化，家族制度的基礎遭到動搖，作為家族標誌的家徽更是似乎失去了它存在的意義，具有近九百年歷史的家徽逐漸色澤暗淡。但是，它並沒有就此善罷甘休地退出歷史舞台，而是力圖以各種方式「借屍還魂」。

今天，作為裝潢美術，經常出現在服裝、提包和各種包裝物上的圖案，當令人想起家徽——事實上，其中有許多圖案就是以家徽為藍本的。另外，今天日本種類繁多的徽章，如校

---

❷　《不消亡的日本人——其文化和歷史的祕密》

徽、公司徽章等，據說均起源於家徽，並且在紋樣和構圖上均受到家徽不同程度的影響。

作為家族標誌的家徽，是日本傳統的文化意識產物，有其存在的合理性。因為，對族的尊重，在日本人的意識中具有根深柢固的地。家族，而不是個人，是日本社會的細胞和社會統一的主要力量；從古代到近代、現代，家族一直是日本人生活中的決定性因素。正如芳賀矢一所說的：「西洋社會的單位是個人，個人的群體組成了國家。而在日本，國家則是家族的集合體。這就是根本的差別。」❸如此看來，簡單地以西方的所謂民主思想來否定強化和顯示家族意識的家徽，似乎是一種片面的做法。

歷史上，家徽是強化作為「社會統一的主要力量」之家族意識的一種手段。今天，具有家族氛圍（至少，日本人努力營造這種氛圍）的日本公司要求員工佩帶公司徽章，則是「企業識別」的一種手段和企業文化的一項重要內容，有助於強化本企業職工的認同意識。當我們無論自內容還是形式上，從公司徽章聯想到家徽時，怎麼不感覺到日本人在這方面的獨特智慧？更何況，它還有種種不菲的功能。

前後顛倒的「魔帶」

製作和服的面料有棉布、呢絨、真絲等，其基本要求是挺刮、舒展、不起皺。和服的面料對顏色沒有特別的要求和忌諱，雅致、華麗、對比強烈的色彩均能受到不同之人的青睞，

---

❸ 《東方民族的思維方法》

均能表現不同的魅力和不同的性格，並且具有一種純真、自然的韻味。所以，在穿著和服時，項鍊、耳環和手鐲等首飾幾乎成了多餘的累贅。不少日本人認為，穿著和服時佩帶那些首飾，無異是「畫蛇添足」。

但是，正如紅花需要綠葉扶持一樣，穿和不佩首飾，並不意味和服不需要其他飾物的襯托。事實上，和服只有與一系列「配件」組合在一起，才能形成一種統一、完整的美。

首先，穿和服必須同時穿「木屐」。這種木屐類似於中國南方人所穿的木拖鞋；所不同的是，在木屐底部，前後各有厚齒支撐地面。穿木屐時，還須同時穿上日本式襪子。其次，穿和服時必須在腰間繫上一根帶子。這種和服的帶子無論款式和繫法均十分獨特，它不僅與和服渾然天成，更能將和服的美表現的淋漓盡致。而且這種帶子本身也頗多耐人尋味之處，堪稱智慧的傑作。

和服完全不用鈕扣，全部由帶子束縛和固定造型。不同的和服需要選擇不同的帶子，同一件和服配上不同帶子，會產生不同的效果。因此，愛美的日本人對帶子十分重視，精工細做，極盡考究。

本來，和服的帶子並不顯眼，它的寬度僅一寸五分至二寸。後來，由於受到所謂「名護屋帶」（因肥前的名護屋而得名的一種腰帶，它是當時基督教傳教士教袍的仿製品）的影響而逐漸變寬，形成所謂「博多帶」（博多為日本九州一地名）。以後，這種帶子進一步變寬，從三寸、四寸變成了六寸，不久又從六寸變成一尺，最終成為日本女性穿和服時的一種裝束。在世界上，穿著衣服時繫上這麼寬、這麼長（和服的帶子一般長達四米）的腰帶是絕無僅有的。更為奇特的是，在世界上，人們的皮帶、布帶和其他各種束在腰間的帶子都是結

扣（或搭扣）放在前面，在前面維繫的；而束縛和服的腰帶，結扣卻在背後，這是為什麼？

在歷史上，和服的腰帶也曾是在前面打結的。當時，人們用所謂的厚板帶，在前面將腰帶扣緊。名護屋帶如此，在此之前的腰帶也莫不如此。但是，隨著腰帶變寬變長，結扣越來越大，擋住了人的視線，使之連自己的腳面都難以看清。於是，帶結便向後轉移，成了世界上唯一在身後結繫的腰帶。

和服腰帶帶結的向後轉移，發生於寬永年間。當時，恰逢「芝居」（日本的傳統戲劇）從阿國歌舞伎中分離出來，成為一種獨立的藝術形式，並具有更強烈的娛樂性。阿國歌舞伎是所謂的「勸進歌舞伎」，為了募集財物而敲鉦起舞，是歌頌神社、佛閣緣起的念佛舞蹈。與此相反，芝居則主要以世俗的生活題材為中心。實際上，所謂的「歌舞伎」，是由後人命名的，它最初被稱為「傾」，意喻不同於常態的奇忌之物，是相對於所謂「能樂」這一正統藝術的「異端的能樂」，具有「變態的能樂」的含義；而芝居則是又一次變態。

隨著芝居的推廣和普及，芝居演員的裝束不斷得到人們的仿效。於是，和服腰帶的結扣便逐漸固定在身後：芝居演員最初也是將腰帶結在身前的，但由於帶結逐漸變大，在舞蹈時礙手礙腳，所以他們就將結扣轉移到背後，在背後結繫腰帶。特別是當時一些著名的芝居演員，如吉彌和文七等，為了增強表演的戲劇效果，刻意求工，創出許多新的腰帶結繫方式，使之同演技相輔滿成。例如，所謂「文庫」的結繫方式，仿照包書的方法（「文庫」的原意是包書用的包書紙），使結成的腰帶帶結宛如一隻蝴蝶，在人體運動，如舞蹈時，蝴蝶結的兩端也會上下翻飛，翩然起舞。以前，為了達到這一目的，人們曾經嘗試在帶子中放入重物；但現在經過吉彌對腰帶結繫方式的改

良，不僅無需放入重物，而且帶結的振幅更誇張飄逸，造型也更加美觀。

由於吉彌經常以這種方式結繫腰帶進行演出，所以和服上的「蝴蝶」立刻便到處翻飛。直至今天，這種「吉彌結」仍然得到的人們的鍾愛。總之，傳統戲劇演員在和服腰帶結繫方式的改良和促成其流行方面，曾經起了先導作用。

除了上述呈蝴蝶形的結繫方式外，和服腰帶的結繫方式還有呈花瓣形、長方形的等等。由於日本人為了更充分地顯示女性的美，不斷對腰帶進行改良，以致今天和服腰帶的繫法，已有了二七八種之多。不同的繫法顯示了不同的匠心，具有不同的效果。例如，有一種被稱為「堅也の字」的繫法，使帶子斜過肩頭，在肩上露出結扣。這種繫法是努力將女性的美向上移，使人們在同穿著這種和服的女子擦肩而過，回頭觀賞和讚歎她的美時，注意力集中在她的上部。這種設計是相當聰明的。因為，上身長、下身短，本來是日本人身材上的一種不足，如果在腰間纏上厚厚的腰帶，雖然會產生一種美感，但也有消除腰部凹形曲線之嫌；而將帶結移到肩上，由於旁人的視線也隨之上移，因而能使雙眼顯得較長，使上身顯得較短。這種繫法出現後，和服的腰帶也隨之上移，極大地彌補了日本婦女身材上的缺陷。

穿和服結繫腰帶，不僅有助於創造美感，而且有利於人體健康。過去有人認為，腰間纏著寬寬的、一層層的帶子，是對身體進行束縛，是不科學、不衛生的。但是，近年的研結果表明，和服的腰帶不僅能平均地壓迫身體，使人體的血壓下降，可以將胃往上托，防止胃下垂，而且有助於修正身材的比例；對於生育過的婦女來說，纏上這種帶子，更是一種科學和衛生的做法。正是這種科學性與合理性，使日本和服的伴侶——腰

帶這一耐人尋味的「奇品」得以發達，並留存至今。

和服的腰帶——世上唯一在背面結繫的又長又寬的腰帶——不僅具有審美的功效，而且具有維繫人體健康、修正人體比例的作用，實在是一條神奇的「魔帶」。

美不勝收的「畫布」

日本的和服是日本民族的一個重要標誌，是在世界上享有很高聲譽的美麗的民族服裝，它以高度的藝術性和獨特的款式而受到世人的讚歎。

本來，作為內衣穿著時，和服是樸實無華的，但當成外套穿著以後，和服逐漸變得絢麗、豪華，多彩多姿；並且正是在這種美的「演出」中，顯示出日本人獨特的構想和智慧。

和服十分重視圖案和色彩的搭配及變化，十分重視結構和布局。可以說，每件和服都有其不同的特點，都是精雕細琢的藝術品。和服之所以歷久不衰，至今仍得到日本人的喜愛，除了它順應日本的自然風土、氣候外，另一個重要原因就是它的裝飾圖案不斷推陳出新，新的裝飾圖案不斷豐富和充實著古老的和服造型，使之具有新意，使之不斷獲得生命力和鮮明的時代感。

特別是女性的和服，裝飾圖案的表現手法更是多種多樣。它從點、線、面三個基面因素出發，構築各種圖形，有散點排列、團花排列、滿地花排列等。它的印染手法也多種多樣，不僅有織、印、繡、纈染、蠟染、珊瑚染等，而且還可以各種手法交互採用；如在織花的面料上再進行蠟染、刺繡或手繪處理，使之更富有層次感，取得更豐富的裝飾效果。

和服的裝飾圖案大多呈三點式布局，即腰至下襬為一個裝飾區，左肩至左胸為一個裝飾區，左袖為一個裝飾區。裝飾區主次分明，其中重點最突出、色彩最豐富的是腰至下襬這個裝飾區，另外兩個裝飾區則與之呼應。和服右邊袖子的背面和後肩，有時也有與之呼應的花紋，主要也是起烘托作用。這種三點式布局多見於「色留袖」、「黑留袖」等，而華美的「振袖」則往往通常飾有絢麗的花樣圖案，占位極大。和服上的圖案以花卉植物及一些活潑可愛的動物為主。常用作和服圖案的有櫻花、牡丹、菊花、芍藥、梅花、松樹、竹葉、楓葉以及仙鶴、小鹿、孔雀、鳳凰、蝴蝶，另外還有小橋、小石，行雲、流水等景物。

在服裝上繪綴各種圖案，並不僅見於和服，即使在西方國家，人們也往往以此來表現服裝的華美。但是，在西方國家，服裝上的圖案大都是有格式的、排列規則的圖案；而日本人和服上的圖案，大都是自由灑脫的圖案。這是一個顯著的區別。尤其讓人感興趣的是，日本的和服絢麗多彩，如將和服展開，人們將會發現它宛如一塊畫布，上面的花卉、風景、動物，形象和構圖完整。因此，人們稱日本和服為「賞花幕」。利用大自然中的美景裝點和服，不僅反映了日本人熱愛自然、順應自然，努力與自然融為一體的文化心態。並且，由於它是穿在行動著的人身上，是以晃動為前提的，因而更能使上面的動植物產生栩栩如生的效果。例如，繪綴在和服上的嬌嫩的樹枝，盛開的鮮花，潺潺的流水，展翅奮飛的小鳥、蝴蝶等，會隨著人的活動搖曳、起舞，產生強烈的動感，使和服宛如一塊活動的畫布。另外，在宴會等場合，如果將絢麗多彩的和服脫下掛起來，還能形成一塊塊屏風，將一個個區劃隔開，不僅使宴會場產生一種若隱若顯的情調，符合日本人審美意識的原始要求，

而且能使人們產生一種宛如置身於大自然的奇妙感。用衣服搭建屏風，在其他國家和民族中似乎是不存在的，它是日本特有的文化，是和服具有的一種特有的功能，體現了日本人獨特的智慧。

不僅和服本身具有一種美感，而且在穿著和服時，人們還能藉以表達豐富的情感，展示複雜的內心世界。例如，由於和服的下襬較長，所以有「褄」（位於前衣襟），通過提著褄這一動作，能更有效地顯示和服之美。例如，日本歌舞伎的舞女是提著褄走上舞台的。在走到舞台中央後，驟然放下褄，打開扇子，然後翩翩起舞。就在放下褄的瞬間，人們觀賞到和服閉合美和展開美之間的差別，看到了對稱美和不對稱美之間的差別，看到了和服上圖案得靜態美和動態美之間的差別，從而渲染了戲劇氣氛，增強了演出效果。「在和服展開之前，先們看未展開的和服，是表現融入和服中的動態美的智慧。」❹

在戲劇和舞蹈中，除了褄以外，袖子也是和服極富有表現力的一個部分。通過袖子的半撩半捲，能夠使手臂半隱半顯。如果將手藏於袖中，撫於臉上，臉也被遮掩得半隱半顯，從而取得一種含蓄之美的效果。在歌舞伎表演中，演員表現哭泣、害羞、笑，全都和袖子的使用技巧有關。如果是未婚女子，手指要全部藏於袖子，脖子向右彎曲六十度，下垂三十度，用袖子掩住嘴。如果是已婚女子，則要伸出兩個手指，然後以袖子掩住嘴。總之，和服的袖子是表現豐富而複雜的人類感情世界的媒介。不僅在戲劇舞台上，即使在日常生活中，人們也能清楚地發現和服的袖子所具有的這種功能。

另外，和服與化妝也有密切之關係，而化妝無疑是表現女

---

❹ 《不消亡的日本人──其文化和歷史的祕密》

性美的一個十分重要的方面。如前面所述，家徽是家族名譽的標誌，必須得到珍視。因此在平日裡，為了防止頭髮弄髒衣服，日本有「取下家徽」的和服穿著方式。如採取這種及著方式，那麼就要做頭髮下的所謂「襟足化妝」，即頸部背面的化妝。這是日本女性的一種獨特化妝。在西方國家，女性的化妝受到高度重視，甚至不少人認為，女性不化妝，猶如不洗臉。但是在那裡，化妝一般僅限於正面，沒有什麼「襟足化妝」之類的背面化妝。日本人的化妝則不僅有正面化妝和所謂「塗耳紅」的側面化妝，而且還有背面化妝——「襟足化妝」。也就是說，日本女性的化妝是一種三維的、立體的化妝。

「襟足化妝」的目的就是力圖通過脖子背部，取得顯示青春美的強烈效果，它的作用，在歌舞伎中表現得最為突出。在歌舞伎中，女演員有一種所謂「口說」的表演。在表演時，由於演員所扮演的角色情緒處於一種亢奮狀態，因此臉部表情難免走形，從而給人一種不美的感覺。為了不讓觀眾看到那張變形的臉，因此演員須背向觀眾。這時，只見她坐在舞台的地板上，「取下家徽」，將右手藏入袖中，按在左側的胸部。由於背向觀眾，因此觀眾看不到她的臉面，只能看到她的「襟足」——那是一個皺紋不會靠近，因而始終顯得稚嫩的部位；同時，那也是人們平常不太注意的部位；並且，由於經過精心化妝，「襟足」能更充分地顯示女性的青春美，具有相當大的魅力。

總之，和服是能夠同時表現自然美和人體美，使人和「自然」融為一體，並能能夠表現和傾吐人類豐富情感的傑作，是一塊美不勝收的「畫布」。

世界第一的「雜食族」

　　食物是一切文化的基礎。從原始時代開始，在人類所具有的一切文化要素中，本質幾乎不變的要素就是食物。在衣、食、住這三個人類生活的基本條件方面，就衣、住條件而言，動物和人之間的共同點較少；而在食物方面，人類和動物則有許多共同之處。因為，食物是人類和動物均具有的天然需求。

　　但是，如果作進一步剖析的話，我們會很快發現，除了烹飪、製作、加工、計畫性開發和儲存等手段使飲食成為一種文化，並使人即使在這方面也有別於動物之外，人本身所具有的條件——一種長期進化產生的條件——也和動物有極大的區別：觀察一下考古時發掘到的原始人的化石，我們可以發現，人類在大臼齒上有五個咬頭，在所有有生命的生物中是最多的。大臼齒上咬頭多，是為了咀嚼各種食物。也就是說，人類具有「雜食」的條件。

　　因為有五個咬頭，所以從很早開始，人類就有廣泛的食譜：不僅食用野果、野菜等植物，而且食用動物；不僅食用陸上行走的哺乳類動物，天上飛的產卵動物，而且食用江河湖海中的魚類、貝類。簡而言之，「雜食」是人類的一種特性，是人類維持生存的一種重要手段。越是「雜食」，食譜越廣，生命力也就愈強益旺盛，這在今天已成為一種常識。遠古時代，雖然人們未必懂得這一科學道理，但是，他們在順應自然、順應環境中養成的這一特性，卻使他們在「物競天擇，適者生存」的進化規律中成為強者。

　　毫無疑問，「雜食」而非「偏食」，對於人類的生存、進化和種的繁衍至關重要。試想，如果人類只能夠吃植物，不能吃動物，或者只能以其中的一類維持生命，那麼在特定的自然

環境中（如只有動物，沒有植物），將無法生存。或者，由於生態的變化，人類賴以生存的食物遭到破壞，那麼人類將遭到滅頂之災，有絕種之虞。事實上，「雜食」的特性，是今日人類分布於全世界各個角落並生生不息的巨大的力之源泉。在距今二百萬年以前，當人類出現於世上時，他們所具有的最大特徵，從某種意義上說，除了較發達的大腦及皮層外，就是雜食；而二者又是相輔相成，互為因果的。

如果說「雜食」是文明進步的表現，具有科學性與合理性，那麼在飲食文化方面，作為世界第一的「雜食族」，日本人的飲食結構是很值得探究的。事實上，食物以及生產或獲取食物的手段、方式，不僅關係到人類的生存和種的繁衍，而且關係到人類的精神結構、社會結構，以及認識事物的方式；它是傳達文化特色、決定文化系統或性格的一條重要線索，反映出人類各民族不同的智慧。

日本人的飲食結構受其農業社會性質的影響，一直以大米為主食。即使在今天，雖然日本的社會性質已發生了根本性變化，但這種飲食結構並未改變。但是，僅僅依靠大米，似不足以獲取人類所需要的營養，人類還需要各種副食品作為補充。

那麼，日本人是以什麼作為副食？是以怎樣的手段和方式獲取那些副食，從中擷取營養的呢？作為世界第一的「雜食族」，日本飲食文化的自然是極其豐富的。在這裡，我們只能以「窺斑見豹」的方式作一番探視。

考古遺跡表明，日本人在繩紋時代曾以胡桃、栗子、七葉樹堅果，以及各種各樣的橡樹子為生。堅果中含有豐富的澱粉，可以轉化成葡萄糖。同時，堅果中還含有各種維生素和微量元素，營養相當豐富。因此，即使在今天的日本市場上，人們仍然可以看到陳列待售的各類堅果，雖然它們已從主食「淪

為」副食。不過，橡樹子和七葉樹堅果含有味道苦澀的丹尼酸和肥皂精，如果不用一定的方法予以消除，是很難入口的。在這方面，日本人頗有一套辦法。在今天的日本農村，人們有時仍能看到這種辦法的運用：待堅果成熟以後，先將它放在火上烘乾，然後去掉外面的硬殼，將果肉搗碎並放在冷水中浸泡一周，再將它放到熱水中，一共要煮整整一天（有時還加鹼液作沖和劑）。以這種辦法加工製成的食粉，可做米糕、湯圓等。雖然這種加工辦法在今天看來近乎原至是它卻反映了日本人在飲食方面的一個特點：雜食。這種蠻荒時代的食物至今仍得以保留，說明日本人十分懂得雜食的益處。

堅果中含有豐富的澱粉和較高的熱量，但是它的蛋白質和脂肪的含量卻比較低。作為食物，這無疑是一項缺陷。可能正因此如此，所以日本在繩紋時代便有了明確的兩性分工：婦女採擷堅果，保證熱能的充足供應；男子打獵捕魚，獲取必需的蛋白質和脂肪。後來，隨著水稻農耕技術傳入日本，日本人的飲食結構發生了很大的變化。但是，雜食這一基本特性卻並沒有因此而改變。不僅如此，日本人的食譜隨著社會的發展而更加廣泛。

由於自然環境的影響，日本的畜牧並不太發達。日本的牧場現主要分布在比較寒冷的北部，所占面積不到全國總面積的2%。同時，在歷史上，由於牲畜主要用於耕地拉車而非食用，以及佛教禁忌殺生，因此長期以來，日本人的肉類攝入量一直不足。但是另一方面，日本人憑藉其四面環海的地理環境，充分利用漁業資源彌補這一缺陷。日本人自稱「徹底的食魚民族」，以最大限度地利用海產品而自豪。今天，日本的捕魚業是世界上最有成就的。自 1972 年起，日本的年捕魚量達到一千萬噸，占世界總捕魚量的 20%左右。在日本，人們可以

品嘗到海魚達三百種以上。在日本市場，大至數十公斤重的鮭魚，小至米線般的銀魚，從哺乳類的鯨到棘皮類的海星，從生的、熟的、醃的、曬的，到罐裝和魚糜製品，林林總總，幾乎無所不有。另外，在最近幾十年，肉類也成了飲食結構中的重要組成部分，並日益與魚業「分庭抗禮」。

根據近年來營養衛生學家的研究發現，魚類含有能預防心肌梗塞、腦血管硬化等中年後多發疾病的有效成分。有著吃魚傳統的日本人，在這方面當受益非淺。同時，魚、肉攝入量的大致平衡，以及其他各種副食品的補充，使日本人的飲食結構成為最符合健康要求的理想結構。處次世界大戰以後，日本人的平均壽命和身高、體重均有顯著增長。產生這種狀況的一個最主要的，按照賴肖爾的說法，就是：「食物更加豐富多彩。」[5]

日本人在飲食方面兼收並蓄的特性，和他們認識事物的方式有密切關係。由於中國「陰陽五行」說的影響，日本人認為，萬事萬物均以「平衡」為第一要義。因此，在進食的時候，日本人十分重視各種食物的搭配。例如，在吃了作為澱粉類食品的米飯後，由於澱粉在體內醣化，變成酸性物質，因此日本人往往要吃些鹼性食物，如放有裙帶菜的醬湯，或葉菜類的醬菜進行中和。這種飲食習慣雖然是以「陰陽調和」的五行說作為理論基礎的，但它也符合近代的衛生學原理。因為，這種搭配不僅能補充鹽分，糾正酸性偏差，而且能使米飯中的大部分熱量得以吸收。由於各種食物均有「陰陽」之分，所以自古以來日本人始終貫徹雜食的原則，以保證「陰陽」的平衡。正是在這種觀念和原理的指導下，雜食成了日本人飲食文化的

---

[5] 《當代日本人──傳統與變革》

一大特色和日本人智慧的表現，

「喜新厭舊」的美食家

除了富士山、櫻花、和服以外，至少在飲食方面，最能代表日本民族文化特色的，當首推「刺身」（音「沙西米」，即生魚片）。

毫無疑問，最近幾十年，日本人的生活方式在各個方面均發生深刻的變化，其中最劇烈的變化莫過於日常飲食。今天，隨著人們口味的多樣化和西方文化的影響，各種食品充斥日本市場，其烹調方式也各色各樣，從用進口的廉價小麥烤製的精美歐式麵包到方便麵，從麻婆豆腐到意大利通心粉，從十六世紀來自葡萄牙傳皆「天麩羅」（油炸食品）到十九世紀中葉的一些離經叛道的醫科學生發明的「雞素燒」（漢字寫成「壽喜燒」，音譯為「司蓋亞蓋」，一種煎燒牛肉等食物的烹調方式），從法式大菜到韓國燒烤，從麥當勞、肯德基炸雞到泰國、印度小吃，幾乎應有盡有。可以毫不誇張地說，當今的日本已成為「世界食府」。日本人能夠在島國彈丸之地盡享各國風味美食——儘管那些風味多少有日本化之嫌。

不過，雖然日本人的飲食呈日趨多樣化的態勢，但是，最受日本人鍾愛的食品，仍然是最具傳統飲食文化的「刺身」（生魚片）。可以做生魚片的魚有很多品種，其中最常見的有鮪魚、鰹魚、鯛魚、竹莢魚、鯖魚、鱸魚和鯨，以及墨魚、章魚等。其中鮪魚味道最美，肉質最細，顏色也最漂亮，在日本被公認為最高級的生魚片原料。在鎌倉時代，武士們最愛吃的生魚片，就是用肉質呈粉紅色的鮪魚和鰹魚做的。後來，鮪魚

的地位下降，肉質呈白色的鯛魚、鯖魚、鱸魚做成的生魚片轉而受到人們青睞，肉質呈粉紅色的魚被視為下品。直到明治維新以後，鮪魚和鰹魚才恢復傳統地位。

今天，在日本最大的魚類市場──隅田川和筑地川交匯處的筑地中央批發市場，一天成交的鮪魚有三千條左右，至年底則可達約一萬條。每條魚的重量，從數十公斤至數百公斤不等。雖然這種魚的軀體圓圓渾渾，嘴巴尖尖，尾柄細小，宛如一只紡錘，並不具有美感，但卻非常昂貴。當年我曾經在那兒看到過一條碩大的鮪魚，標價一五〇萬日元（目前因為有禁捕年限，價格早就更貴了）。在筑地中央批發市每天銷售的水產品中，鮪魚是大宗。在那裡，成百上千條鮪魚整整齊齊地排列在地面上，每條魚的身上都用白粉寫著兩個號碼，一個代表它在隊列中的編號，一個則顯示它的重量。每天清晨五點半，大批發商的代表來到售貨場，按編號將它們出售給願出最高價小批發商。那種銷售方式如同拍賣。除了東京和關東地區的買主外，甚至北海道的餐館也派人不遠千里到那兒批發，可見鮪魚銷售之旺，以及日本人對生魚片的厚愛。

在江戶時代，由於「鎖國」政策阻礙了漁業的發展，味鮮色美的生魚片更是成了一種奢侈品。因此，人們便將對生魚片的思念寫進了歌曲。當時，一個名叫枯曙覽的學者曾學過這樣一首歌，其大意是：「不管怎麼說，買些鮮魚回家是最令人高興的事。孩子們齊聲說好吃好吃，將它們吃得一點不剩。」當時，日本人就是這樣以「畫餅充飢」的方式來表達對生魚片的鍾愛。

生魚片代表了日本飲食文化的精髓。確實，和舉世聞名的中國飲食文化相比，日本的飲食文化不免相形見當。但是，日本的飲食文化也有其自己的特點，那就是追求味鮮色美。日本

的飲食藝術性和優雅感。在日本的食品中，與自然景物有關的名稱約占總數的一半以上，如松風、紅梅燒、磯松、桃山、牡丹餅、山茶餅，以及洲濱、時雨、越之雪、落雁、鹽龜、細石等等。

除了名稱以外，日本的食品與其說是讓人飽口福，倒毋寧說是讓人賞心悅目；與其說是追求口感，倒不如說是追求營養。而這兩方面的要求，均在生魚片的製作中發揮得淋漓盡致。例如，日本有一種以生魚片做成的菜，叫「わ作りの盛り合」（意味「生魚片拼盤造型」），即在一個大青花瓷盤裡放一條首尾翹起，經過切片加工的魚，旁邊用幾片肉的色質與之不同的生魚片襯托，在魚身和周圍點綴幾片正面絳紅、反面翠綠的紫蘇葉，那色彩如詩如畫，美不勝收。更重要的是，它栩栩如生，突出了生魚片「生」的特點，使人感到這條魚彷彿仍然在水裡游動。

除了這種一般在居酒屋裡見到的魚的造型外，即使在超級市場裡出售的生魚片，日本人也十分注意造型和色彩的搭配。那裝在透明的塑料包裝盒中的生魚片，或片片疊起，呈起伏狀，使人聯想起大海的波浪；或如翡翠、如白蓮朵朵盛開，瀏覽其間，使人彷彿置身於工藝美術展覽館。

另外，生魚片還經常被用來做「壽司」（醋飯團），其裝飾也十分精美：在一個黑色或紅色、分成許多小格的漆盒內，放著一塊塊壽司，上面覆蓋著各種色質的生魚片和其他食物，五顏六色，煞是好看。

在日本，生魚片是一種珍貴的食品。日本人以生魚片待客，是一種十分鄭重其事的表現。日本人之所以喜歡生魚片，當然不僅僅是因為它賞心悅目，味鮮色美。事實上，生魚片「得寵」的一個重要原因是新鮮。無需說明，不新鮮的魚是不

能生吃的；並且，因為魚有汛期，所以生魚片也有很強的季節性，並非任何時候都能吃到任何一種生魚片。而新鮮感和季節性正是日本飲食文化的生命。

日本人認為，新鮮的、在季節初形成的東西，是營養最豐富，體內所蘊含的生命力最旺盛的時期。任何生物的最佳時期均在其生命力充分發揚之前。日本人喜歡將食物生吃，不僅生吃魚，生吃肉，而且生吃雞蛋、捲心菜、山藥等。大凡能夠生吃的東西，日本人都拿來生吃。因為，能夠生吃的東西，必然是新鮮的東西；反過來說，唯有新鮮的東西才能夠生吃。或許有人認為，生吃食物不衛生。但是我在日本時，吃了那麼多生的東西，卻從未生病。可見關鍵並不在於食物是否能夠生吃，而在於是否新鮮。相反，按照現代醫學的觀點，新鮮有助於衛生，而時鮮則有助於健康。因為，「時鮮」時，也是生長激素最旺盛時，這時的營養價值當然最高。

所謂營養價值，不僅是指蛋白質、脂肪、熱量和維生素等，同時也是指能創造一種特別生命力的物質。今天，人們已欣喜地發現了這一點，並努力以各種方式和手段提煉、合成這種物質。而日本人則在很久以前就已經認識到這一點。《萬葉集》中屢屢可見食用「時令」之物的敘述就是一種證明。雖然在歷史上，日本人沒有以科學的語言對此進行分析，但是日本人在生活實踐中所獲得的經驗，卻和今天的科學分析具有相同的結論。

日本人使飲食文化的藝術性和食（實）用性相統一，他們可說是「喜新厭舊」的、聰慧的美食家。

發酵和釀造的營養素

　　日本列島的氣候溫暖、濕潤，這種氣候條件使順應自然的日本人從很早就開始注意利用這一資源，對食物進行發酵和釀造，並在這方面顯示出獨特的才能和智慧。

　　日本人早在古代就發明了一種所謂的口嚼酒，即將米或其他穀物放在口中細細嚼，使穀物與唾液充分攪和。由於唾液中含有澱粉酶，能夠促使穀物中的澱粉糖化，因而具有酵母的作用，使穀物變成酒精。同時，糖分經發酵後會產生炭酸氣，具有芬芳的氣味。

　　所以，儘管當時的日本人並不知道酵母菌的存在，也不知道穀物變酒的化學原理，但是他們從經驗中獲得的知識，以及根據這種知識取得的成效，卻完全符合這一原理。日本釀製口嚼酒的歷史一直延續到奈良時期。根據文獻記載，直至江戶時代末期，沖繩一帶的日本人仍釀製口嚼酒。這種釀製口嚼酒的技術一直傳到太平洋各島嶼，包括北美和南美的一些國家和地區。例如，台灣的高山族和巴西部分地區的居民，在本世紀初仍採用這種釀酒技術。

　　以後，隨著社會生產技術的進步，日本逐步走上依靠菌種發酵釀酒的道路。最初，日本人釀造的酒是濁酒，即用麴菌使穀物中的澱粉糖化，然後進行醞釀。後來，日本人發現，如在醞釀而成的濁酒中再添加絲狀菌，即可以使酒由濁變清，釀成清酒。

　　「清酒」的名稱始於平安時代。今天在日本出售的絕大部分日本酒都是清酒。日本的清酒是以麴菌和絲狀菌釀成的，頗具特色。與之相比，西方的酒，如啤酒，是在麥子裡加入絲狀菌製成，不使用麴菌；葡萄酒是以果糖菌製作，也不使用麴

菌。

　　有些人認為，古代日本的釀酒術是從朝鮮傳入的，其依據是，在日本古典文獻《古事記》中，曾記載了來自百濟的須須許理釀給日本天皇，天皇飲後大喜，並作了一首和歌：「須須許理釀御酒，使吾醉……」的軼事。

　　但是，僅根據這點記載，似乎還不能斷定日本的釀酒術來自朝鮮。事實上，在日本民間，也流傳著許多關於釀酒術之起源的傳說，並將京都的松尾大社奉為造酒神的寓神，將三輪明神奉為日本酒的守護神，等等。

　　古時候，日本的釀酒者均為女性。製作口嚼酒時期，由於當時的人不知道穀物的糖化，發酵是由於酵母菌的存在，而認為這是一種神的造化，所以口嚼酒的釀製一般由經常祭神的婦女，特別是由處女承擔。當時有一個釀酒工組織，叫「藏人組織」，其成員多為女性，在社會上很受尊重。每年十一月中旬，「藏人」們從故鄉來到城裡「入藏」，過一種集體生活，三月份返回故鄉，是一批冬季勞動者。

　　室町時代以後，釀酒改用酒缸，並從婦女的工作變成男子的工作。男子從事釀酒，以生產技術的發達和產量劇增為時代背景，表明了釀酒業的進步。江戶時代，德川幕府極力提倡男尊女卑思想，女工釀酒一時成為非法行為。

　　在日本，不僅釀酒者有過嚴格的性別規定，而且釀出的酒本身也有性別之分：用硬水釀製的酒有一種特殊的味道，但只要經過一個夏天，這種味道便會消失，從而具有一種純樸自然的風味；這種酒被日本人稱為「男酒」。用軟水釀製的酒，味道柔潤，清香可口，但其味不能長期保留；這種酒，日本人稱之為「女酒」。用男女性格特徵的差異為酒作出規定，這種獨特的思路是日本人「男為陽剛，女為陰柔」的傳統觀念在釀酒

業中的延伸，使日本的酒文化和社會文化融為一體。

在古代，由於釀酒技術比較低下，缺乏一種科學有效地控制發酵、醞釀程度的手段，所以有時難免釀出酸酒。為了使酸酒不酸，日本人聰明地以山茶木和枹、栗、堅木的火炭加以中和。在明治初年，日本曾經出版過如何使用木炭中和酒酸的專門著作。

直至今天，這一技術仍得以運用，只是天然木炭改用了人工合成的「木炭」。酸酒加入大量木炭後會起中和反應，使酒產生一種極佳的、難以名狀的滋味，令人欲罷不能。

由於日本的釀酒業有相當久遠的歷史，因此酒的種類層出不窮。為了以示區別，日本仿效中國為酒命名的作法。其命名的方式頗多，或以地名冠之，如天野酒、江川酒、麻地酒，或以釀酒的方法命名，如加賀的菊酒、博多的練貫，等等。直到江戶以後，酒名才正式明確地由商標顯示、區別。

日本人在食物發酵方面的聰明才智並不僅僅表現於釀酒一項。日本人活用自然的發酵飲食多種多樣，所有這些飲食，被樋口清之稱為：「酵素所作的精彩演出。」例如，作為日本一大特產的「味噌湯」（豆瓣醬湯），就是通過發酵製成的。日本的另一大特產「納豆」，也是通過發酵製成的。再例如，「壽司」又寫作「鮨」，原意就是指魚的發酵物。可以說，以發酵的方式製成飲食，是日本飲食文化的又一特色。

由於日本的飲食文化具有發酵的特色，因此在日本的飲食中，除了甜、鹹、辣、苦、酸五種滋味外，還有第六種滋味：旨（如「鮨」所顯示的）。這種特殊的滋味就是通過發酵產生的。據樋口清之的介紹：「多品嘗這種『旨味』，使促使大腦皮層的細胞活躍，從而使頭腦變得聰明。」

「由濕暖氣候產生的發酵文化，是促使日本人進步、生

長、發達的強大原動力。」❻雖然這一觀點未免偏頗，但是，現代科學確實證明，酵素具有很高的營養價值，能增加熱量，幫助消化，增強人體的免疫力；酵素作為一種活的能量，對維護人類健康具有很大的作用。

西方營養學以往在營養成分的分析中只偏重於蛋白質、脂肪、糖、熱量和維生素等，近代以後才開始重視礦物質和微量元素的作用，對於作為生活元素的能量——酵素——是不重視的。而日本人則不僅早就在自己的生產和生活實踐中對酵素的作用作了充分的肯定，而且不斷對酵素進行深入的科學研究，並證實了它的作用。

就日本飲食文化的特色之一——發酵而言，作為日本人智慧的顯示，不僅在於認識酵素的營養價值，而且在於順從自然，將發酵作為在濕暖的環境中保存食物、加工食物的手段，並在這種保存加工中創造一種新的味覺。總之，發酵「調節了味道，促進了智力發育，對日本人的飲食生活貢獻很大。」❼

匪夷所思的建築

日本的建築是日本人不抵抗自然、順應自然，「不求征服求調和」這種自然觀的明確顯示，是日本人獨特智慧的顯示。

在日本，有一種極具民族特色的建築：五重塔，它是以將芯柱埋在地下的芯礎為基礎，然後覆蓋泥土，一層一層往上疊建起來的。在五重塔頂部，是重達約七噸，被稱為「九輪」的

---

❻　《不消亡的日本人——其文化和歷史的祕密》
❼　樋口清之：《日本人與日本傳統文化》

金具。這種建築，簡直令人不可思議！因為，按照建築結構的原理，任何建築物的重心必須在底部，只有這樣，建築物才可能穩定、堅實，而像五重塔那樣的結構，在頂部載著個七噸重的龐然大物，整個建築物的重心顯然無法下移，所以，似乎是不穩固、容易傾覆的。但是，多少年來，人們尚未聽說哪座五重塔因為具有這種不穩固的結構而倒塌。相反，它們歷經地震的劫難而巍然不動，令人稱奇。

　　事實上，五重塔的設計建造者之所以「違反」建築結構的原理，使它「本末倒置」、「頭重腳輕」，是經過深思熟慮的。他們所採用的是一種獨特的、順應日本自然狀況和條件的結構原理：日本是個地震頻發的國度，在發生地震時，由於五重塔的柱子是具有柔性的木材，而且它的一層、二層、三層全部沒有被釘死，所以必然會吱吱嘎嘎地晃動，但是這種晃動只會像波浪一樣上下翻動，而不會左右搖擺，以致坍塌。因為，重達七噸的金具「九輪」將整座塔緊緊壓著；也就是說，儘管地面在動，但塔的位置是不動的。在一千三百多年以前，日本的建築設計能夠具有這種構想，足見其智慧和聰穎，歸根結柢，產生於他們的自然哲學觀。

　　順應自然，是日本傳統的、基本的建築原理。因此，日本的傳統建築——以木材為原料的建築，雖然拖拉機在旁邊駛過也會震動，但卻能承受一般的地震而不倒塌。相反，現代化的鋼筋水泥建築在碰到地震時，卻蘊藏著巨大的危險。因為，雖然這種建築具有一定、甚至較強的抗震能力，但它何時達到臨界點，人們卻很難覺察。一旦超出臨界點，整座建築會瞬時崩塌。而木質建築雖然會經常搖晃，但卻不會輕易倒塌，並且能及時作出預報，敦促人們注意。至少在抗震方面，日本傳統的木質建築有其科學性與合理性。

前些年，日本在東京新宿的西口建造高層建築時，也採用了傳統的建築原理，即僅僅以鋼筋作為柱架，建築物的外壁全都是「安裝」上去的。因此，一旦發生地震，建築物中的鋼筋會振動，像波浪一樣翻浮，但不會倒塌。這種建築十分適合地震頻發的日本的自然條件。

除了「頭重腳輕」的五重塔以外，如「金雞獨立」的天守閣，也是日本古代的建築設計師順應自然的一項傑作。所謂「金雞獨立」，就是只採用一根大立柱支撐整個建築物的重心，在此基礎上一層一層往上造。採用一根立柱做重心的優點是，整座建築物會隨這根立柱浮沉、晃動。由此建造的天守閣的優點，在和採用兩根立柱做重心的天守閣的對比中，得到了明確地反映：日本的天守閣一般都以一根立柱為重心，唯獨姬路城的天守閣採用了兩根立柱。

姬路城又被稱為白鷺城，非常漂亮，是千姬下嫁之處。由於整座天守閣塗有許多灰泥，比較沉重，所以當時的設計建造了防止它倒塌，出於保險起見，為它立了兩根立柱。但也正是這個原因，姬路城的天守閣發生了傾斜，在戰後被施以解體性修建。之所以發生這種情況，是因為在兩根立柱中，一根立柱較早下沉、腐爛，而另一根立柱相對來說完好無損，「不辱使命」，以致產生了一邊倒的傾向。

在日本，雖然不同的建築是以不同的方式設計建造的，但是，順應自然這一基本的卻是固定，甚至永恆的。例如，日本古代的建築設計師在建造著名的佛教殿堂三十三間堂時考慮到，如果將這長二百米的直線建築物建立在一根根分開的柱子、分開的基石上，那麼在發生地震時，整座建築物難免分崩離析。於是，他們將二百米長的地基全部挖開，交叉鋪上粘土和沙石，然後壓緊。由於鋪有均勻的沙土，因此一旦發生地

震，各處所受的震幅大致相同，所以不會產生一根根柱子在波浪或篩糠似的晃動中「前仰後跌」的情況，從而使之免於倒塌。同時，三十三間堂的設計建造者在橫樑和柱子的銜接上也獨具匠心。他們為了使柱子和柱子「不分家」，用橫樑將其連接起來。雖然這本是基本的建築原理，似乎並不新，但在日本卻有新奇之處：日本的木質建築物是以針葉樹木作為基本材料的。這種材料在乾燥後收縮，產生縫隙。於是，他們巧妙地利用木材的這一特點，不將柱子和橫樑的結合處釘死，或採用別的手段將其固定住，而是使橫樑在枘穴——橫樑接插柱子的穴——裡能夠活動。這樣，在發生震動時，整個三十三間堂雖然會像波浪一樣上下活動，卻不會左右或斜向搖擺，而是僅僅呈直線運動。一旦震動結束，它會即刻回復原位。

歷史證明，這種構想是十分科學、合理的。迄今為止，雖然三十三間堂經歷了多次地震的考驗，可不僅沒有坍塌，而且殿堂裡千手觀音的線條和舞姿依舊栩栩如生，絲毫沒有走樣。

現代科學認為，「抗震建築」必須具有牢固的基礎。但是，按照日本的傳統科學，建立柔軟的地基，使之分布均勻，才是抗震的基本原理。這一原理在建造以東大寺大佛殿為代表的佛教建築時，得到了出色的應用。在日本這個地震頻發的國度裡，這些古代建築至今仍全部巍然屹立的事實，證明了這一原理和現代科學原理具有相似的價值。

東大寺大佛殿是世界上首屈一指的木質建築物，它的高度約相當於今天西洋式建築的十四層，屋頂上僅瓦片就有十六萬四千片，每塊瓦片約有報紙的一個版面大小，厚一寸五分，重十一貫目，靠三十六根立柱支撐。在一千二百年間，它歷經地震和狂風的襲擊而不倒，但卻兩次被人為地縱火焚燒。日本人認為，僅受人為的劫難而沒有受天災的破壞，這足以說明了

「順應自然」的重要。

　　就建築而言，在順應自然還是抵抗自然方面，日本和西方防波堤的差異，可以作為突出的例證。西方的防波堤是按照將波浪擋回去的原理建造的，表現了西方人抵抗自然、征服自然的觀念。而日本的防波堤則是按照順應自然的原理建造的。

　　例如，在日本鎌倉的海岸邊，有一條叫賀江的防波堤，長一公里，寬十六米，是在距今七百年前建造的。這條防波堤是按照「吸收海潮」，使之勢頭逐漸減弱，而不是將海潮阻擋於堤外的原理建造的。迄今為止，它雖幾乎未經修理，但卻完好無損。

　　總之，在日本，「征服自然」這個詞，在明治時代西方文化大量湧入之前是不存在的。日本人歷來強調的是順應自然，在自然中獲得自由。它是日本人的生活原理和哲學觀念，體現於日本社會的各個方面，建築的應用僅僅是一個側面。

隨意組合的「積木」

　　雖然在高樓鱗次櫛比的日本現代化都市中，傳統的日本式住宅正日益減少。但是，在可能的範圍內，日本人仍然著那種傳統建築，堅守著這座早在中世紀以前就已建立的「堡壘」。日本人對傳統住宅的厚愛並非出於守舊心理，而是因為傳統住宅更適應日本的風土氣候和地理環境；在這種住宅中，凝結著日本人的心血和智慧。

　　和其他建築一樣，日本的傳統住宅以樹木為最基本的材料，具有一種開放式的結構。這種結構也反映了日本傳統建築的基本特點：和自然保持協調關係，和自然渾成一體。

日本的傳統住宅有一個沿著房屋而建的叫「套廊」的部分，類似於走廊，但又不同於走廊，既屬於室內，也屬於室外。算它是室內，卻沒有頂棚；說它是室外，卻與房屋連接。因此，日本人認為「套廊」屬於「第三空間」，具有連接室內和室外的功能。

　　走進住宅，那種開放式結構的特徵表現得同樣明顯：屋子裡有拉門。這種拉門非常輕巧，僅用一個手指就能將它打開或關上。如將它們關閉起來，整個房間就被一一隔開；如將它們打開，隔開的房間又會頓然消失，整座住宅又變成一個大房間。這種結構既能適應「分」的需要，也能適應「合」的需要，體現了日本人尊重集體（家庭），也不否定個性的價值觀。

　　日本傳統住宅的結構是一個由幾根經過初步加工的長木條組成的骨架，它主要靠幾根立柱支撐。房屋的牆壁沒有承重作用，它們大多是一些格柵狀的框子，糊著半透明的紙，既是牆壁，也是窗戶，可以自由開合。在日本，這種非牆非窗的東西叫「障子」。

　　日本傳統住宅的設計是順應自然，但不盲從自然，尊重現實，但不屈從現實的傑作，體現了日本人一種固有的想法和認識：在大自然中，既有溫暖的陽光、輕柔的微風、明媚的景色，也有凜冽的寒風、瓢潑的大雨、蔽日的烏雲；將房屋設計成開放性結構，使它的各個部件能夠自由移動，能夠在變化不定的大自然中擇需而從。

　　日本的建築設計者在這方面的構思，和西方人是絕然不同的。西方人的住宅一般是以石頭或磚塊等非常堅固的材料建成的。住宅內外界線和輪廓十分清楚，表明了西方人力圖征服自然，和自然保持「彼此關係」的心態。雖然他們也歡迎陽光和微風，並因此而設計了各種窗戶。但是，在對自然因素的選擇

中，他們卻難以有較多的自由。因為，由於西式建築是磚石結構，所以窗戶既不能開得太大，也不能開得太多，否則就會受到結構力學的懲罰，導致房屋倒塌，所以，西方的住宅始終處在對自然因素的選擇與排斥的矛盾之中。按照法國現代畫家和建築學家勒‧科伯西爾的觀點，西方的建築史簡直就是「和窗戶戰鬥的歷史」。同時，在西方住宅內部，也各有完全獨立的部分、結構和單位，體現了西方人尊重「個性」和「個人主義」的價值觀念。但是，和日本式住宅相比，它同樣具有缺乏自由選擇的弊端。

由於國土狹窄，日本人的住宅一般都比較擁擠。將住宅設計成開放性結構，除了選擇自然因素的考慮外，另一個重要原因就是這種結構能夠給人一種寬闊的感覺，營造一種虛幻的心理空間。在這方面，最顯明的例證就是日本傳統住宅中所謂「床の間」的一方淨土。這個「床の間」原來是日本人祭祀神佛的地方，是一塊不能輕易踏入的禁地。但是，在它的宗教意義基本消失以後，這方淨土依然得以保留。雖然在一些外國人看來，這是一種不可思議的浪費，但對日本人來說，這卻是一種必要的「浪費」。因為，這塊空間的存在，可以給人房屋寬闊有餘的感覺。

日本是個溫暖濕潤的國家，因此在日本傳統住宅的牆壁上都塗有泥灰。這種泥灰具有吸濕性，能吸取房間裡的濕氣。一旦它所吸取的濕氣達到飽和程度，氣候乾燥時，它又會將濕氣「吐」出來。另外，房間裡鋪設的「塌塌米」、障子、建造房屋的基本材料——木材，也具有這種功能。日本人似乎在「空調」誕生以前，早就用上了那玩意兒。

日本的傳統住宅除了主要用於起居生活的母屋外，還有一些附屬設施，其中之一就是保存物品的儲藏室。本來，所謂的

「儲藏室」，僅是房間中的某一部分，被稱為「塗籠」，即頂和四壁均塗有泥土，主要用於保存貴重物品的空間。建造「塗籠」，主要是由於日本的傳統住宅主體是由木材、紙等易燃物構成的，因此難免火災之虞。有了「塗籠」，即使碰到大火，也不至於遭受滅頂之災。以後，這種儲藏室從住宅中分離出去，成了一個獨立的倉庫，被稱為「土藏」。有「土藏」的住宅，在日本被稱為「有藏住宅」。在中世紀，日本，特別是京都，出現了所謂「質屋」（原始的信用社或銀行），「土藏」又成了「質屋」的代名詞。以「質屋」為襲擊目標的暴亂被稱作「土藏」暴亂，可見這種「土藏」在保存物品方面的作用──它幾乎相當於金庫或保險箱。

日本的傳統住宅還附設一個所謂「書院」的書齋。書院的門叫「玄關」，即感悟幽玄深刻之哲理的入口處，它是在受禪文化影響的日本書院式建築格局進入日本民宅後出現的（今天，「玄關」已泛指整個住宅的大門或正門）。日本人在書院裡念書、會客。

在書院裡側，有一個叫「雪隱」的廁所，裡面有一個叫「樋箱」的長方形箱子，用於大小便。「樋箱」的底部可以抽去，因此它既可以搬動、攜帶，也可以鑲嵌在「雪隱」的地上。抽去底部，裡面的糞便會流向河裡。這種「樋箱」是以後「抽水馬桶」的雛形。事實上，在日本人的生活中，所謂的「廁」，原來就是指河流上游的一個處所（在日語中，「廁」讀「かわせ」，「かわ」即川、河之意）。

總之，日本傳統的住宅是一種有「空調」、「保險箱」、「衛生設備」的住宅，是一種能較自由地選擇或排斥自然因素的住宅，是擁有起居室和書房、客廳，並能夠靈活變換整個布

局結構的住宅。它如同一種能隨意組合的「積木」，表現出日本人獨運的匠心和智慧。

〈全文終〉

國家圖書館出版品預行編目資料

日本的智慧，馮瑋 著 -- 初版 --
新北市：新視野 New Vision, 2019.07
　　面；　公分 --
　　ISBN　978-986-97036-7-3（平裝）
1. 文化　2. 日本

731.3　　　　　　　　　　　　　108008072

日本的智慧

馮瑋　著

主　　編　顧曉鳴
企　　劃　林郁工作室
出　　版　新視野 New Vision
責　　編　林郁、周向潮
　　　　　電話：(02) 8666-5711
　　　　　傳真：(02) 8666-5833
　　　　　E-mail：service@xcsbook.com.tw

印前作業　菩薩蠻數位文化有限公司
印　　刷　福霖印刷有限公司

總 經 銷　聯合發行股份有限公司
　　　　　新北市新店區寶橋路 235 巷 6 弄 6 號 2F
　　　　　電話 02-2917-8022
　　　　　傳真 02-2915-6275

初　　版　2019 年 07 月